数字信息资源检索

陆春华◎编著

安徽师范大学出版社
ANHUI NORMAL UNIVERSITY PRESS
· 芜湖 ·

图书在版编目(CIP)数据

数字信息资源检索 / 陆春华编著 .— 芜湖:安徽师范大学出版社,2021.12
ISBN 978-7-5676-5419-8

Ⅰ.①数… Ⅱ.①陆… Ⅲ.①数字信息－信息检索－高等学校－教材 Ⅳ.①G254.97

中国版本图书馆CIP数据核字(2021)第222746号

数字信息资源检索 陆春华◎编著

责任编辑:胡志恒 责任校对:孔令清
装帧设计:张德宝 责任印制:桑国磊
出版发行:安徽师范大学出版社
芜湖市北京东路1号安徽师范大学赭山校区
网 址:http://www.ahnupress.com/
发 行 部:0553-3883578 5910327 5910310(传真)
印 刷:江苏凤凰数码印务有限公司
版 次:2021年12月第1版
印 次:2021年12月第1次印刷
规 格:700 mm × 1000 mm 1/16
印 张:20.75
字 数:319千字
书 号:ISBN 978-7-5676-5419-8
定 价:58.00元

前　言

随着计算机和网络技术的飞速发展，当今社会已进入信息时代，信息成为重要的生产力要素，和物质、能量一起构成人类社会赖以存在的三大资源。信息采集、传播和利用的重要性越来越高，其变化和更新也越来越快。随着互联网的普及，世界范围的信息交流、资源共享成为可能，人类的信息空间大大拓展。面对人类社会不断发展而积累起来的海量知识和互联网提供的巨大信息，如何高效、快速、准确地查找所需要的资源，是每一个人在学习、研究和生活中都无法回避的问题。因而，信息检索作为人们获取信息资源的主要手段，已经成为每个人必须掌握的基本知识和技能。

1984年2月，教育部以（84）教高一字004号文件的形式印发了《关于在高等学校开设文献检索与利用课的意见》，文献信息检索教育在各高校陆续展开。经过30多年的发展，文献信息检索课程已不仅仅局限于信息检索能力的培养，更多涵盖了信息意识、信息检索、信息评价、信息利用等信息素养所包含的方方面面能力。高校信息检索课程已毫无疑问成为大学生信息素养培养的一个重要途径。

本书旨在为高校信息检索课程的开展以及大学生学习信息检索相关知识提供参考，在介绍信息相关概念的基础上，从实践出发，详细讲解了信息检索的原理方法，重点介绍了信息获取的各种途径及方法，以使读者在掌握信息检索技术的同时，能更清晰地理解信息资源利用的意义，为终身学习奠定基础。本书知识内容主要包括四个模块：信息检索的相关理论与技术，各类信息资源的获取方法与途径，高校图书馆利用，论文写作与学术道德方面的知识。

本书具体编写分工如下：

陆春华负责全书章节结构的设计、内容统稿及校对工作，并编写第二章、第三章、第四章、第六章；徐琪负责编写第一章；张梦雅负责编写第五章、第八章；黎小辉负责编写第七章。

在本书内容的组织、整理及写作过程中，作者参阅借鉴了大量的相关文献，包括同行学者的有关著作和论文，各个数据库与检索系统的培训课件和使用指南，在此谨向有关人士表示衷心感谢！

由于信息检索技术的持续发展及检索工具与手段的不断更新，加之作者的学识和水平有限，编写时间仓促，书中难免有疏漏及不当之处，敬请读者不吝批评指正。

编　者

2021 年 3 月

目　录

第一章　信息与信息素养

21世纪是信息的时代，信息的传播速度加快，信息量呈爆炸式增长，信息的技术含量增大，复杂性增加。在信息时代，人类在政治、经济、军事、文化、教育等各个领域，乃至个人生活中，始终贯穿着信息的发现、获取、加工、评价和利用。在现代网络环境与经济全球化背景下，是否具有良好的知识创新速度和信息素养能力，正逐步成为衡量高素质人才自主学习能力、创新能力、创业能力的重要标准。

第一节　信息、知识、文献

一、信息

信息（Information）无处不在，无时不有，无人不用，信息是客观世界所固有的，人类自古对其就有一定的认知，但是没有现代社会对其有如此广泛、深入、持久的关注。在古代，“信息”一词只有音讯、消息的意思，而且“音讯”“消息”这两个词还另有传递、传播的含义。如南唐诗人李中在《暮春怀故人》中写道：“梦断美人沉信息，目穿长路倚楼台。”宋代诗人杨万里《寄陆务观》：“花落六回疏信息，月明千里两相思。”唐代诗人杜牧《寄远》：“塞外音书无信息，道傍车马起尘埃。”

“信息”作为科学术语，最早出现在哈特莱（R.V.L.Hartley）于1928年写的《信息传输》一文中。他提出“信息是指有新内容、新知识的消息”，“信息是代码、符号、序列所承载的内容”。这是科学界第一次提出了信息的概念，为信息论的创立提供了思路。

1948年和1949年，美国著名数学家、信息论的创始人香农（C.E.Shannon）先后发表《通信的数学理论》和《噪声下的通信》两篇论文，提出了信息量的概念和信息熵的计算方法，认为“信息是用以消除随机不确定性的东西”。这一定义被称为经典香农信息定义，香农也因此被称为“信息论之父”。

1948年，美国著名数学家、控制论的创始人维纳（Norbert Wiener）出版了专著《控制论——动物和机器中的通信与控制问题》，创立了控制论。他认为“信息是人们在适应外部世界、控制外部世界的过程中同外部世界交换的内容的名称”，指出“信息就是信息，既非物质，也非能量”，这就是经典的维纳信息定义。它深刻揭示了信息的重要地位——信息与物质、能量是客观世界的三大构成要素。

我国《辞海》（2020年版）将“信息”解释为：①音讯、消息；②对观察对象形态、运动状态和方式的反映。是事物的一种普遍属性。在通信和信息系统中是采集、传输、存储和处理的对象。通常须通过处理和分析来提取。可大量复制，不会损耗，可脱离所反映的对象而被保存、传播。对人类社会的发展进步有着重要意义。

《中国大百科全书（图书馆学·情报学·档案学）》是这样定义“信息”的：一般说来，信息是关于事物运动的状态和规律的表征，也是关于事物运动的知识。它用符号、信息或消息所包含的内容，来消除对客观事物认识的不确定性。

“信息”一词的定义之所以如此多样化，主要基于以下原因：信息本身的复杂性；信息科学的新兴性，并且有诸多的学科分支；定义信息的角度不同。

二、知识

知识（Knowledge）是人类在改造客观世界的实践中获得的认识与经验的总结，是人的主观世界对于客观世界的概括和如实反映，是人的大脑通过思维对客观事物本质与规律性的认识和掌握。

知识是人类通过信息对自然界、人类社会以及思维方式与运动规律的认识，是人脑通过思维加工重新组合的系统化信息的集合。信息只有经过人脑的接收、选择、整理和提炼深化等过程，上升为对自然和社会发展的客观规律的认识，才能形成各种各样的知识。知识是系统化、完备化的信息，是信息中最有价值的部分。知识的产生离不开信息和信息的传递，它是信息的一个重要组成部分。

与知识密切相关的一个概念是情报（Intelligence）。情报是一个发展的概念，在不同的时期，其含义有所不同。古代战时将敌情报告称为情报，今天人们认为情报是“作为交流对象的有用知识”，是“在特定时间，特定状态下对特定的人提供的有用知识”，是“激活了、活化了的知识”，是“运用一定的媒体（载体），越过空间和时间传递给特定用户，用以解决科研、生产、经营中的具体问题所需要的特定知识和信息”。

情报的基本属性是知识性、传递性和效用性。情报的本质是知识，但知识并不等于情报，知识只有传递给用户，能满足用户的特定需要才能称为情报。情报是知识的有序化与激活。它的内核是信息，是信息的集合（知识）。杂乱无章的信息显然不是情报；再重要的信息也必须经过传递才有可能成为情报。

在经济全球化的背景下，关于技术、经济的“竞争情报”（Competitive Intelligence）受到高度重视。实际上，竞争情报的实质是组织（企业、团体乃至国家）为赢得竞争优势所需要的具有对抗性的重要信息。

三、文献

文献（Document）是人类发展到一定阶段的产物，它用文字、图形、符号、声音、视频、数据或其他技术手段记录人类的活动信息和知识信息。文献记载的是人类世世代代认识自然、改造世界的知识和经验，汇集了无数的科学理论、方法、假说、数据和事实，是人类智力劳动成果的表现形式。

有关“文献”概念的描述最早见于《论语・八佾》，南宋朱熹将其解释为：“文，典籍也；献，贤也。”国际标准化组织《文献情报术语国际标准》（ISO/DIS5127）中将文献定义为：在存储、检索、利用或传递记录信息的过程中，可作为一个单位处理的，在载体内、载体上或依附于载体而存储有信息或数据的载体。《国际标准书目著录（总则）》中对文献的解释是：文献是指以任意实体形式出现的，作为标准书目著录的书目文献实体。我国国家标准《文献著录总则》（GB/T 3792.1-1983）中对文献的定义是：文献是记录有知识的一切载体。

以上定义揭示了文献具有四个基本属性和三个基本功能，即文献的知识性（内容）、记录性（手段）、感知性（媒介）和物质性（载体），文献具有存储知识、传递和交流信息的功能。

记录知识的物质载体，既包括古代的甲骨卜辞、金石简牍、帛书卷轴、手抄文稿、书画文物、线装古籍等，也包括近现代的印刷书刊、文书档案、电影胶卷、缩微胶片、录音带、录像带、计算机磁盘光盘等。文献信息和载体，既具有不可分割性，又具有相对独立性，也就是说，信息内容不会因为载体形式的改变而改变，不同的信息载体可以传播同一内容的信息。

文献所传递的信息是人对客观世界的反映，因而不一定完全符合客观世界表现出的信息内容，这种“失真”或“歪曲”的程度取决于人们的认识水平、立场观点、思考方法和时代因素的差异。

四、信息与知识、文献、情报的关系

宇宙间时时刻刻都在产生着信息，人们正是通过对不同信息的获取来认识不同事物，并由此生产新的知识。知识是经人脑思维加工而成的有序化的人类信息；文献则是被物化了的知识记录，是被人们所认知并可进行长期管理的信息；情报是人们为解决特定问题而被活化了的更为高级、更为实用的知识。情报蕴含在文献之中、但并非所有文献都是情报，而所有情报都是知识。文献又是储存并传递知识、情报和信息的介质，它们之间的逻辑关系是一种包含关系，如图 1-1 所示；它们之间的演变示意如图 1-2 所示。

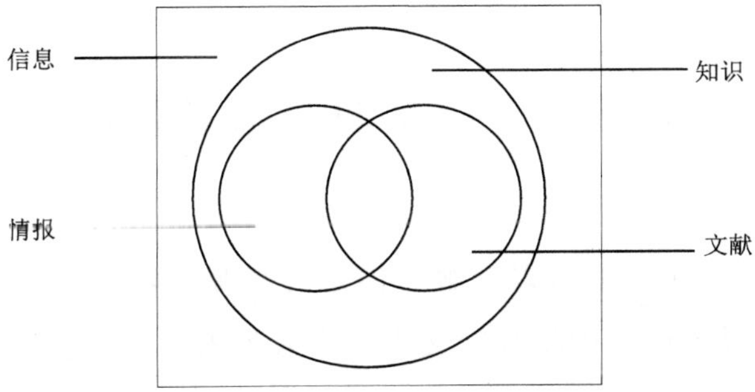

图 1-1　信息、知识、情报与文献的关系示意图

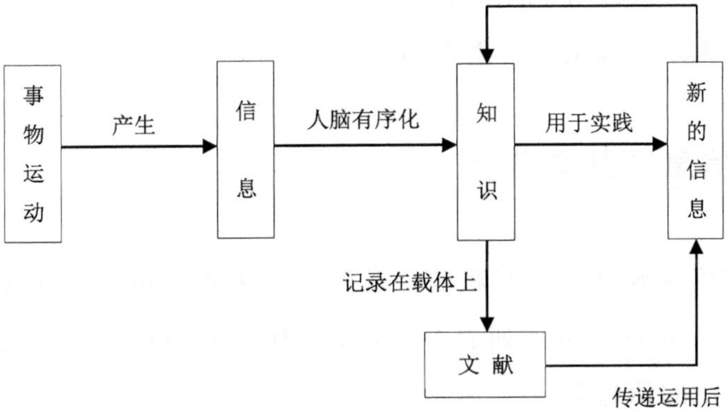

图 1-2　信息、知识、情报与文献的演变示意图

等。优点是可以直接阅读、携带方便；缺点是与现代信息载体相比，其存储信息密度小，占用收藏空间大，保存费用高。

2.缩微型

缩微型主要指以感光材料为载体，记录文字及其相关信息，常见的载体有缩微胶卷和缩微胶片。缩微型信息载体的优点是便于保存、转移和传递，体积小；缺点是必须借助专用的设备才能阅读，使用不方便。

3.声像型

声像型信息是采用录音、录像、摄影、摄像等手段，将声音、图像等多媒体信息记录在光学材料、磁性材料上，也称视听型信息，如音像磁带、唱片、幻灯片、激光视盘等。特点是形象、直观，尤其适于记录用文字、符号难以描述的复杂信息和自然现象，但其制作、阅读需要利用专门设备。

4.电子型

电子型信息是指以数字代码方式将图、文、声、像等信息存储到磁、光、电介质上，通过计算机或类似设备阅读使用的信息，也称机读型或数字型信息。目前电子型信息种类多、数量大、内容丰富，如各种电子图书、电子期刊、联机数据库、网络数据库、光盘数据库等。特点是信息存储量大，出版周期短、易更新，传递信息迅速，存取速度快，可以融文本、图像、声音等多媒体信息于一体，信息共享性好、易复制，但必须利用计算机才能阅读。

5.网络型

网络型信息是指存储在互联网上的信息，通过网络提供和获取信息的一种形式。这种类型的信息包罗万象，分布广泛，内容丰富多样。其优点是：不受时间限制，信息获取快，时效性强；表现形式多样化，图文声像并茂；传播形式呈非线性和交互性。但其缺点也是明显的：内容庞杂，良莠不齐，易变不稳定，组织无序、分散。“信息超载”和“资源迷向”是人们利用网络信息急需解决的两大主要问题。

（二）根据信息生产加工层次划分信息源

1. 零次信息

零次信息是指形成一次文献之前的信息、未经过任何加工的原始信息，包括口头交流、草稿、手稿、实验记录、工程图纸等未公开于社会、未正式出版，不能通过公开的正式途径获得的资料。零次信息在原始信息的保存、原始数据的核对、原始构思的核定（权利人）等方面有着重要的作用。

2. 一次信息

一次信息，也称一次文献或原始文献，是人们通过自己的生产、科研、社会活动等生产出来且经过正式公开发表的文献，一般指公开出版的著作、期刊论文、科技报告、会议文献、学位论文、发明专利等。一次信息是人们学习参考的最基本的文献类型，也是最主要的信息源，是产生二次、三次文献的基础。其参考价值大，但数量庞大、分布分散无序，给直接查找和利用带来一定的困难。

3. 二次信息

二次信息，也称二次文献或检索性工具，是对一次信息进行加工、整理、提炼和压缩之后所得到的产物，是为了便于管理和利用一次信息而编辑、出版和累积起来的工具性信息。目录、题录、索引、文摘等检索工具书和网上搜索引擎都是典型的二次信息。二次信息的形成是信息从分散、无序到集中、有序的过程，其主要功能是向用户指明信息的产生和出处，帮助人们在较少的时间内获得较多的文献信息。

4. 三次信息

三次信息，也称三次文献、参考性文献，通常是根据一定的需要和目的，对有关的一次信息和二次信息，按知识门类或专题进行广泛深入的分析研究、综合概括的产物。三次信息又可进一步分为三种：

（1）综述研究类

综述研究可分为专题述评、总结报告、动态综述、进展报告、预测展望等。

（2）参考工具类

参考工具可分为百科全书、年鉴、手册、辞典等。

（3）文献指南类

文献指南可分为专科文献指南、索引与文献服务目录、书目之书目、工具书目录等。

三次信息具有系统性、综合性、知识性和概括性的特点，它从一次信息中汲取重要的内容提供给人们，便于人们高效率地了解某一领域的状况、动态、发展趋势和有关情况。同时，它不仅筛选出大量有用的一次信息内容加以分析综合、组织编排，而且赋予新的认识和见解，形成新的文献资料。

总之，从一次信息、二次信息到三次信息，在这个信息的层次结构演变中，是一个由分散到集中、由无序到有序、由博到精、对信息所进行的不同层次的加工过程。它们所含信息的质和量是不同的，对于改善人们的知识结构所起到的作用也不同。它们之间的关系是：一次信息是基础，是检索的对象；二次信息是检索一次信息的工具；三次信息是一次信息、二次信息的浓缩和延伸。从一次信息、二次信息到三次信息的加工反映了信息的集中和有序化过程，而用户对原始文献的索求则往往是一个逆向的过程。

（三）根据信息出版类型划分信息源

根据信息的出版类型不同，可以分成图书（普通图书、工具书）、连续出版物（期刊、报纸、期刊型书籍）、特种文献（科技报告、专利文献、学位论文、标准文献、会议文献、政府出版物、产品样本、档案资料等）。其中图书、期刊、学位论文、科技报告、会议文献、专利文献、标准文献、政府出版物、产品样本、档案资料这10类通常称为一次信息的十大信息源。

1.图书

（1）定义

联合国教科文组织对图书（Book）的定义是：凡由出版社（商）出版的、不包括封面和封底在内49页以上的印刷品，具有特定的书名和著者名，编有国际标准书号，有定价并取得版权保护的出版物，均称为图书。

（2）分类

①阅读型图书，包括专著（Monograph）、教科书（Textbook）、文集（Anthology）等。它提供系统、完整的知识，有助于全面、系统地了解某一领域的历史发展与现状，将人们正确地引入自己所不熟悉的领域。

②工具书（Reference Book），包括词典（Dictionary）、百科全书（Encyclopedia）、手册（Handbook）、年鉴（Yearbook）等。它提供经过验证、浓缩的知识，是信息检索的工具。

③检索用书：如以图书形式刊行的书目、题录、文摘等，是供人们查找一定范围内文献线索的出版物。

（3）特点

图书内容比较成熟，提供的知识系统全面，出版形式较固定，但出版周期长、更新慢。

【知识点】国际标准书号

图书ISBN即国际标准书号（International Standard Book Number，简称ISBN），是每一种正式出版的图书的唯一标识代码。ISBN是长度为13位（2007年1月1日之前为10位）数字，并用连字符“-”分隔为5部分（2007年1月1日之前为4部分）。第一部分为一个GS1前导数字（通常为978或者979，10位ISBN无此部分）；第二部分表示组号，也叫地域编号，是指国家、地理、语言等地域信息；第三部分是出版社编号；第二、第三两部分合称“出版者前缀”；第四部分为书名编号，即该出版社出版的图书种数的流水号；第五部分为校验码。前4部分的数位都是可变的，但其位数之合始终为12位（10位ISBN为9位）。

【案例1-1】一本图书的ISBN为：978①-7②-5606③-3115④-8⑤，其

中①是GS1前导数字；②是地域编号（国家、地区、语言区），7代表中国，0和1表示英语区、2是法语区、3是德语区、4是日语区、5是俄语区、88是意大利语区、9971是新加坡语区；③是出版社编号；④是该出版社出版的图书种数的流水号；⑤是计算机校验码。

2.期刊

（1）定义

期刊（Periodicals）也称杂志（Journals或者Magazine），是有固定名称、统一开本、编号或年月标志、定期或不定期连续出版、每期内容不重复并由多名责任者撰写不同文章的出版物。

（2）分类

①学术性与技术性期刊（Journals）：由学术团体编辑出版，报道生产、科研方面的学术论文及研究成果，信息量大、价值高，如各种学报（Acta）、通报（Bulletin）、汇刊（Transactions）、评论（Reviews）、进展（Progress）等。

②杂志（Magazine）：是连续出版物的一种，但是它的内容一般是通俗性的，或者娱乐新闻等。通常学术性期刊与杂志有很大区别。

③检索性期刊：专门报道二次文献信息。

④快报性期刊：刊载最新技术和研究成果的短文，报道新产品、新工艺以及学术动态等信息，内容简洁、报道速度快，如各种通讯（Letters）、短讯（News）等。

（3）特点

内容新颖、信息量大、出版周期相对较短、传递信息快、传播面广、时效性强、学科广泛、能及时反映各学科领域的最新研究动态，是主要的检索对象，但内容不太成熟与系统。

【知识点】国际标准连续出版物编号与中国标准刊号

国际标准连续出版物编号（International Standard Serial Number，简称ISSN）是根据国际标准ISO 3297制定的连续出版物国际标准编码，其目的是使世界上每一种不同题名、不同版本的连续出版物都有一个国际性的唯一代码标识。ISSN由8位数字分前后两段各4位，中间用连字符“-”相连，格式为：ISSN XXXX-XXXX，其中前7位是期刊代号，末位是校验码。

中国标准刊号：我国正式出版的期刊都有国内统一刊号（CN），以GB 2659-86所规定的中国国别代码CN为识别标志，格式为：CN XX-XXXX/YY，由报刊登记号和分类号两部分组成，两部分之间以斜线“/”分隔。报刊登记号为定长的6位数字，由地区号（2位数字）和序号（4位数字）组成，中间以连字符“-”相连。地区号依GB/T 2260-2013《中华人民共和国行政区划代码》取前两位，如北京为11、天津12、上海31、辽宁21、安徽34等。分类号作为国内统一刊号的补充成分用以说明报刊的主要学科范畴，以便于分类统计、订阅、陈列和检索。一种期刊只给一个分类号，报纸暂不加分类号。

3. 报纸

报纸（Paper或者Newspaper），也称新闻报纸，是专门刊载新闻报道和时事评论等的连续出版物，但有些报纸同时也刊载学术论文和其他信息。报纸的出版周期更短，能以较快的速度报道世界各地的新闻及科技新成果，受众面广，具有群众性和通俗性。

4. 学位论文

学位论文（Thesis或者Dissertation），是高等院校或科研院所的本科生、研究生为获得学位资格（博士、硕士和学士）而撰写的学术性较强的研究论文。学位论文，尤其是较高层次的学位论文，应能表明求取学位者对某学科的理论知识的掌握程度、概括能力和独立从事科学研究的能力，求取学位者在占有大量资料的基础上提出自己的研究成果、实验创造和论文见解，具有独创性、新颖性、科学性的特色，其质量要经过学位或学术委员会的考核，多数有一定的独创性。

5. 会议文献

会议文献（Conference Literature）指在学术会议上宣读或书面交流的报告、论文、会议记录、会议纪要等有关资料。各种学术会议，是科学交流的一条重要渠道，也是科学工作者了解学科发展动态，获取学科最新信息的窗口。会议文献可分为会前文献（如会议日程预报和会议论文预印本），会中文献（如会议开幕词、讲演词、闭幕词、讨论记录、会议决议等，大多数为行政事务性材料，学术价值不大），会后文献（如各种会议录、专题论文集、会议论文汇编、会议出版物等）。

会议文献的特点是专业性强、内容新颖、学术水平较高、出版发行方式多样，一部分科研成果就是通过学术会议首次发表的。

6.专利文献

专利文献（Patent Literature）是利用法律制度保护专利权人知识产权的文献产物，蕴含着技术信息、法律信息和经济信息。广义的专利文献包括专利申请书、专利说明书、专利公报、专利检索工具以及与专利有关的一切资料；狭义的专利文献仅指各国（地区）专利局出版的专利说明书。专利文献具有内容新颖、实用可靠、报道及时、文字简练严谨的特点。

7.标准文献

标准文献（Standard Document）指标准化工作的文件，是有关机构或标准化组织对产品和工程建设的质量、规格及检验方法等所作的技术规定，经权威机构公认或主管部门批准的在特定范围内必须遵守的规范性文件，具有一定的法律约束力。在使用标准文献时需要注意，技术标准以某一阶段的技术发展水平为基础，会随着经济条件和科技水平的提高而不断补充、修订、更新，因此在参考时要选择最新标准，注意其时效性。

8.科技报告

科技报告（Scientific & Technical Report）又称研究报告或技术报告，是科学技术工作者围绕某个课题研究所取得的成果的正式报告，或对某个课题研究过程中各阶段进展情况的实际记录。科技报告的内容相比期刊论文等专深、详尽、可靠，有技术数据、图表，有研究比较，出版速度快。

9.政府出版物

（1）定义

政府出版物（Government Publication）是指各国政府部门及其设立的专门机构发表、出版的文献，包括行政性文件和科学技术文献两类。

（2）分类

政府出版物分为两大类。

①行政性文件（包括立法、司法文献）：主要有政府法令、方针政策、规章制度、决议、指示、统计资料等，主要涉及政治、法律、经济等方面。

②科学技术文献：主要是政府部门的研究报告、标准、专利文献、科技政策文件、已公开的科技档案等，有些研究报告在未列入政府出版物之前已经出版过，故与其他类型的文献有重复。

（3）特点

政府出版物对于人们了解各国的方针政策、经济状况及科技水平有较高的参考价值，其数量巨大、内容广泛、出版迅速、资料可靠，是重要的信息源。

10.档案文献

（1）定义

档案文献（Archival Documents）指国家机构、社会组织以及个人从事政治、军事、经济、科学、技术、文化、宗教等社会活动形成的具有保存价值的各种文字、图表、声像等不同形式的历史记录，是完成了传达、执行、使用或记录现行使命而备留查考的文件材料。

（2）分类

可以从不同角度加以分类。

从档案形成领域的公、私属性角度，可分为公务档案和私人档案；从档案形成时间的早晚以及档案作用角度，可分为历史档案和现行档案；从档案内容属性角度，可分为文书档案、人事档案、会计档案、科研档案、产品档案、工程档案、专门档案等；从档案文献形式角度，包括信函、日记、账簿、报告、照片、地图、图样、协议书、备忘录、会议记录、契约、布告、通知、证书、履历表等。

（3）特点

档案文献的最大特点是集记录性和原始性于一体，又因其可靠性和稀有性而具有特殊的使用价值。

11.产品样本

产品样本（Product File）指厂商为向客户宣传和推销其产品而印发的介绍产品情况的资料，包括产品目录、产品说明书、产品手册、企业介绍等。产品样本通常是对定型产品的外观、性能、构造、原理、技术指标、用途、使用方法、操作规程等作具体说明，内容成熟、数据可靠、图文并茂、形象直观，有助于了解有关领域的生产动态和发展趋势，是进行技术革新、新产品开发设计、产品订货等方面不可缺少的信息源。

二、信息资源

人类社会有了文献就已经有了信息资源，作为专业术语，“信息资源”最早由罗尔科（J.O.Rourke）在《加拿大的信息资源》（*Information Resource in Canada*）一文中提出，该文刊载于美国《专业图书馆》（*Special Libraries*）1970年2月号（61卷2期）59—65页。这一概念在我国于20世纪80年代中后期开始流行。

信息资源的内涵和外延包括以下几个方面：

①信息资源应是信息的集合；

②信息资源应是有用的信息的集合；

③信息资源应是经过人类组织的、有序的、可存取的信息的集合；

④信息资源应是包括各种文献载体形式，如文字、声像、缩微、数字信息等的信息的集合。

信息源中的信息成为资源的条件分为必要条件和充分条件。

必要条件：首先，信息可以为人类创造财富和提供福利；其次，通过人类活动信息可以被识别或检测到。

充分条件：首先，经过有序化处理，信息真实、准确；其次，从资源开发利用的角度讲，信息需要具备一定的富集度。

信息要成为资源必须加工，即要对信息进行采集、识别、挑选、分类、编码、组织、存储、传递、分析、理解、积累、维护，才能使之成为可以利用的资源。也就是说，信息普遍存在，但并非所有的信息都是信息资源，只有经过人类加工、有使用价值或者潜在使用价值的信息才可称为信息资源。

第三节　信息素养

信息素养在世界各国已引起越来越广泛的重视，成为评价人才综合素质的一项重要指标。当今社会，信息素养是个人能力发展的重要基础，是终生学习的核心，它使人们面对复杂的信息环境，能够有效地搜寻、评价、使用和创建信息，以实现其个人与社会目标。

了解信息素养的概念与发展，掌握信息素养的构成要素，有助于我们更好地理解信息素养的内涵，培养自己良好的信息素养。

一、信息素养的概念与发展

信息素养（Information Literacy，简称IL），也称信息素质。这一概念最早是由美国信息产业协会主席保罗·泽考斯基（Paul Zurkowski）在1974年向美国全国图书馆和信息科学委员会提交的一份报告中首次提出，并解释为“利用大量的信息工具及主要信息源使问题得到解答的技术和技能”。他对具有信息素养的人做出以下描述：“他们接受过信息资源应用培训，掌握了利用信息工具的技术和方法，能够应用广泛的信息资源解决实际问题。”

1979年，美国信息产业协会（ILA）对信息素养的官方解释为：“掌握了利用信息工具的知识与技能，并将其应用于解决实际问题。”

20世纪80年代，计算机等技术的发展与应用为信息素养注入了新鲜的元素，信息素养的内涵发生了深刻的变化，人们不再单一地将信息素养界定为一种能力，而是意识到了信息素养其他方面的属性，如对信息的意识、对信息的评估，为信息素养教育的进一步发展奠定了基础。

1989 年，美国图书馆协会（American Library Association，简称 ALA）将其定义为：“具备较高信息素养的人，是一个有能力觉察信息需求的时机并且能够检索、评价以及高效地利用所需信息的人，是一个知道如何学习的人。他们知道了如何学习的原因在于，他们掌握了知识的组织机理，知晓如何发现信息以及利用信息。他们是有能力终身学习的人，是有能力为所有的任务与决策提供信息支持的人。”目前，该定义已得到世界范围内的广泛认同，被人们普遍接受。

20 世纪 90 年代以后，随着网络信息环境的变化，人们对信息素养概念的认识和研究进一步深入，在强调信息素养作用的同时，已将信息素养放在人的整体素质的层面中去考虑，同时强调社会属性，如交流信息、传播信息。

纵观信息素养概念认知的过程，可以看出，信息素养是一个综合性的、动态的发展过程。自 20 世纪 70 年代提出“信息素养”一词以来，随着社会的发展、新技术的不断出现，其内涵与外延也在不断丰富发展，人们对信息素养的认识与理解也在不断深入。

二、信息素养的构成要素

信息素养既是一种能力素养，更是一种基础素质，是个体与外界环境进行信息交流并作用于外界事物时所表现出来的稳定的个性素质。一般而言，信息素养由信息意识、信息知识、信息能力、信息道德四个方面内容构成，是一个不可分割的统一整体，其中信息意识是先导，信息知识是基础，信息能力是核心，信息道德是准则。

（一）信息意识

信息意识是信息在人脑中的反映，是人们对各种信息的自我感悟，具体表现为对信息敏锐的感受力、对信息价值的判断力和洞察力、对自身信息需求的自我意识，以及对信息资源和信息技术在社会文化中的角色的认识。有无信息意识决定着人们捕捉、判断和利用信息的自觉程度，而信息意识的强烈与否对能否挖掘出有价值的信息以及提高信息获取能力起着关键作用。

同样重要的信息，有的人善于抓住，有的人却漠然视之。这是由于各人的信息意识强弱不同。信息技能的掌握在很大程度上取决于信息意识的提高。

信息意识取决于对信息的科学正确认识和对自身信息需求的自我意识。信息意识是在社会因素、科学技术因素、经济因素以及人的文化心理因素的影响下形成的，是对信息的认识与需求的积极反映。

“信息爆炸”时代，信息无处不在，无时不有，关键是善于发现、精于挖掘。信息意识的强弱直接影响到信息活动的效果。如果一个人具有较强的信息意识，在面对浩如烟海的信息时，就可以敏锐地发现有价值的信息，及时、准确地占有信息，为进一步进行有效信息活动创造先决条件。

（二）信息知识

信息知识是有关信息的本质、特性、信息运动的规律、信息方法与技术、信息系统等方面的基本知识，主要包括信息基础知识、信息技术知识、信息方法知识等在内的一切与信息及其处理相关的知识。

①信息基础知识：广义上来说包罗万象，狭义上特指信息工具知识，主要包括计算机知识、信息系统知识、网络知识、信息收集和管理的知识、信息组织的原理和方法知识、信息检索知识等方面。

②信息技术知识：信息技术是关于信息的提取、检测、处理、转换、存储、传递、控制等技术，如计算机技术、数据库技术、通信技术、网络技术等。信息技术知识包括信息技术基本概念、信息系统结构及工作原理、信息技术历史与趋势、信息技术的作用、信息检索的工具及特点，以及计算机网络、数据库使用等方面的知识。

③信息方法知识：信息方法是指运用信息的观点来分析自然、社会和人们思维中的问题和矛盾，把系统的运动过程看作是信息传递和转换的过程，通过对信息流程的分析和处理，来获得规律性认识的一种研究方法。

（三）信息能力

信息能力是指人们有效利用信息设备和信息技术开展信息活动的一系列能力。信息能力是信息素养内容结构中的核心部分，是信息素养水平高低的最直接、最明显的外在表现。信息能力是一个多元化的概念，包括评判信息需求能力、信息查询和获取能力、信息内涵分析能力、选择有用信息能力（即信息处理能力）、生成和创造信息能力、组织储存信息能力、利用和发挥信息作用能力、信息免疫能力等。

评判信息需求能力是信息获取、处理、利用、创造的开端；信息查询和获取能力是指收集所有与个人所需内容有关的信息资源的能力；信息内涵分析与选择有用信息能力是指对获取的众多信息进行辨伪存真、取精去粕，筛选出具有权威性、先进性和有价值的信息；信息的利用、开发能力是指运用科学的方法和手段，透过错综复杂的信息表象，挖掘信息的深层内涵，获取对信息的深刻认识并为实践所用。

（四）信息道德

信息道德是指在信息活动中调节和控制信息生产者、信息服务者、信息利用者及其相互关系、伦理道德和行为规范的总和，具体有：树立正确的信息价值观、确保信息安全、尊重知识产权和他人隐私、遵守国家有关信息的法律法规、不制作不传播不利用违反国家政策的信息和不健康的信息、不制作不传播虚假信息、不侵犯知识产权、不利用信息技术谋取不正当利益和从事违法活动等。在日趋繁杂的信息环境中，自觉而良好的信息道德是信息素养中不可忽略的一部分。

（1）信息道德的构成

信息道德由两方面构成。

①信息道德的主观方面：个人信息道德，是指人类个体在信息活动中以心理活动形式表现出来的道德观念、情感、行为和品质。

②信息道德的客观方面：社会信息道德，是指社会信息活动中人与人之间的关系以及反映这种关系的行为准则与规范。

（2）信息道德的层次

信息道德包含以下三个层次。

①信息道德意识：集中体现在信息道德原则、规范和范畴之中，包括与信息相关的道德观念、道德情感、道德意志、道德理想等，是信息道德行为的深层心理动因。

②信息道德关系：它是一种特殊的社会关系，是被经济关系和其他社会关系所决定、所派生出的人与人或组织之间的信息关系，这种关系建立在一定的权利和义务基础之上，并以一定的信息道德规范形式表现出来。

③信息道德活动：这是信息道德的一个十分活跃的层次，包括信息道德行为、信息道德评价、信息道德教育和信息道德修养等。

（3）信息道德的特点

信息道德具有以下四个特点。

①信息道德是一种道德手段，是依靠社会舆论和内心信念形成的一种行为规范，是自发形成的，存在于人们的意识中，无特定的制定主体。

②信息道德执行手段独特，它无任何机构或者组织来管理，而是依靠社会舆论、人们内心的信念、传统习惯和价值观来维持，是通过人们内在的道德来自觉实现的。

③信息道德的作用范围较为广泛，它涉及信息活动的各个层次及社会生活的各个领域。

④信息道德功能的发挥是多方面的，它引导人们对自身信息行为的认识，调节信息活动中的各种关系，对人们信息意识的形成、信息行为的规范有很多教育功能。

信息道德，是人类在信息技术发展过程中形成的一种自我要求和自我限制，是信息素养教育的重要内容，也是信息活动中必须遵守的基本准则。信息社会中，每个人都应遵循一定的信息伦理与道德准则来规范自身的信息行为，尊重他人的劳动成果，合理合法地获取信息，这是信息素养基本的道德标准。

三、信息素养的评价标准

随着信息素养教育的发展，各国先后出台了多个信息素养的评价标准，以下对国内外主要的信息素养评价标准作简单的介绍。

（一）国外信息素养评价标准

关于信息素养评价标准的研究，有资料显示最早源于美国。1987年，为了明确信息素养在学生学习、终身教育和“良好公民”塑造过程中的作用，美国学校图书馆协会成立了信息素养教育委员会。该委员会的成立促成了一系列有关高校信息素养评价标准的研究项目。1990年，“国家信息素养论坛”（The National Forum on Information Literacy）成立，标志着信息素养正式成为国家层次的发展方向，该论坛也是高校信息素养评价标准的研究与实践的重要平台。

1.AASL标准

1998年，美国学校图书馆协会（American Association of School Librarians，简称AASL）在《信息能力：创建学习的伙伴》一书中，从3大类9项标准制定的“学生学习的九种信息素养评价标准”，是美国较早的关于信息素养评价标准的草案。

（1）信息素养

标准一：具有信息素养的学生能够有效地、高效地获取信息。

标准二：具有信息素养的学生能够熟练地、批判性地评价信息。

标准三：具有信息素养的学生能够精确地、创造性地使用信息。

（2）独立学习

标准四：作为一个独立学习者的学生具有信息素养，并能探求与个人兴趣有关的信息。

标准五：作为一个独立学习者的学生具有信息素养，并能欣赏作品和其他对信息进行创造性表达的内容。

标准六：作为一个独立学习者的学生具有信息素养，并能在信息查询和知识创新中力争做得最好。

（3）社会责任

标准七：对学习社区和社会有积极贡献的学生具有信息素养，并能认识信息对民主化社会的重要性。

标准八：对学习社区和社会有积极贡献的学生具有信息素养，并能实行与信息和信息技术相关的符合伦理道德的行为。

标准九：对学习社区和社会有积极贡献的学生具有信息素养，并能积极参与小组的活动探求和创建信息。

2.ACRL标准

2000年，美国大学与研究图书馆协会（Association of College and Research Libraries，简称ACRL）颁布了《高等教育信息素养能力标准》，由5项标准、22项表现指标构成，这一标准为美国以及其他国家信息素养标准的制定和使用提供了依据。后其又推出更新文件《高等教育信息素养框架》，见表1-2。《高等教育信息素养框架》的制定出于这样一个信念，即只有通过一套更丰富、更复杂的核心理念，信息素养作为一项教育改革运动的潜力才能得以充分实现。

表1-2 高等教育信息素养框架

阈值概念	实践行为	知识技能
学术是一种对话	(1)辨识具体文章、图书及其他素材对构建学科知识的作用; (2)总结一个具体学术问题的观点沿袭和发展; (3)身体力行地促进学术对话(网上社群、研讨会、投稿、参会发言等); (4)预估到手头资料可能仅从一个角度、甚至是非主流角度对问题进行了解读; (5)批判地衡量他人在参与式信息环境中的作为; (6)意识到自己要加入学术对话,而不是仅关注已完结的对话	(1)找到自身研究领域中正在开展的对话; (2)在听取足够大范围的学术对话前不急于判定手头素材的学术价值; (3)清楚很多场合都能开展学术对话; (4)重视用户自生成内容,批判地评价他人作为; (5)知道自己也应为学术作贡献,而非一味索取; (6)知道参与对话时自身的责任
以科研为探究	(1)从探究的高度看待科研,提升对自身工作重要性的认识; (2)根据具体需求、课程及探究类型,采用多种方法实现知识创新; (3)根据自身信息空白或已有的数据提出研究问题; (4)在共享环境中与合作伙伴有效沟通并了解新观点; (5)利用新技术开展具备全球视野的、资讯及时的自主学习	(1)重视灵活性、持久性和适应性,明白研究中的疑惑其实有益处; (2)乐于将进行中的与研究相关的活动转化为更正式的科研; (3)当面对不熟悉的新任务,需努力掌握新理论、新方法时,能进行严谨的思考; (4)在问题深入和学习新研究方法时保持求知欲; (5)明白学习是一个过程,不断总结经验教训能带来新见解和新发现

续　表

阈值概念	实践行为	知识技能
权威性构建于特定情境	(1)依具体需求选择程度合适的权威信息； (2)接收信息时能识别出权威性和限制性； (3)知道即便很多学科都把权威人士或出版物奉为“标准”,仍有学者不断对其挑战； (4)明白权威素材既有正规学术式的也有非正式的,且可能掺进了其他用户生成的信息； (5)知道自己可能会在特定时期和领域内被视为权威,要明白肩负的责任； (6)积极评估用户反馈信息,了解传统媒介和社交媒介的不同反馈机制及环境	(1)对不同甚至对立的看法秉承开放态度； (2)有寻找权威资源的积极性,意识到其可能会以意想不到的方式被认可并体现出来； (3)清楚尽可能地用批判性思维去评估信息素材非常重要； (4)意识到按传统观念去找权威信息可能存在隐忧； (5)经常自我督促以保持上述态度和行为
信息格式源于生产过程	(1)明白信息格式与获取途径不是必然相关的； (2)懂得信息创造过程差异决定了不同用途； (3)了解多种格式的信息的生产目的及特点； (4)找出最符合具体需求的信息格式； (5)通过最合适的格式和行为传播自己创造的信息； (6)在不断变革的新环境中把知识转换成新格式	(1)主动辨别能体现信息资源创造过程的标志性特征； (2)检索信息时能确认最有效的格式； (3)明白不同传播途径中格式各异的信息皆有可用之处
以检索为探索	(1)根据需求明确任务及问题范围； (2)确认能提供信息的相关各方及信息如何获取； (3)根据制定的检索需求及策略选择合适的检索； (4)对一些检索工具能制定简单或进阶两种检索策略,并明白各自的优点； (5)用心体会引文管理及共享的作用,将其从信息检索纳入信息管理中	(1)在检索中始终做到坚持不懈和灵活应变； (2)对初次检索未获得理想结果有心理准备； (3)懂得要先分析需求再开始检索； (4)知道日常浏览或其他随意的信息采集法也会带来收获； (5)在检索中不断重估需求并调整行动

续 表

阈值概念	实践行为	知识技能
信息有价值	(1)通过合理引用和归属声明体现对他人原创成果的尊重； (2)了解美国对知识产权的定义； (3)明白知识产权是一种因文化而异的社会建构物； (4)清楚具有版权信息、开放获取信息及公共信息各自的生产目的及区别； (5)能找到公开获取的素材； (6)能区分原创信息、综合信息及二次发布的资源； (7)有责任心地管理自己上网发布的资源； (8)从知识创造者角度判定自己的信息该何处发布	(1)尊重他人原创成果以及学术成果引用和归属传统； (2)重视生产信息所需的创造力； (3)自视为信息市场贡献者之一，而非仅仅消费者； (4)明白信息资源有权或无权使用方面的问题； (5)知道有些人或人群缺席当前的信息圈

3.ANZIIL标准

2001年，澳大利亚与新西兰高校信息素养联合工作组（Australian and New Zealand Institute for Information Literacy，简称ANZIIL）正式发布了《澳大利亚与新西兰信息素养框架：原则、标准及实践》，2004年该工作组又对2001年的标准进行了修订。该指标体系由6个一级指标、19个二级指标和67个三级指标组成，是澳大利亚与新西兰高校图书馆共同认可与使用的高校信息素养能力指标体系。

标准一：具有信息素养的人能识别信息需求和决定所需要信息的性质和范围。

①能定义和描述信息需求。

②能理解多种信息源的目的、范围和正确性。

③能再评估信息需求的性质和范围。

④能使用多种信息源做出决定。

标准二：具有信息素养的人能高效地发现需要的信息。

①选择最合适的方法或工具来发现信息。

②构思和实现有效的检索策略。

③使用合适的方法来获取信息。

④不断更新信息源、信息技术、信息获取工具和研究方法。

标准三：具有信息素养的人批判地评估信息和信息搜寻的过程。

①评估所获得信息的有用性和相关性。

②定义和运用标准来评估信息。

③反映信息搜寻的过程并适当地修订检索策略。

标准四：具有信息素养的人能管理搜集和产生的信息。

①记录信息及其来源。

②组织（整理、分类、储存）信息。

标准五：具有信息素养的人能将新旧信息应用到构建新概念或者知识创新中。

①通过对比新旧知识来判断信息是否增值，或是否前后矛盾，是否独具特色。

②有效地交流知识和新的见解。

标准六：具有信息素养的人能在使用信息时，理解和遵守与信息使用有关的文化、道德、经济、法律和社会问题。

①遵守与信息获取和使用有关的文化、道德和社会经济问题。

②认为信息是被价值和信仰支持的。

③遵守与信息获取和使用有关的协议和礼仪。

④合法地获取、存储和散布文字、数据、图像或声音。

4.SCONUL标准

1998年，由英国的国家与大学图书馆标准协会（Society of College，National and University Libraries，简称SCONUL）提出“英国高等教育信息素养能力标准”，由7个一级指标和17个二级指标组成，在英国高校信息素养教育中影响广泛。

指标一：能识别信息需求的能力

指标二：有辨别信息源的能力

指标三：能制定查找信息策略的能力

指标四：检索并获取信息的能力

指标五：比较信息和评价信息的能力

指标六：能以恰当的方式组织、利用并与他人交流信息的能力

指标七：信息的整合和创新的能力

（二）国内信息素养评价标准

我国较为规范的信息素养教育始于20世纪80年代中期，主要是在高等院校中进行。1984年、1985年和1992年，教育部先后三次下发文件以推动文献检索与利用课的开设与普及，为我国高校信息素养教育奠定了坚实的政策基础。不过，我国至今未发布全国性的信息素养评价标准，目前国内比较有影响的信息素养标准有以下几项：

1999年，《中共中央、国务院关于深化教育改革全面推进素质教育的决定》中规定："在高中阶段的学校和有条件的初中、小学普及计算机操作和信息技术教育"，并制定了培养学生信息素养的6个标准：

①对信息的关注。

②能够研究和判断可供选择的信息及观点的优劣、可行性。

③能够选择各种信息源，熟悉使用各种信息工具以培养获取信息的能力。

④能对某一课题找到相应的信息，进行综述及纵观其现状和发展趋势。

⑤获得继续自我教育的基础。

⑥发挥主动性和独立性。

2000年，我国《中小学信息技术课程指导纲要（试行）》对21世纪我国学生提出了6个方面的信息素养教育和培养目标：信息获取能力；信息分析能力；信息加工能力；信息创新能力；信息利用能力；信息意识和信息交流的能力。

2003—2005年，由清华大学图书馆、北京航空航天大学图书馆承担北京地区高校图工委立项研究课题"北京地区高校信息素质能力示范性框架研究"，借鉴了许多ACRL标准中的内容，于2005年正式发布《北京地区

高校信息素质能力指标体系》，见表1-3，由7个维度、19项标准和61条具体指标组成，是目前为止国内较为详细的信息素养评价指标体系。

表1-3　北京地区高校信息素质能力指标体系

维度	标准
维度一：能够了解信息以及信息素质能力在现代社会中的作用、价值与力量	1.具有强烈的信息意识； 2.了解信息素质的内涵
维度二：能够确定所需信息的性质与范围	1.能够识别不同的信息源并了解其特点； 2.能够明确地表达信息需求； 3.能够考虑到影响信息获取的因素
维度三：能够有效地获取所需要的信息	1.能够了解多种信息检索系统，并使用最恰当的信息检索系统进行信息检索； 2.能够组织与实施有效的检索策略； 3.能够根据需要利用恰当的信息服务获取信息； 4.能够关注常用的信息源与信息检索系统的变化
维度四：能够正确地评价信息及其信息源，并且把选择的信息融入自身的知识体系中，重构新的知识体系	1.能够应用评价标准评价信息及其信息源； 2.能够将选择的信息融入自身的知识体系中，重构新的知识体系
维度五：能够有效地管理、组织与交流信息	1.能够有效地管理、组织信息； 2.能够有效地与他人交流信息
维度六：能够有效地利用信息来完成一项具体的任务	1.能够制定一个独立或与他人合作完成具体任务的计划； 2.能够确定完成任务所需要的信息； 3.能够通过讨论、交流等方式，将获得的信息应用到解决任务的过程中； 4.能够提供某种形式的信息产品（如综述报告、学术论文、项目申请等）
维度七：了解与信息检索、利用相关的法律、伦理和社会经济问题，能够合理、合法地检索和利用信息	1.了解与信息相关的伦理、法律和社会经济问题； 2.能够遵循在获得、存储、交流、利用信息过程中的法律和道德规范

2005年，在对我国41所高校1 036名学生的信息素养综合水平进行深入评价和分析的基础上，中国科学技术信息研究所建立了“我国高校学生信息素质综合水平评价指标体系”，该指标体系包含3个一级指标、15个二级指标。

（1）信息意识

①对信息素质概念的了解。

②寻求查找信息帮助。

③参加信息素质活动情况。

④对提高信息素质方式的认识。

（2）信息能力

①计算机应用水平。

②常用信息资源。

③常用信息查找方法。

④主要信息获取渠道。

⑤科研活动能力。

⑥数据库利用。

⑦检索主要困难。

⑧需要培训的信息技能。

（3）信息观念与伦理

①引用他人论文的做法。

②对知识产权的态度。

③对信息服务适当收费的态度。

2008年，我国高校图书馆工作委员会信息素质教育工作组提出《高校大学生信息素质指标体系及信息素质教育知识点（讨论稿）》，包含6个一级指标、17个二级指标。该指标体系对高校信息素养教育的实施具有较强的指导作用，还为人才的综合素质评价提供了重要依据。

指标一：具备信息素质的学生能够了解信息以及信息素质能力在现代社会中的作用。

指标二：具备信息素质的学生能够确定所需信息的性质与范围。

指标三：具备信息素质的学生能够有效地获取所需要的信息。

指标四：具备信息素质的学生能够正确地评价信息及其信息源，并能够有效利用。

指标五：具备信息素质的学生能够有效地管理、组织与交流信息。

指标六：具备信息素质的学生能够独立或是合作完成一项具体的信息检索和利用任务。

四、大学生信息素养的培养

信息素养，是大学生个人综合素质的重要组成部分，它为终身学习打下坚实的基础。加强大学生信息素养培养是高校教育工作中不可或缺的重要环节。通过开展良好的信息素养教育，能够使大学生们在各种不同的社会环境下，敏锐地捕捉到所需的信息，并能积极主动、有效地进行鉴别、检索和利用，提高他们的学习与研究能力。

（一）信息素养培养的必要性和重要性

1.信息素养能力是时代赋予大学生的要求

信息化社会以前所未有的速度创造新知并淘汰旧识，因此，对于信息具有一种敏锐的洞察力、判断力、觉察力以及发达的信息加工能力，是当今社会每一位成员不可缺少的基本素质。当代大学生是未来社会的中坚，如何从浩如烟海的文献信息中找到自己所需要的资料，不仅关系到在校期间学习、掌握知识的多少，而且关系到终身的业务能力、科研水平和适应社会的能力。所以，加强当代大学生信息素养教育，培养其搜集、整理、评价、利用、创新信息的能力，是时代赋予的要求。

2.信息素养能力是高素质创新人才不可缺少的素质

创新是知识经济的灵魂和核心。迎接未来科学技术的挑战，最重要的就是要坚持创新，要勇于创新、善于创新。创新也与一个人的信息素养分不开。我们知道，独立性与批判性是创新人才的必要素质。没有独立性，就没有独立思考、独立判断、独立意志与人格，就根本谈不上创新；批判性与独立性密切相关，批判性就是实事求是的科学态度和怀疑批评精神，就是不盲从，不随波逐流和人云亦云。根据信息素养标准，信息素养教育并不是简单培养大学生获取信息的能力，而是培养大学生批判性地评价信息和创造性地利用信息的能力。由此，可以认为信息素养是高素质创新人才完成创新过程中不可缺少的素质之一。

3.信息素养培养是当代大学生终身教育的前提

信息时代与知识经济的到来，使知识更新的节奏加快，要求教育必须打破一次性学校教育，向教育终身化、学习社会化迈进。如若不然，一个人的知识和技能就会过时，就意味着失去竞争优势。高校受教育者主要是大学生，提高受教育者的终身学习能力，是高校教育的主要任务。因此，通过信息素养教育而获得良好信息素质的学生，不管是在学校还是走入社会，都能成为学习的主体，能主动去获取各种知识和信息，并进行知识的突破，使学习不再受时空的限制，从而能很好地实现终身教育的目的。美国著名思想家阿尔文·托夫勒（Alvin Toffler）在他的《第三次浪潮》一书中指出：未来的文盲不再是不识字的人，而是没有学会学习的人。所以学生面对众多的信息，如何高效率地获取信息是非常重要的。著名的未来学家约翰·奈斯比特（John Naisbett）曾说过："We are drowning in information，but starving for knowledge（我们正被信息淹没，却饥渴于知识）"，揭示了相对于"数据过剩"和"信息爆炸"，人们又感到"信息贫乏"（Information poor）的困境。这些都说明了培养大学生信息素养的重要性。

（二）大学生信息素养的培养途径

1.开设大学生信息素养培养课程

目前全国多数高校均已开设了大学生信息素养的有关课程，全面系统地向大学生传授关于信息意识、信息获取能力、信息评价能力、信息利用与创新能力以及信息社会责任感等信息素养各方面的知识，是大学生提高信息素养一个方便有效的途径。

2.建立资源丰富的图书馆

大学图书馆是学校的文献信息资源中心，具有良好的信息环境、拥有丰富的文献信息资源和信息技术优势、完善的基础设施、高素质的馆员队伍，既是学生专业学习、拓宽知识的第二课堂，也是培养学生信息素养的主要地方，大学生应充分利用丰富的图书馆资源，学习提高自身的信息素养能力。

3.引导学生在自主学习中提高信息素养能力

大学的学习环境给予学生更多的自主权利和自由空间，不再只是教条式、填鸭式地传授知识，更多地要求大学生充分发挥主观能动性以学习掌握某项知识技能，信息素养能力的提高也是如此。自主学习的过程是一个探索的过程，能让学生在学习的过程中切实体会并提高信息素养能力，而信息素养能力的提高也有助于学生的自主学习。两者相辅相成，互相促进。因此，大学生应充分利用一切资源，如图书馆、网络等，自主学习，提高信息素养能力。

思考与练习

1. 简述信息、知识、文献、情报的概念以及相互之间的关系。

2. 如何对信息源进行分类？

3. 什么是一次信息、二次信息、三次信息？三者之间的关系是什么？

4. 简述信息素养的构成要素。

5. 根据信息素养的评价标准评估下自己的信息素养水平，并思考作为一名大学生如何提高自身的信息素养。

第二章 信息检索基础

信息检索（Information Retrieval）是指信息按一定的方式组织起来，并根据用户需要，从信息集合中识别和获取相关信息的过程及其所采取的一系列方法和策略。

只有熟练掌握信息检索的原理、技术、方法和技巧，才能在浩如烟海的信息资源中查找到我们所需要的信息，更好地畅游人类共有的知识海洋。

第一节 信息检索原理

信息检索基本原理，是用户信息需求与文献信息集合的比较和选择，是两者匹配的过程。用户从特定的信息需求出发，对特定的信息集合采用一定的方法、技术手段，根据一定的线索与规则从中找出相关的信息，如图2-1所示。

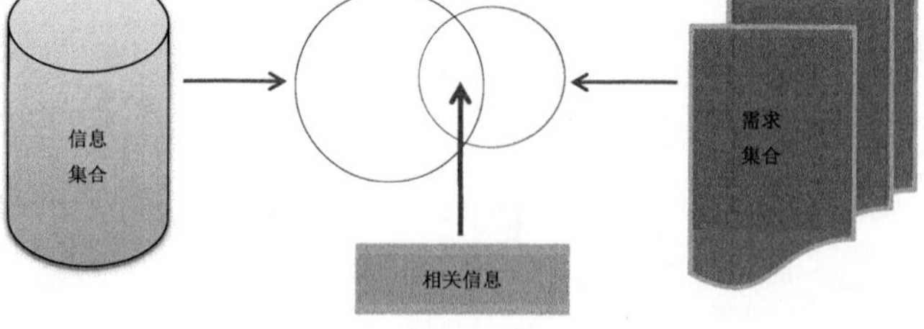

图2-1 信息检索原理示意图

需求集合：人们为了满足某种需求，感到需要补充知识的集合体。

信息集合：是有关某一领域的文献或数据的集合体，它可以是数据库的全部记录，也可以是某种检索工具，还可以是某个图书馆的全部馆藏或者某个特定的信息源，它是一种公共知识结构，能弥补用户的知识结构缺陷。

匹配和选择：是一种机制，涉及两者一致性、相关度等问题，负责把需求集合和信息集合进行比较，然后根据一定的标准选出需求的信息。

信息检索的一般过程如图2-2所示。

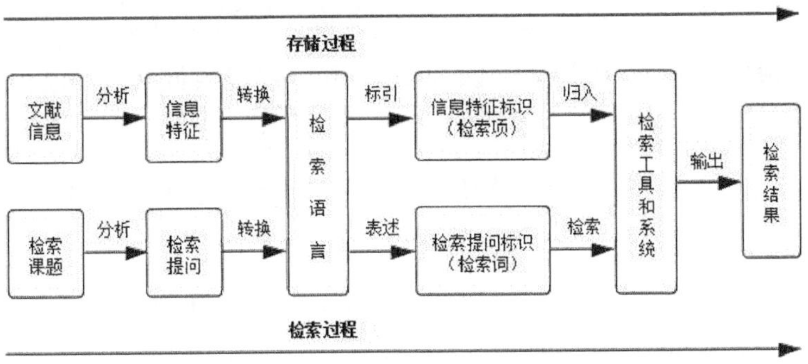

图2-2　信息检索的一般过程

广义的信息检索包括信息的标引与存储和信息的检索两个过程。信息标引是指对海量的无序信息按照一定的特征，用特定的标引语言进行著录、标记和组织，使之有序化，形成可供用户检索的检索点的过程；信息存储是指对经过标引的信息进行筛选，形成检索文档和信息数据库的过程。信息的标引与存储是信息组织人员后台建立检索系统的过程。

狭义的信息检索是指从已存储的信息集合中查找出所需要信息的过程。

检索表达实际上是指用户将自己的需求，按照系统提供的方法和要求，将检索词用逻辑运算符连接起来，构成检索式，形成系统可理解和运算的查询串的过程。它主要由检索词、逻辑运算符、检索指令（检索语法）等构成。检索词是检索式的主体；逻辑运算符和检索指令则根据具体的查询要求，从不同的角度对检索词进行检索限定。

怎样才能保证信息存得进又取得出呢？那就是存储与检索所依据的规则必须一致。也就是说，信息标引人员与信息检索人员必须遵守相同的标引规则。这样，无论什么样的标引者，只要对同一篇文献的标引结果一致，不论由谁来检索，都能查到这篇文献。

第二节 信息特征、检索语言与检索途径

信息标引人员分析文献，形成信息特征标识即检索点，信息检索人员分析课题，形成检索提问标识即检索词。它们共同依据的规则就是检索语言。

检索语言是用于描述文献信息特征、用于标引和检索的人工语言。创建检索语言的目的是建立沟通标引与检索的桥梁。检索语言按不同标识系统组织文献信息，以适应不同检索需求，聚集相同学科门类和主题内容的文献，从而使杂乱无序的信息变得有序。

一、信息特征

文献信息一般具有两种特征：内容特征和外部特征。文献的内容特征是指反映文献主要内容的著录项，包括关键词、主题词、摘要等。文献的外部特征主要指文献载体上标明的不反映文献内容的著录项，如题名、作者、作者单位、序号（ISBN、ISSN、专利号、报告号、标准号、文摘号等）、刊名、出版地、出版年份、语种等。

二、检索语言

用户检索时，要对检索提问进行分析，使之形成能代表信息需求的概念，并把这些概念转换成系统能接受的语言。检索语言是信息存储与检索

共同遵循的规则，只有检索提问标识与信息特征标识相一致时，相关的文献信息才能被检索出来。检索语言是描述文献特征、用于标引和检索的人工语言，是沟通标引与检索的桥梁。检索语言分类如图2–3所示。

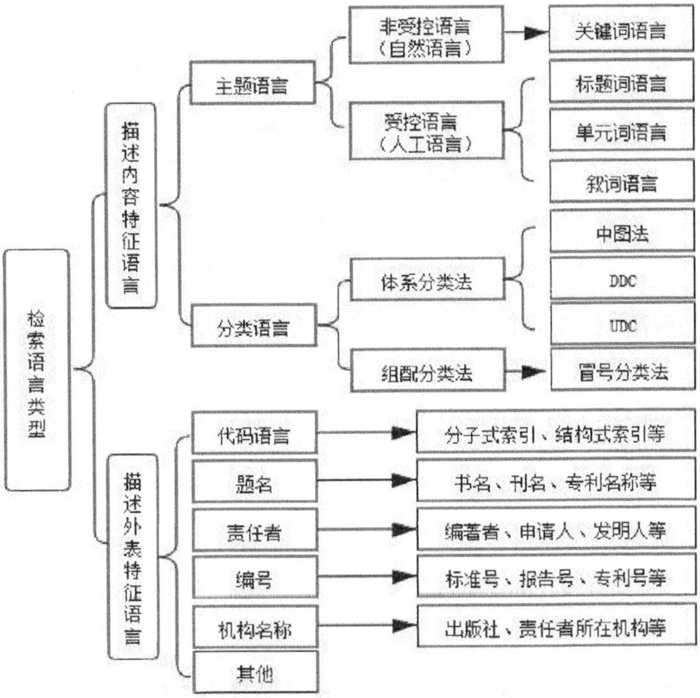

图2–3 检索语言分类

1.分类语言

分类语言（Classification Language）是一种用分类号表达各种概念，并以学科性质为主对各种概念加以分类和系统排列，反映科学知识分类体系的检索语言。分类语言通常以数字、字母或字母与数字结合作为基本字符，采用字符直接连接并以圆点（或其他符号）作为分隔符的书写法，以基本类目作为基本词汇，以类目的从属关系来表达复杂概念。它能反映类目之间的内在联系，包括从属、并列、交替、相关等。不同的检索工具使用各自规定的分类语言表，世界著名的分类语言表有《国际专利分类表》（IPC）、《美国国会图书馆图书分类法》（Library of Congress Classification，简称LC）、《杜威十进制分类法》（DDC）、《国际十进制分类法》（UDC）、

《中国图书馆分类法》。

（1）《中国图书馆分类法》

简称《中图法》，是为了适应我国各类型图书情报机构对信息的组织和检索需求而编制的分类检索语言。《中图法》以科学分类和知识分类为基础，按照从总到分，从一般到具体的编制原则，确定分类体系，完整的类目表由基本大类、简表、详表和通用复分表组成。《中图法》有五个基本部类，即“马列主义、毛泽东思想、邓小平理论”“哲学”“社会科学”“自然科学”“综合性图书”。在基本部类下又细分为22个基本大类，构成分类表的第一级类目。22个基本大类与由其直接展开的一、二级类目又形成简表，将简表展开的各种不同等级的类目所组成的类目表组成《中图法》的详表。

《中图法》的标记符号采用汉语拼音字母与阿拉伯数字相结合的混合号码，即用一个字母表示一个大类，以字母的顺序反映大类的序列。字母后用数字表示大类以下类目的划分。数字的编号使用小数制。五个基本部类及下设的22个大类如表2-1所示，具体分类可通过中图分类号查询网（http://www.ztflh.com）进行查询。

表2-1 《中图法》基本部类和大类表

五个基本部类	22个基本大类
马列主义、毛泽东思想、邓小平理论	A 马克思主义、列宁主义、毛泽东思想、邓小平理论
哲学	B 哲学、宗教
社会科学	C 社会科学总论 D 政治、法律 E 军事 F 经济 G 文化、科学、教育、体育 H 语言、文字 I 文学 J 艺术 K 历史、地理

续　表

五个基本部类	22个基本大类
自然科学	N 自然科学总论 O 数理科学和化学 P 天文学、地球科学 Q 生物科学 R 医药、卫生 S 农业科学 T 工业技术 U 交通运输 V 航空、航天 X 环境科学、安全科学
综合性图书	Z 综合性图书

【案例2-1】《中图法》详表的类目展开示意图如图2-4所示。

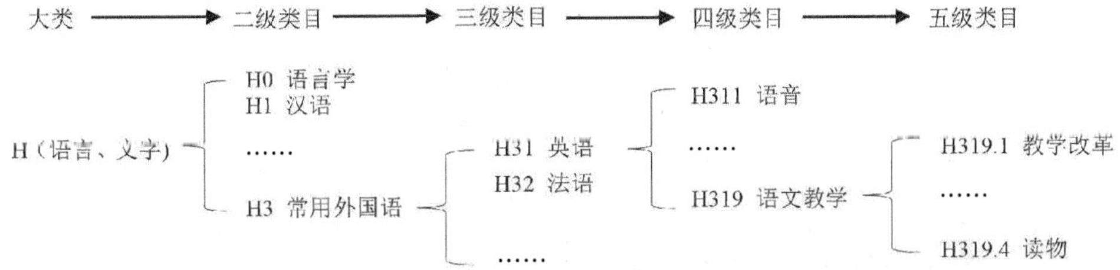

图2-4　《中图法》详表类目展开示意图

【案例2-2】以对图书《时间简史：从大爆炸到黑洞》分类为例，中图法分类号是N49，《中图法》体系细分如下：

N 自然科学总论 → N4 自然科学教育与普及 → N49 普及读物

（2）《杜威十进制分类法》（Dewey Decimal Classification，简称DDC）

DDC是由美国图书馆学家麦威尔·杜威（Melvil Dewey）编制，它是历史上出现最早、用户最多的分类法，在图书分类发展史上具有里程碑的意义。

DDC将全部学科知识分为9类，用1～9这9个阿拉伯数字表示，属于综合性的图书归为总论，用“0”表示，这样就形成了10个大类，其基本大类如下：

000（总论）、100（哲学）、200（宗教）、300（社会科学）、400（语言学）、500（自然科学）、600（技术科学）、700（美术）、800（文学）、900（史地）。

每个大类下又细分为9个小类，小类下再细分，层层展开，形成等级列举式类目体系。

DDC采用的标记符号是单纯的阿拉伯数字，并首次在分类表中采用小数标记制，应用复分和仿分技术。

（3）《国际十进制分类法》（Universal Decimal Classification，简称UDC）

又称为《通用十进制分类法》。UDC是以美国《杜威十进制分类法》（DDC）为基础编制而成的，广泛应用于科学论文的分类，许多国家出版的期刊论文和特种技术资料都标有UDC类号。主表分为以下10个大类，见表2-2。UDC的辅助表有语言、文献类型、地点、民族和种族、时间、观点、材料和人物等8个。由于UDC在等级列举制的基础上采取了多种符号进行组配，因而发展成一部等级列举与组配相结合的混合式分类法。

表2-2 UDC主表

序号	类别	序号	类别
0	科学与知识、组织、计算机科学、信息、文献、图书馆学、机构、出版物	5	数学、自然科学
1	哲学、心理学	6	应用科学、医学、科技
2	宗教、神学	7	艺术、娱乐、休闲、体育
3	社会科学	8	语言、语言学、文学
4	空缺	9	地理、传记、历史

UDC采用单纯阿拉伯数字作为标记符号。它用个位数（0～9）标记一级类，十位数（00～99）标记二级类，百位数（000～999）标记三级类，以下每扩展（细分）一级就加一位数，每三位数字后加一个小数点。

UDC网址：http://www.udcc.org/

UDC分类号中文查询网址：http://www.udcsummary.info/php/index.php?

lang=chi

2. 主题语言

主题词以自然语言词汇为基础，是表达信息内容、经过规范化的基本词语。主题词具有组配功能，可显示词间语义关系。而以表达信息内容特征的、经过规范化了的主题词为核心，按照字顺编排起来，就构成主题词表。主题词表达概念本身，在主题词表中通过参照系统来指示词汇之间的关系。主题词语言很多，如关键词语言、叙词语言、标题词语言、单元词语言等。

（1）关键词语言

关键词（Keywords）语言是直接选用文献中的自然语言作为基本词汇，并将那些能够揭示文献题名或主要内容的关键性自然词语作为关键词进行标引的一种检索语言。关键词不受词表控制，所以是一种非受控的、不规范的自然语言。关键词语言的缺点包括：未经规范化处理、漏检率和误检率较高，质量较差；其优点是容易标引、快速、客观。

（2）叙词语言

叙词（Descriptor）语言是一种后组式规范语言，以自然语言词汇为基础，以规范化的叙词（主题词）作为检索标识的信息标引与检索的主题语言。所谓叙词是指从自然语言中优选出来并经过规范化处理的名词术语。叙词语言采用表示单元概念的规范化词语的组配，对文献内容主题进行描述，主要应用于计算机检索，是目前使用最广泛的主题语言。

（3）标题词语言

标题词（Subject heading）语言是最早使用的一种主题语言。它以规范化的自然语义作为检索标识，来表达文献涉及的主题概念，并将全部标识按字母顺序排列，是一种先组式规范语言。词之间的关系早已由词表规范表达，词表按字顺编排，也有参照指向，实现相关概念的连接。

【案例2-3】一篇文章用“微型计算机”这个术语来叙述它的研究对象，另一篇文章用“微型电脑”来叙述，第三篇文章用“微机”来叙述。虽然都表示同一个概念，但不能直接用“微型电脑”或“微机”来作标题词，这三篇文章都必须用“微型计算机”作标题词（实际上是“主标题词”，根据主题词表决定）。

（4）单元词语言

单元词（Uniterm）语言是在标题词语言的基础上发展起来的一种规范化检索语言。单元词是一种最基本的、最一般的、不可再分割概念的词汇单位，也称元词。单元词语言是后组语言，它将一些单元词在检索执行时组合起来使用。比如“科技”和“文献”分别表达两个独立的概念，它们组合成“科技文献”则又形成一个复合概念。单元词强调单元化词的组配，仅限字面组配。

3.代码语言

代码语言是指对事物的某方面特征，用某种代码系统来表示和排列事物概念，从而提供检索的检索语言。代码多种多样，通常用数字、字母或用它们结合的形式或以分段的方式来表示其各部分的含义。我们常见的能描述事物特征的代码有邮政编码、专利号、标准号、化合物的分子式等。代码语言具有检索结果唯一、查准率高的特点；缺点就是检索前必须要先知道代码。

三、检索途径

检索途径（Approach），又称检索点（Access Point），就是利用信息的外部特征（题名、责任者、出版社等）和内容特征（主题词、关键词、摘要等）来查询相关信息，是信息检索的入口点。常见的检索途径见表2-3。

表2-3　常用检索途径及其特征与用途

检索途径	常见形式	特征与用途
分类途径	分类目录和分类索引	学科与事物的隶属、派生与平行的关系，便于从学科所属范围来查找文献资料

续　表

检索途径	常见形式	特征与用途
主题途径	主题目录或索引	能集中反映一个主题的各方面文献资料，便于用户对某一问题、某一对象进行系统的专题性研究
著者途径	作者、编者、译者、专利权人的姓名或机关团体名称	从文献著者的姓名出发来检索其文献
题名途径	包括标题名(篇名)、图书名、刊名、标准名、文档名等	直接利用信息的题名查找所需信息的方法，在计算机检索系统中应用较多
引文途径	利用文献所附参考文献或引用文献	提供从被引论文去检索引用论文
代码途径	专利号、报告号、标准号、国际标准书号和刊号	通过文献资料特定的序号进行检索
机构途径	著者单位、图书出版单位、期刊编辑单位	通过机构名称进行检索
内容途径	包括从文摘、全文、句子、图片、参考文献、附录等进行检索的途径	基于计算机检索的一种新兴途径
专门途径	有关的名词术语、地名、人名、商品名、生物属名、年代等	文献信息所包含特定信息可以解决某些特别的问题

检索途径是检索语言的表现方式，有什么样的检索语言就有对应的检索途径。在检索系统中，检索途径通过字段来实现。它们之间的关系见图2–5。

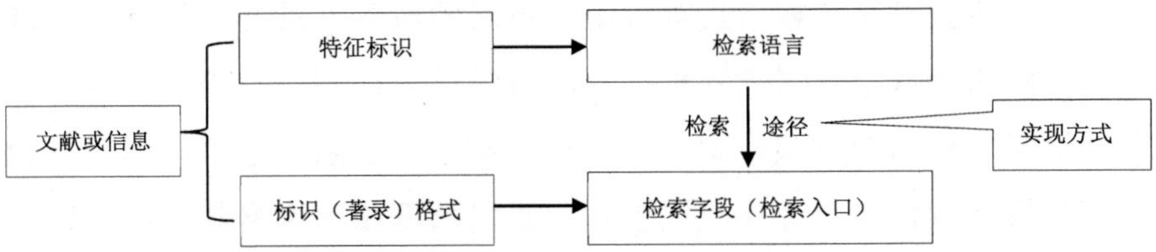

图2–5　文献信息特征、检索语言、检索途径关系图

第三节 检索工具与检索系统

检索工具是人们用来报道、存储、查询信息及其线索的工具。一般来说，检索工具应具备以下特点：有明确的收录范围（收录有足够的信息量）；每条信息条目能完整描述信息的内容特征和外部特征；所有条目按一定的规则组织成一个有机的整体；每条信息条目有能为检索提供线索的检索标识；能够为用户提供多种必要的检索途径。

传统的检索工具是指目录、索引、文摘等二次文献。现在的检索工具不仅包括传统的二次文献，还包括基于Internet的网络信息检索系统（如数据库）、网上工具书、搜索引擎等各种信息检索工具和检索系统。

一、检索工具

每一个检索工具，都有其特定的文献信息收录范围、检索途径与检索方法。检索工具的选择，对检索词的确定以及检索提问式的编制起主导作用。文献信息收录范围是检索工具的最基本特点，其出版时间和所概括的内容范围是否包括检索课题的内容，以及质量和权威性如何，是在使用检索工具前必须了解的基础知识。

目前可供使用的检索工具有很多，不同的检索工具各有特点，可以满足人们不同的信息检索需求。根据所收录学科内容不同，检索工具可分为综合型检索工具和专业型检索工具；根据使用设备和检索手段不同，检索工具可分为书本式、卡片式、光盘式、联机数据库、网络数据库等；根据信息出版形式和著录格式不同，检索工具可分为检索工具书和参考工具书。

文献信息检索的最终目的通常是获取原始文献、全文信息。从检索工具的功能出发，检索类型可分为三种：事实检索、目录检索、文献索引检索。各类检索分别由其对应的检索工具完成。事实检索给出直接、确定性的检索结果；目录检索、文摘索引检索是间接的、相关的检索，给出文献来源的线索。

目前发展最快的是全文检索工具，它以文献所含的全部信息作为检索内容，即检索系统存储的是整篇文章或整部图书的全部内容。全文检索是当前计算机信息检索的发展方向。

国内外最早的检索方式均为手工检索，包括纸质文献的检索和缩微式检索。我国最早的检索工具是西汉刘向、刘歆父子整理编撰的摘要性书目《别录》和《七略》。世界上第一种文摘性科学期刊是1665年1月5日在巴黎创办的《学者周刊》；20世纪50年代中期至60年代中后期是信息检索的脱机批处理阶段；20世纪70年代卫星通信技术、微型计算机以及数据库技术的同步发展，实现了国际联机检索；20世纪80年代，在计算机技术、激光技术等新科技成果的基础上，主要利用计算机和光盘驱动器进行检索；20世纪90年代，随着互联网的迅速发展及超文本技术的出现，计算机检索由此进入网络检索阶段。信息检索工具和技术的发展趋势是逐渐适应人脑的思维方式，朝着智能、高效、快速而灵活的方向发展。

同样，检索工具也是随着信息检索技术的不断发展而变化的。随着时间的推移，有些检索工具现在不再使用了；而许多知名的检索工具如《工程索引》（EI）、《科学引文索引》（SCI）等，则随着时代和主流技术的变化，分别提供印刷版（Print）、光盘版（CD-ROM）、网络版（Web）、联机版（Online）等多种方式。虽然是同一检索工具，但各个版本在收录范围、检索性能方面不尽相同。一般来说，印刷版与光盘版的内容基本相同，网络版与联机版的内容基本相同，但光盘版与网络版的内容差距较大。

在使用检索工具时，要注意查看提供数据的时间范围，大部分文摘检索工具都将数据进行了回溯，能查到较早的数据，如果数据没有回溯到检索需要的时间范围，则需要使用印刷本或国际联机检索。

二、检索系统

检索系统是指根据特定的信息需求而建立起来的一种包含信息采集、加工、组织、存储、管理、发布、检索、服务等诸方面的系统及其相应设备。

根据检索方式不同，检索系统可分为手工检索系统和计算机检索系统。手工检索系统包括书本式目录文摘索引以及各种卡片（目录卡片、穿孔卡片、元词卡片等）。计算机检索系统包括计算机、数据库、管理软件和通信网络检索终端，数据库是其核心。

数据库与检索系统是两个不同的概念。数据库是信息的集合体，是一种信息管理的方式。检索系统是软件，主要用于检索数据库。一个检索系统可以容纳上百个数据库，并可同时对上百个数据库进行检索。一个数据库可依存于不同的检索系统。

通常说的网络数据库，实际上是指网络检索系统，即通过在网站中嵌入检索系统对数据库进行检索，也可以说是联机检索系统的一种。这是现在最常见的检索系统。

第四节　检索类型与检索方法

一、检索类型

信息检索具有广泛性与多样性，根据各种具体信息检索的特点，可以将信息检索从内容、手段与检索方式等维度进行细分，如图2-6所示。

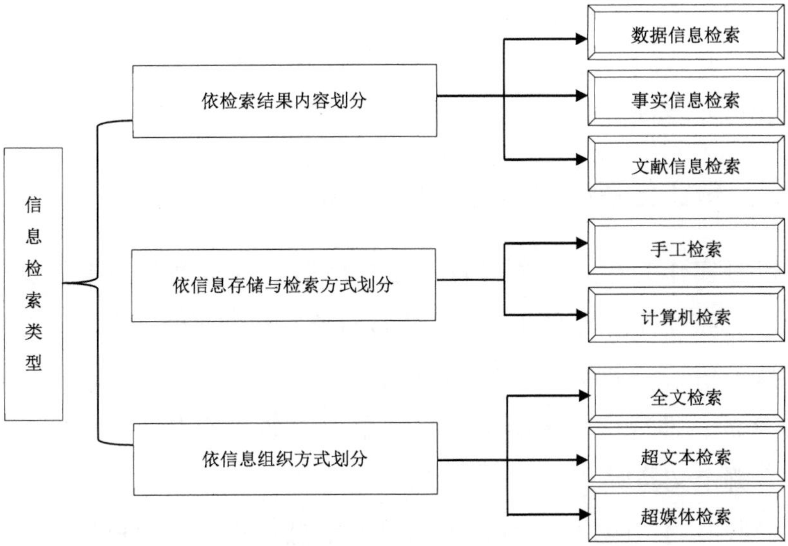

图2-6　信息检索的类型

常用的是按检索结果内容划分，可分为文献信息检索、数据信息检索和事实信息检索。

（一）文献信息检索（Document Information Retrieval）

指以文献为检索对象，检索与用户信息需求相关的文献线索或全文。凡是利用目录、索引或文摘等二次信息查找某一课题、某一著者、某一地域、某一机构、某一事物地有关信息以及这些信息地出处和收藏单位等，都属于文献信息检索范畴。文献检索是信息检索的核心部分。例如："关于金融市场对经济有什么作用?"，这就需要检索人员根据课题要求，按照一定的检索标识（如主题词、分类号等），从所收藏的文献中查找出所需要的文献。

（二）数据信息检索（Data Information Retrieval）

指以数据为检索对象，查找用户所需要的数据信息。既包括物质的各种参数、电话号码、银行账号、观测数据、统计数据等数字数据，也包括图表、图谱、市场行情、公式、化学分子式、物质的各种特性等非数字数据。数据检索是一种确定性检索，用户检索到的各种数据，是经过专家测试、评价、筛选的，可直接用来进行定量分析。例如：检索“印度人口数量?”“2019年我国国民生产总值是多少?”等。

（三）事实信息检索（Fact Information Retrieval）

指以事实作为检索对象，查找用户所需要的有关某一事件发生的时间、地点、经过等描述型事实。其检索对象既包括事实、概念、思想、知识等非数值信息，也包括一些数据信息，但需要针对查询要求，由检索系统进行分析、推理后，再输出最终结果。例如：检索“搜狐的创始人是谁？它在哪个交易所上市?”。

【特别提示】在数据信息检索和事实信息检索中，用户需要获得的是某一事物或某一数据的具体答案，是一种确定性检索，一般利用参考工具书；如果检索的事物与数据是一些大众化、公开性或常识类信息，则可以通过搜索引擎直接查询。文献信息检索通常是检索所需要信息的线索，需要对检索结果进一步分析与加工，一般使用检索刊物、书目数据库或全文数据库。

二、检索方法

检索方法是为了实现检索目标所采用的具体操作方法和手段的总称。信息检索的方法很多，在检索过程中应根据检索系统的功能和检索需求，灵活运用各种检索方法，以达到满意的检索效果。

常用的检索方法有：常规检索法、回溯检索法、循环检索法。

（一）常规检索法

又称常用检索法、工具检索法，是以主题、分类、作者等为检索点，利用检索工具获得信息资源的方法。根据检索结果，常规检索法可分为直接检索法和间接检索法。

1. 直接检索法

指直接利用检索工具进行信息检索的方法，如利用字典、词典、手册、年鉴、图录、百科全书、全文数据库等进行检索。这种方法多用于计算机检索，查找一些内容概念较稳定、较成熟、有定论可依的问题的答案。

2. 间接检索法

主要指利用手工检索工具间接查找信息资源的方法。根据检索方式，间接检索法又分为顺查法、倒查法和抽查法。它们的比较见表2-4。

表2-4　三种间接检索方法对比

类型	定义	适用范围	特点
顺查法	根据检索课题的起始年代，利用选定的检索工具按照由远及近、由过去到现在顺时序逐年查找，直至满足课题要求	普查一定时间的全部文献，查全率和查准率都较高，并能掌握课题的来龙去脉，了解其研究历史、研究现状和发展趋势	方法费时、费力，工作量大，多在缺少评述文献时采用此法
倒查法	与顺查法相反	多用于新课题、新观点、新理论、新技术的检索，检索的重点在近期信息上，只需基本满足需要	查到的信息新颖，节省检索时间，但查全率不高，容易漏检
抽查法	针对某学科的发展重点和发展阶段，拟出一定时间范围，进行逐年检索	根据检索需求，针对所属学科处于发展迅速时期的若干年进行文献查找	检索效率较高，且费时较少，但漏检可能性大，检索人员必须熟悉学科的发展特点

（二）回溯检索法

又称追溯法、引文法、引证法，是利用已知文献的某种指引（如文献所附的参考文献、相关书目、有关注释、辅助索引、附录等）追踪查找文献。用追溯法检索文献，最好利用与研究课题相关的专著与综述。在检索工具不全或文献线索很少的情况下，可采用此法。

常见的追溯方式有：文章→参考文献→更多文章；作者→团体→更多

作者→文章；链接→网站→更多链接；专利→发明人→论文；专利→申请人→专利等。

另外，还有一些专门用于追溯法的检索工具，即引文索引。如世界著名学术信息出版机构美国科学情报研究所（Institute for Scientific Information，简称ISI）编制的引文数据库（Web of Science）的三个数据库，即“科学引文索引”（*Science Citation Index*，简称SCI）、“社会科学引文索引”（*Social Sciences Citation Index*，简称SSCI）、“艺术和人文科学引文索引”（*Art and Humanities Citation Index*，简称AHCI），以及我国的“中国科学引文索引”（CSCD）和“中文社会科学引文索引”（CSSCI）。由于追溯法的有效性，目前一些非引文检索工具也采用其思路，将众多文献关联起来。例如，在中国知网（CNKI）的各个数据库检索结果中，就有参考文献、引证文献、相似文献、读者推荐文献等。

【案例2-4】图2-7是中国知网提供的陆春华在大学图书情报学刊2018年第2期发表论文《“双一流”建设背景下高校图书馆员能力指标体系建构》的引文链接。

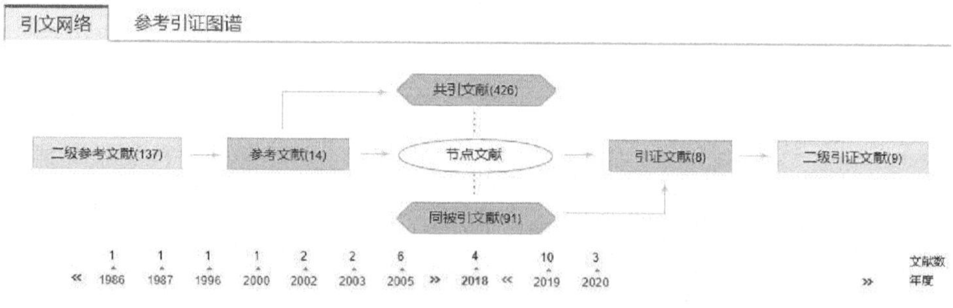

图2-7　中国知网提供的引文链接示例

（三）循环检索法

又称交替法、分段法、综合法，先利用检索工具从分类、主题、责任者、题名等入手，查出一批文献；然后选择出与检索课题关联性较强的文献，再按文献后所附的参考文献回溯查找，不断扩大检索线索，分期分段地交替进行，直到满足课题检索要求为止。

第五节　计算机检索技术

计算机检索技术始于20世纪50年代，随着网络化、信息化的发展，经历了脱机批处理检索、联机检索、国际联机检索、光盘检索、网络检索等几个阶段。随着互联网的飞速发展及超文本技术的出现，C/S与B/S联机检索模式使得检索对象从相对封闭、集中管理的信息内容扩展到开放、动态、分布广泛的网络内容。

在进行计算机检索时，检索系统一般都提供了简单检索、高级检索、专业检索等功能，都是利用检索词或者检索式进行。有时候课题名称及检索提问不能直接作为检索式使用，为了提高检索效率，检索系统提供一些运算方法，对检索提问进行技术处理，目前常用的有布尔逻辑检索、截词检索、词位置检索、字段限制检索、加权检索等。

一、布尔逻辑检索

所谓布尔逻辑检索，是用布尔逻辑运算符将检索词、短语或代码进行逻辑组配，指定文献的命中条件和组配次序。凡符合逻辑组配所规定条件的为命中文献，否则为非命中文献。布尔逻辑检索是计算机检索系统中最基本、最常用也是最成熟的一种检索技术。布尔逻辑运算符有三种：逻辑与、逻辑或、逻辑非，如表2-5所示。

表2-5　布尔逻辑运算符及作用

名称	表达形式	检索式	图示	作用
逻辑与	AND、*、与、并且、并含	A AND B		缩小检索范围

续 表

名称	表达形式	检索式	图示	作用
逻辑或	OR、+、或者、或含	A OR B	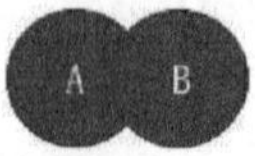	扩大检索范围
逻辑非	NOT、-、非、不含	A NOT B	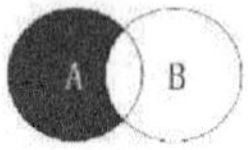	排除不需要的检索词

需要注意如下几点：

①用户的信息需求是通过检索提问式表达，布尔逻辑运算符在检索提问式中起到逻辑组配的作用。通过布尔逻辑运算符，可以把一些简单概念的检索单元组配成具有复杂概念的检索式，用以表达用户的信息需求。

②不同的检索系统运算次序不完全相同，因此会导致检索结果不同。通常运算次序有这样几种形式：一种是按运算符出现的顺序；一种是默认NOT优先，其次是AND、OR；一种是默认AND优先，其次是OR、NOT。检索系统的"帮助"文件会有这类说明，注意查看。

③对于一个复杂的布尔逻辑检索式，检索系统的处理一般是从左向右进行的。在有括号的情况下，先执行括号内的运算；有多层括号的，先执行最里面括号中的运算，逐层向外进行。

④外文数据库组配方式常用字母，中文数据库组配方式常用符号。

⑤搜索引擎通常以"match all terms"表示逻辑与，以"match any term"表示逻辑或，以"must not contain"表示逻辑非。

【案例2-5】检索有关气溶胶对大气环境影响的文献

布尔逻辑组配检索式：aerosol AND（air OR atmosphere AND environment）。

二、截词检索

用截词符号"?""*"或"$"（见表2-6）加在检索词的前后或中间，以检索一组概念相关或同一词根的词。这种检索方式可以扩大检索范围、提高查全率、减少检索词的输入量、节省检索时间、提高检索效率。

截词检索主要用于外文数据库，当遇到名词的单复数形式、词根相同的一类词、词的前缀或后缀变化、同一个单词的不同拼写法时均可采用。

表2-6　截词符号及作用

截词符号	意义	示例
*	截断零个或多个字符	libra* library、librarian、libraries、…
?	只代表一个字符	organi?ation organization、organisation transplant?? transplanted、transplanter
$	截断零个或一个字符	colo$r color、colour

截词方式根据截断的位置不同，可分为前截断、后截断、中间截断、前后截断等；根据截断字符的数量，可分为有限截断和无限截断。

①前截断：又称左截断，截词符放在被截词的左边，进行词的后方一致比较，也称后方一致检索。例如：输入“*computer”，能够检出含有computer、minicomputer、microcomputer、macrocomputer等词的记录。

②后截断：又称右截断，截词符放在被截词的右边，进行词的前方一致比较，也称前方一致检索。例如：输入“physic*”，能够检出含有physic、physical、physicalism、physician、physicochemistry等词的记录。

③中间截断：把截词符放在被截词的中间，进行词的两边一致比较检索。例如：输入“defen?e”，能够检出含有defense、defence等词的记录。

④前后截断：把截词符放在被截词的前部和后部，进行词的中间一致比较检索。例如：输入“*chemi*”，能够检出含有chemical、chemistry、biochemical等词的记录。

【注意】不同检索系统使用的截词符可能不一样，使用前应先查一下“帮助或检索提示（tips）”加以确认。

三、词位置检索

词位置检索是指在检索词之间运用位置算符（Position Operators），规定算符两边的检索词出现在记录中的位置，用以检索出含有检索词且检索词之间的位置也符合特定要求的记录。

这种检索技术通常出现在外文数据库中，中文数据库偶见，在全文检索中应用较多。如果说布尔逻辑算符是表示两个概念之间的逻辑关系的话，位置算符则表示两个概念在信息中的实际物理位置关系。

常用的位置算符及作用如表2-7所示（以Dialog检索系统使用的位置算符为例）。

表2-7　常用位置算符及作用

位置算符	功能	表达式示例	检索结果
(W)，WITH	两词相邻，按输入时顺序排列	Education(W)school，或 Education WITH school	Education school Education schools
(nW)	同上，两词中间允许插入最多*n*个词	Education(1W)school	Education school Education schools Education and music school
(N)，NEAR	两词相邻，顺序可以颠倒	Education(N)school，或 Education NEAR school	Education school Education schools School of education
(nN)	同上，两词中间允许插入最多*n*个词	Education(1N)school	Education school School of education Education and music school School of music and education
(F)	两个词同在一个标引字段中	Education(F)school	例如同时出现在题名或文摘字段中
(S)	两个词同在一个子字段或自然句中	Education(S)school	例如同时出现在一个段落或句子中

续 表

位置算符	功能	表达式示例	检索结果
“”	英文状态的(或半角)双引号,表示词组	“Education and music school”	几个词紧密相联,中间插入任何词或顺序错误都将无法检出

【注意】不同检索系统使用的位置算符可能不一样，不同的算符在不同的检索系统中可能含义不同，使用前应先查一下帮助或检索提示（tips）加以确认。

四、字段限制检索

字段限制检索是指将检索词限定在某个或某些字段中，用以检索某个或某些字段含有该检索词的记录。检索时，系统只对指定字段进行匹配运算，提高了检索效率和查准率。

数据库中常用检索字段及代码如表2-8所示。

表2-8 数据库常用检索字段列表

外文数据库常用字段		中文数据库常用字段
字段名称	字段代码	
Abstract	AB	文摘、摘要
Author	AU	作者
Classification code	CC	分类号
Corporate source、organization、company	CS	单位或机构名称
Descriptor、subject	DE	主题
Document type	DT	文献类型
Full-text	FT	全文
Journal name、publication title	JN	期刊名称
Keywords	KW	关键词

续 表

外文数据库常用字段		中文数据库常用字段
字段名称	字段代码	
Language	LA	语种
Publication year	PY	出版年
Title	TI	题名

【注意】不同数据库中使用的字段名称和字段代码有所不同，需要查看下使用帮助。不同学科、不同类型的数据库还有许多自己的专用检索字段，如《化学文摘》数据库使用了化学类专用的分子式（Formula）、化合物（Compound）检索。

在联机检索数据库中，字段限制检索通常有下列几种表示方法：

Education（W）school/AB

JN=Wall Street

Library science in DE

在上述表达式中，“JN=Wall Street”是将字段代码放在检索词的前面，因此称为字段前缀（Prefix）检索；“Education（W）school/AB”“Library science in DE”是将字段代码放在检索词的后面，因此称为字段后缀（Suffix）检索。

在网络数据库中，字段名称通常放置在下拉菜单中，用户只需要选择就可以了。

选择的字段不同，得到的检索结果也会不同。选择“全文字”段，得到的检索结果数量最多，但相关度最低；选择“题名”和“关键词”字段，得到的检索结果数量最少，但相关度最高；选择“文摘”字段，得到的检索结果介于以上两者之间。通常用核心概念、前提概念限定篇名、关键词；用次要概念、集合概念限定主题、文摘。需要注意的是限定文摘字段，会漏检没有摘要的论文。

【案例2-6】巢湖学院图书馆馆藏书目检索系统提供题名、责任者、主题词等多种字段检索，如图2-8所示。

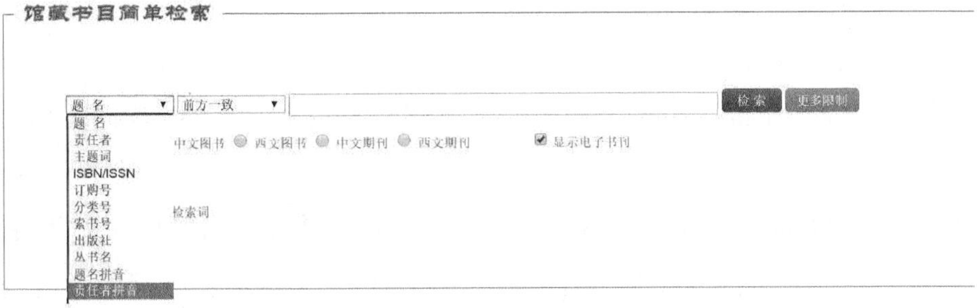

图2-8 巢湖学院图书馆馆藏书目检索系统字段检索示例

第六节 检索流程

检索流程是从确立信息需求到信息需求得到满足的整个过程。对于不同的检索系统、不同的课题、不同的用户来说，其具体检索流程有所不同。通用信息检索流程一般包括：分析检索课题、选择检索工具、确定检索策略、调整检索策略和获取原始文献等，如图2-9所示。

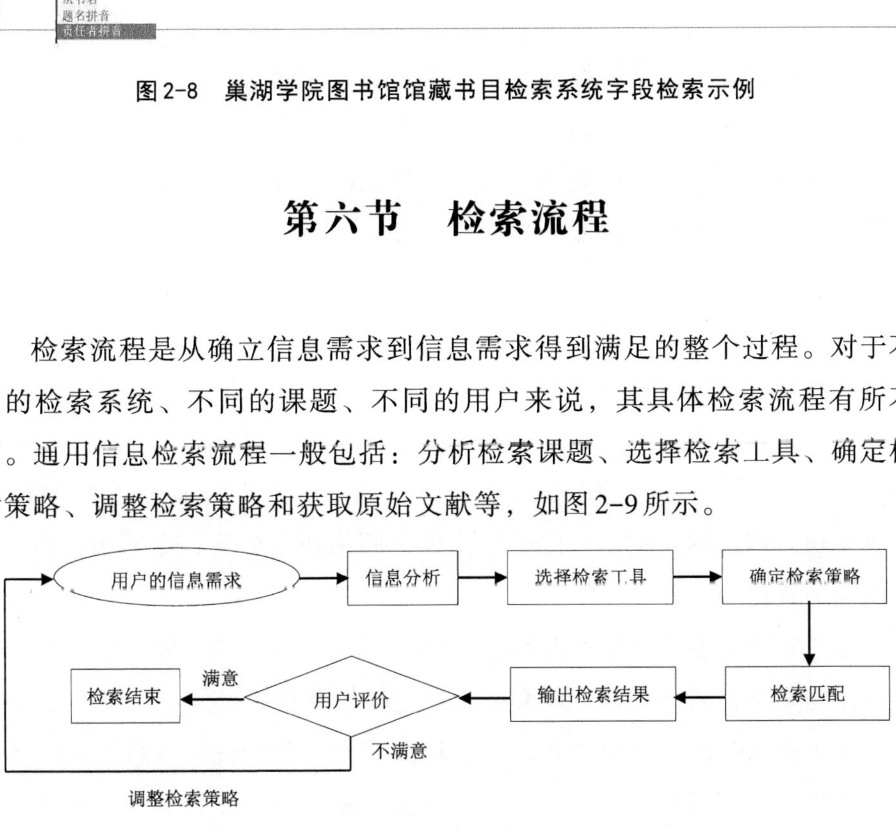

图2-9 检索通用流程图

一、分析检索课题

检索课题分析是整个信息检索的基础，目的是了解课题的学科专业背景，包括对课题类型、背景知识、概念及知识体系的分析，准确把握检索的真正意图及实质。

①明确检索目的：用户的信息需求和检索目的一般包括以下几类。

一是需要关于某一个课题的系统详尽的信息，包括掌握其历史、现状和发展趋势，如撰写硕士、博士论文，申请研究课题、进行科技成果查新、鉴定专利、编写教材等。这就要求检索得全面、彻底，检索的资源多，覆盖的时间年限长。对这类需求，要尽可能使用光盘数据库和网络数据库。

二是需要关于某个课题的最新信息，这类需求的用户通常一直持续对某个课题进行跟踪研究，或从事管理决策、工程工艺的最新设计等。需要检索的资源必须更新速度较快，如联机数据库、网络数据库、搜索引擎检索等，覆盖的年限也比较短。

三是了解一些片段信息，解决具体问题。带有这类需求目的的用户通常比较多，例如写一般论文时，针对某个问题查找一些相关参考资料；或进行工程设计施工时需要一些具体数字、图表、事实数据等；或查找某个人物的传记、介绍，某个政府机关或商业公司的网页，某个名词术语的解释等。这类需求不需要查找大量资源，但必须针对性很强，结果要准确，速度要快。解决这类需求，除数据库外，网络搜索引擎、专题BBS都是可供使用的资源。

②明确课题涉及的学科范围：弄清楚课题所涉及的学科领域，是单一学科还是多学科或跨学科，以便按学科选择信息资源。

③明确课题的主题或主要内容：形成若干个既能代表信息需求又具有检索意义的主题概念，包括所需的主题概念有几个、概念的专指度是否合适，哪些是主要的，哪些是次要的，概念之间的关系如何。

④明确所需信息的数量、年代范围、语种、类型等。

二、选择检索工具

在全面分析检索课题的基础上，对用户要求得到的信息类型、时间范围、课题检索经费等因素综合考虑后，从以下几个方面考虑检索工具的选择。

①可获得性。检索受到可利用的检索工具收藏情况的限制。目前世界有上千种检索工具，还在不断增加，但绝大部分机构和图书馆收藏的检索工具都相当有限。如果可利用的检索工具不足，则可以利用开放获取资源，如果还是不能满足需求，就应向其他文献服务机构申请代检代查。

②针对性。选择的检索工具要与检索课题的学科一致，并尽量选用该学科的权威性检索工具。尤其是在课题鉴定、论文开题、科技查新、专利申请等方面，必须检索该领域公认的权威工具。

③全面性。了解检索工具的收录范围，包括时间跨度、语种、信息资源类型以及更新周期等是否满足要求；还要考虑区分其不同的版本、覆盖的范围、年限、使用权限等。

④方便性。检索工具所提供的检索途径、检索功能和服务方式是否便利。

⑤完整性。大部分检索课题使用一种检索工具就可达到要求，但对于重要的信息收集，如毕业论文（设计）、产品开发、科研项目申报、专利申请等，则需要多种检索工具综合运用。

尽管手工检索费时且效率低下，但是仍然包含计算机检索工具没有的信息，不能完全摒弃，例如手工参考工具书及古籍中包含有中国传统文化、医学等方面的大量资源。

三、确定检索策略

根据检索课题的已知条件、课题检索的深度，以及检索工具本身可以提供的检索途径，选择检索途径、确定检索词、构造检索式并实施检索。

（一）确定检索词

检索词，从广义的角度来看，不仅是“词”，还应包括不同检索途径的检索输入用语，如作者途径的作者名、分类途径的分类号，甚至包括邮编、语种、年份等都是检索用词。

1.检索词的选取原则

（1）准确性

准确性就是指选取最恰当、最具专指意义的专业名词。要从词表规定的专业范围出发，选取各学科的基本名词术语，即意义明确的专用术语、规范用语。

（2）全面性

全面性就是指选取的检索词能覆盖信息需求主题内容的词语。

（3）规范性

规范性就是指选取的检索词要与检索系统的规则要求一致。

（4）简练性

向检索系统提交请求时，宜多选常用的基本词语进行组配，不要使用过长的词组和短语。

2.检索词的选取方法

（1）主题分析法

检索词的选取是用户分析、识别、提炼和归纳信息需求主题的过程。首先将检索主题分为数个概念，并确定反映主题实质内容的主要概念，去掉无检索意义的次要概念；然后归纳可代表每个概念的检索词，同时寻找检索词的同义词与上下位词；最后将不同概念的检索词以布尔逻辑算符加以联结。

（2）切分法

切分法就是指将用户的信息需求语句以自由词为单位进行拆分，转换为检索的最小单元。

【案例2-7】检索“电动汽车的研究现状及发展趋势”相关文献，可切分为“电动汽车”“研究现状”“发展趋势”。

通过主题分析和切分所得到的关键词，还需要通过删除、替换、聚类、补充、限定等方式进一步规范。

删除：通过主题分析和切分所得到的关键词，对于其中不具有实质性检索意义的虚词（包括介词、连词、助词、副词等），过分宽泛和过分具体的不必要的限定词，或者存在蕴涵关系可以合并的词，都应该删除。如："作用""研究""意义"、device、process、system等。

【案例2-8】"电动汽车的研究现状及发展趋势"，通过主题分析和切分得到的词，删除"研究现状"和"发展趋势"后，"电动汽车"可作为检索词。

替换：通过主题分析和切分所得到的关键词，也许偏于模糊、宽泛、狭窄或不可行，不能得到所希望的结果，这时可以用更明确、更具体、更本质、更可行的概念词来进行替换。

【案例2-9】"绿色包装技术研究"，通过主题分析和切分得到的词，删除"研究"后，得到检索词"绿色包装技术"，而其中的"绿色"，应替换为"环保""无污染""可降解"。

聚类：把切分、删除、替换后所得到的关键词按语义概念进行同类合并，将那些可以相互等效、相互替换、相互补充的同义词、近义词、相关词归成一组。

补充：通过主题分析和切分得到的关键词，有些词是缩略词，有些词又是同义词和相关词。对于前者应考虑找出缩略词的来源词组，将两者一并作为检索词，对于后者应补充同义词和相关词（包括上位词、下位词和同位词等）作为检索词。

【案例2-10】"肺癌"，还可以选取的检索词有"癌症""恶性肿瘤"。

限定：针对一词多义导致误检的问题，需要采取限定措施，即增加限定词作为检索词，如检索词"线路"应考虑增加"道路""车辆"或"电子""数字""模拟"作为检索词。

3.试查相关数据库，借鉴相关文献用词，扩展、变更检索词

为方便用户检索，中国知网、万方数据、维普智立方、Emerald等很多系统都提供了检索词智能提示与主题词扩展功能。用户可试查相关数据库进行初步检索，再顺藤摸瓜地扩展、变更检索词。

（二）构造检索式

检索式（Formula，Profile，Statement）是检索概念和检索策略的逻辑表达式，是用来表达用户检索提问的，由基于检索概念产生的检索词和各种组配算符构成。检索式的好坏决定着检索质量和检索效果。

组配算符（Operator）通常有布尔逻辑算符、截词符、位置算符、字段限制符几种。它们在构造检索式中的作用见表2-9。

表2-9　常用组配算符在检索式中的作用

常用组配算符	构造检索式作用
布尔逻辑算符	把检索词连接起来，为检索式搭起框架
截词符	对单元词进行加工修饰，使其功能更完善
位置算符	对复合检索词进行加工修饰
字段限制符	限制检索词在数据库记录中出现的字段

不同的检索人员拟定检索式的方法和技巧各有不同，但有几条基本原则需要遵守。首先，要符合概念组配原则；其次，应精炼、简化检索式。同时，对于位置算符的选择，应根据文献中常见的词间关系来选择。

【案例2-11】检索课题“计算机内存管理机制分析”，构造检索式可为：

（memory management）OR（（（memory block）OR（memory pool））AND allocate AND free）

这是一个典型的检索式，它表达的逻辑是：

（memory block）OR（memory pool）是第一层，最先运算，表示检索包含这两个概念或其中某一个概念的全部信息；

（（memory block）OR（memory pool））AND allocate AND free是第二层，其次运算，表示第一层的结果与另外两个概念“allocate”和“free”交叉，要查询这三者交集的信息；

（memory management）OR（（（memory block）OR（memory pool））

AND allocate AND free）是第三层，表示第二层的检索结果与另一个概念“memory management”有交集，要检索交集部分的信息，是最后运算，即为最终结果。

四、调整检索策略

所谓调整检索策略，就是根据反馈的检索结果，反复对检索式进行调整，直至得到满意的结果。

检索调整的基本目的，就是提高检索结果与用户需求的一致性（这里的需求既可以是用户开始检索时明确表达的需求，也可以是检索过程中的动态需求）。如果检索结果过多或者过少甚至为零，就需要根据命中文献量的多少、命中文献的切题情况等，来决定是扩大检索范围还是缩小检索范围。

（一）检索结果不理想的原因

要分析检索结果不理想的原因，才能决定如何调整检索策略。

若是检索结果输出的篇数过多，其原因可能是：选用了多个多义性的检索词；截词截得过短；对检索词的限定太少；应该使用AND却用了OR；优先运算符用错。

若是检索结果输出的篇数过少，其原因可能是：错选数据库；检索词概念错误或拼写错误；检索词过于冷僻或者具体；没有使用截词符；位置算符与字段限制符用得过多；使用过多的AND算符。选用了不规范的主题词或用某些产品的俗称、商品名作为检索词；同义词、近义词或隐含概念没有得到充分考虑，上位概念或下位概念没有得到完整运用等。

（二）扩大检索范围的方法

①降低检索词的专指度，可选一些上位词或相关词补充到检索式中。

②减少检索词，删去某个不特别重要的检索词。

③进行族性检索，可用分类号或采用一组近义词、同义词或相关词并用OR连接。

④使用截词检索，可以采用后截断、前截断、前后截断等方法。

⑤增加检索途径，如将主题途径与非主题途径结合起来使用。

⑥取消或放宽一些检索限定，如调整组配算符，将AND改为OR。

（三）缩小检索范围的方法

①提高检索词的专指度，增加或换用下位词或子概念或专指度较强的自由词。

②逐步缩小检索途径的检索范围：全文→主题→文摘→题名→关键词。

③有的数据库还能限定期刊范围：全部期刊→重要期刊→核心期刊。

④用AND连接一些进一步限定主题概念的相关检索项。

⑤用位置算符控制检索词的词间顺序与位置。

⑥增加检索途径如文献类型、语种、年代范围、作者作为限定。

⑦利用NOT限制不相关文献的输出。

⑧使用精确运算符“”，或选择精确匹配（中文库）。

五、获取原始文献

①在本地全文数据库中获取。检索本校或附近图书馆的馆藏目录或数字资源数据库。已经确定所需要的文献所在的数据库，是全文数据库就可以直接检索并下载；是文摘数据库则看其是否收录文献的全文链接，如Ei Compendex Web、国际博硕士论文数据库（PQDD）等都提供原文服务，可向数据库商提出购买原文申请；如果书目能够查到线索则可手工检索到纸本原文，例如检索到图书馆收藏有某一刊物在某一阅览室就可直接查看、借阅或复印。

②获得文献作者的联系方式，直接向原文作者索取。MEDLINE、SCI等文摘型数据库均提供作者的E-mail地址。

③通过搜索引擎，输入文献标题或出版物的名称，直接找到原文或者发现文献出处信息。

④利用联合目录，通过馆际互借与文献传递的方式获取。许多图书馆的开放的公共查询目录（Open Public Access Catalogue，简称OPAC）检索系统都是开放并可免费检索，因此用户在本校图书馆的OPAC检索不到所需文献时，可利用其他馆的OPAC检索系统或中国高等教育数字图书馆的联合目录检索所需文献，或通过网上联合参考咨询系统，在确定文献收藏单位后，再向其提交文献借阅、复印或网上传递电子全文请求。

⑤各种网络免费学术信息资源，如百度学术、Google学术搜索、开放存取（Open Access）等。

第七节 检索效果评价

检索完成后，要审核检索结果。研究检索效果，将有助于检索系统和功能的改进，也有助于用户在检索实践中提升检索技巧，提高效率。

一、检索效果评价指标

对检索结果的评价应包括五个方面：查全率、查准率、检索时间、检索成本、用户满意度。这五个方面共同构成了检索效率的概念。检索效率高，就意味着查全率和查准率高，检索时间短，检索成本低，用户满意度也会相应提高。

（一）查全率

查全率是指从检索系统中检出的相关信息量与检索系统中相关信息总量的比率，具体可用下列公式表示：

$$查全率 = \frac{检出的相关信息数量}{检索系统中相关信息总量} \times 100\%$$

查全率的绝对值是很难求算的，正常情况下，一要看相关数据库是否都包含在检索范围内，二是根据数据库的内容、数据量来估算。

（二）查准率

查准率必须与查全率结合使用，指检中的相关信息量与检出的信息总量的比率，具体可用下列公式表示：

$$查准率 = \frac{检中的相关信息数量}{检出的信息总量} \times 100\%$$

（三）检索时间

主要是看用户能否在较短的时间内，尽可能全面、准确地检出相关信息。这要求用户对信息资源、检索技术、自身的信息需求要熟悉、清楚，此外，也要具备一定的上网条件和网络速度。

（四）检索成本

检索成本，通常指每次检索或者下载每篇文献或者获得的每个数据，所需的总费用（随检索完成即由系统自动计算）或平均费用，后者可以使用购买数据库的总费用除以检索总量、下载总量、获取的数据总量来计算。

（五）用户满意度

检索结果是否满意，要由用户做最后的结论。用户满意度反映的是用户的一种心理状态，它来源于用户对检索所产生的感受与自己的期望所进行的对比。“满意”并不是一个绝对概念，而是一个相对概念。

二、影响检索效果的因素

检索效果会受到多种因素的影响，比如检索系统功能、文献标引质量、检索策略等。

对于检索系统来说，系统信息收录不全、标引不当、词表结构不完善、索引词汇缺乏控制、文献分类缺乏专指度、索引词不能准确描述文献主题和检索要求、词间关系模糊或错误、组配规则不严密等，都会对检索效果造成影响。

对于检索用户来说，检索课题要求不明确、检索工具选择不恰当、检索策略过于简单、选词和词间逻辑组配不当、检索途径和方法过少，都是影响查全率和查准率的原因。

三、提高检索效果的方法

①提高用户使用检索系统的能力。用户要充分掌握检索语言、检索技巧和方法，在使用检索系统之前，需了解其性能与特点，这样就能灵活、准确地使用检索系统来满足自身信息需求。

②选用质量高的检索系统。检索系统的收录范围、索引语言、标引深度和准确性以及提供的检索途径、检索方法等都是影响检索结果的重要方面，所以需要不断地提高检索系统的质量。

③制定优化的检索策略。尽量准确地表达检索要求，合理调整查全率与查准率。由于查全率与查准率在一定程度上是成反比关系，这就需要根据检索课题需求，合理调整两者的比例关系。例如：需要了解某项研究的情况，就要求查全率高；而需要了解某项研究的最新进展，则要求信息的时效性和很高的查准率。

[实验项目] 使用《中国图书馆分类法》找出分类号

一、实验目的

掌握《中国图书馆分类法》的基本构成特点，并通过对文献的分类标引，间接训练从学科分类角度概括检索需求的能力。

二、实验要求

1. 按照基本大类，在《中国图书馆分类法》中查找以下相关类目编号：

（1）计算机技术：国际互联网

（2）贸易经济：市场调查

（3）语言、文字：英语翻译

（4）环境科学：环境污染的控制及其排除

（5）文化、科学：文献检索

2. 请对课题“世界制造强国创新战略与行动方向”进行学科分类分析，判断用哪个或哪些分类号可以查到相关文献。

三、实验结果

[实训项目] 检索课题分析实例

一、实训目的

熟悉检索课题分析方法，了解课题的学科专业背景，包括对课题类型、背景知识、概念及知识体系的分析，准确把握检索的真正意图及实质。

二、实训要求

以课题“加强我国对跨境资本流动监管的研究”为例，进行课题分析，并构建检索表达式。

三、实训过程

首先将课题拆分成“跨境资本流动”和“监管”两组较大的概念，再将“跨境资本流动”拆成“跨境资本”和“资本流动”两组交叉概念，分别与“监管”一词组配，形成两个表达式：“跨境资本 AND 监管”和“资本流动 AND 监管”。

列出“跨境资本”的相邻概念“跨国资本”和“国际资本”并与“监

管”一词分别组配，形成一个与“跨境资本AND监管”概念范围相近但书写形式不同的另一个表达式，以避免漏检。

“资本流动AND监管”这个表达式检索的结果有可能查出国内资本流动监管方面的文献，需要加一个限定概念，即“NOT国内”，形成三个概念之间的相互限定。

最后形成了“跨境资本”“跨国资本”“国际资本”“资本流动”“监管”和“NOT国内”6个检索词。但从同一个题目中抽出的关键词之间并非都可以进行相互组配，本实例中“资本流动”与“跨境资本”“跨国资本”“国际资本”之间有重叠概念，不宜进行组配，因此上述提取的关键词可以组成如下两组检索表达式：

第一组：（跨境资本 OR 跨国资本 OR 国际资本）AND监管

第二组：（资本流动AND监管）NOT国内

思考与练习

1. 什么是信息检索？请简述信息检索的基本原理。
2. 列举《中国图书馆分类法》的22个基本大类。
3. 简述分类语言与主题语言各自的特点。
4. 常用的检索途径有哪些？
5. 信息检索的一般步骤是什么？
6. 检索词的选取原则是什么？选取方法有哪些？
7. 检索结果过多或过少时应如何处理？
8. 评价检索效果最主要的指标是哪两项？它们是如何计算出来的？

第三章　综合性检索平台与期刊论文全文数据库

通过一个综合的检索平台可以同时检索多个数据库，这一方面节省了用户的检索时间，提高了检索效率；另一方面也使用户信息需求表达的完整性、检索结果的准确性受到挑战。而从数字资源的使用来看，学术期刊论文全文数据库一直是用户进行科学研究查找资料的首选。本章将介绍几个常用的综合性检索平台与学术期刊论文全文数据库。

第一节　综合检索系统与跨库检索

当今是一个信息提供商集成整合壮大的时代，有的被收购，有的互相组成联盟，所以同一个检索系统中提供的数据库越来越多，一些信息服务机构（如图书馆）也趋向于将多个检索系统集成到同一个检索平台。这在一方面提高了检索的效率与方便性，但另一方面也会造成检索结果往往不理想。选择跨库检索还是单库检索，要根据其特点及检索需求决定。

一、跨库检索

跨库检索系统提供统一的检索入口，支持用户一次对多个数据库同时进行检索，自动归并检索结果，以统一方式显示给用户。目前的跨库检索主要有两种：一种是在综合检索平台上的一次多个数据库的检索，如中国知网、万方数据、维普智立方、EBSCO、ProQuest等；另一种是一些机构把自己拥有的检索系统进行集成，建立统一检索平台，如北京大学图书馆未名学术搜索。

由于每个数据库收录的文献范围、侧重点不同，数据库之间所能提供的检索字段不一样。选择的数据库越多，其共有的检索字段越少，检索入口也就越少。不同类型文献的常见检索字段是有区别的。如果要在同一个检索页面检索，系统只能取其共有字段。

跨库检索经常遇到的问题是：检索失败或者和在源数据库中的检索结果不太一样。这主要是跨库检索系统把检索请求同时发送给不同的数据库，而在发送的过程中可能会碰到一些问题，如网络延迟、并发用户限制、检索时间超时等，从而导致检索失败；或者由于在跨库里选择的字段和在各个数据库选择的检索字段不一致，如跨库检索默认是“题名”字段，但有的数据库默认是“所有字段”，有的数据库默认是“题名或关键词”，从而导致检索结果的差异。

二、单库与多库的选择检索

跨库检索系统一般会默认选择全部可使用数据库或几个用户常用数据库，用户在进行检索之前需要清楚，一定要有针对性地选择数据库。选择策略如下：

①当用户一次想查找多个数据库，或者要查找文献却又不太明确文献所在的数据库时，利用跨库检索系统可以快速了解所需文献信息，通过文献在数据库的分布情况，逐渐摸索出适合自己研究课题方向的数据库，有选择地跟踪文献。

②当要求比较精确并且需求比较单一，如只是查找期刊论文或某一会议论文时，可以选择单库检索；当需求比较多样时，应选择相关数据库逐个检索。

③当项目调研需要全面的信息或者想了解学科交叉部分的信息时可以采用跨库检索。

④跨库检索还应注意，根据权限选择可使用的数据库。

三、综合检索系统中数据库的链接与整合

在部分融合了多个数据库的综合性检索平台中，经过数据库提供商在数据库彼此间相关信息的链接，可帮助用户获取更为详细、更为丰富的相关信息，有利于科研创新与发现。

【案例3-1】中国知网的“知网节”通过参考文献、相似文献、读者推荐文献将期刊数据库、学位论文库、报纸库等的相关资料链接在一起，形成一个知识网络。

第二节　中国知网(CNKI)

一、概况

CNKI，全称为China National Knowledge Infrastructure，即中国知识基础设施工程，是以实现全社会知识信息资源传播共享与增值利用为目标的信息化建设项目，由清华大学、清华同方发起，始建于1999年6月。最开始建设“中国学术期刊（光盘版）”，现发展为“中国知识资源总库”（简称中国知网)。

中国知网收录包括期刊、博硕论文、会议论文、报纸、图片、年鉴、统计数据、专利、成果、标准、法律法规、古籍、工具书等多种文献类型，覆盖各个学科范围。主要数据库介绍见表3-1。

表 3-1　中国知网(CNKI)主要数据库介绍

全文数据库	题录/文摘数据库
中国学术期刊(网络版)(1915年至今)	中国引文数据库(1912年至今)
中国学术辑刊全文数据库(1979年至今)	国内外标准题录数据库(1919年至今)
中国优秀硕士学位论文全文数据库(1984年至今)	海外专利数据库(知网版)(1970年至今)
中国博士学位论文全文数据库(1984年至今)	中国经济与社会发展统计数据库
中国重要会议论文全文数据库(1953年至今)	中国科技项目创新成果鉴定意见数据库(知网版)(1978年至今)
国际会议论文全文数据库(1981年至今)	
中国重要报纸全文数据库(2000年至今)	CNKI学术知识图片库
中国年鉴网络出版总库(1949年至今)	
国家标准全文数据库(1950年至今)	
中国行业标准全文数据库(1950年至今)	
中国专利全文数据库(知网版)(1985年至今)	
国学宝典数据库	
中国法律知识资源总库	
中国工具书网络出版总库	

【提示】巢湖学院图书馆购买了中国学术期刊（网络版）、中国优秀硕士学位论文全文数据库与中国博士学位论文全文数据库的使用权。

二、知识发现网络平台

平台入口：https://www.cnki.net/

中国知网提供了多种检索与导航（浏览）方式。

（一）一框式检索

中国知网的KDN检索平台提供了统一的检索界面，采取一框式检索，用户只需在文本框中直接输入检索词，选择好查询数据库（默认为文献，跨库包括期刊、博士、硕士、国内会议、国际会议、报纸、学术辑刊）与检索字段（默认为“主题”字段），单击“检索”按钮即可检索，简单方便，如图3-1所示。

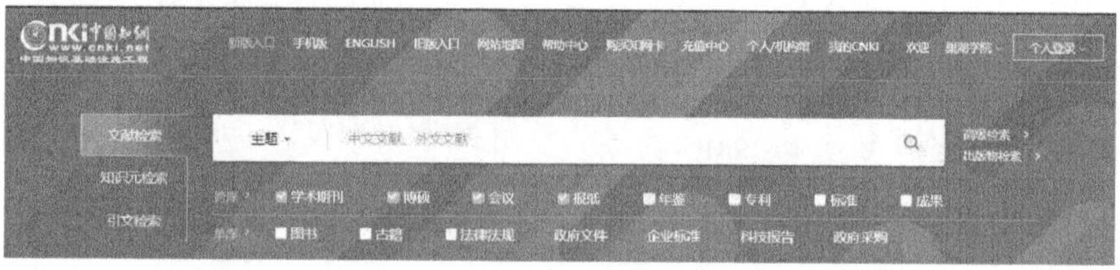

图3-1　中国知网一框式检索页面

（二）高级检索

高级检索提供了多个检索输入框，用户可以方便地构造检索式，控制多个检索项和检索词，还可同时通过“时间限定”“文献类型”“学科限定”缩小检索范围。单击检索项前的“+”，可添加新的文献内容特征作为检索项。高级检索页面如图3-2所示。

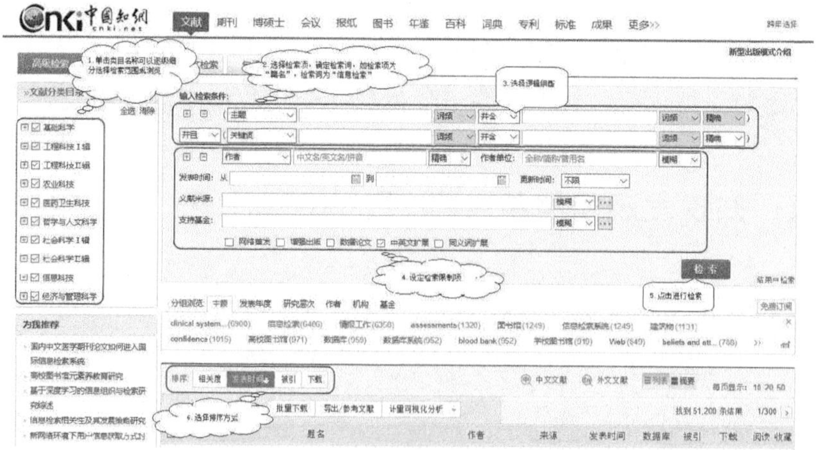

图3-2　中国知网高级检索页面

在检索结果页面（图3-3），可通过6种不同的分组方式进行精确分析和挖掘，还可通过4种不同的排序方法进行排序。单击检索出来的文献题名，即可进入该文献详情页面，查看该文献的标引信息，包括基本信息、摘要、关键词、分类号、参考文献及引证文献等。

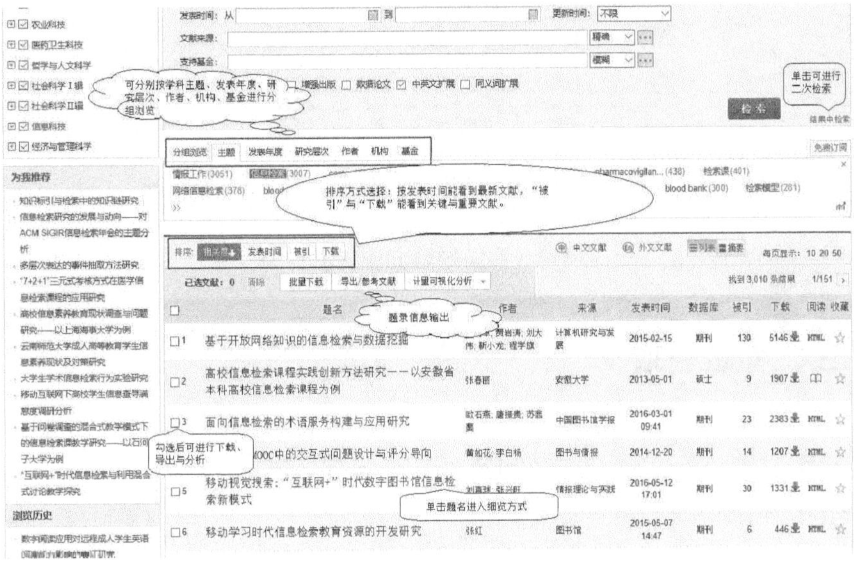

图3-3　中国知网检索结果页面

（三）专业检索

专业检索是所有检索方式里最复杂的一种检索方法。需要使用逻辑运算符和关键词构造检索式进行检索，并且所输入的检索式语法需符合中国知网的语法规定，这样才能检索出结果，见图3-4。专业检索主要用于图书情报专业人员进行查新、信息分析等工作。

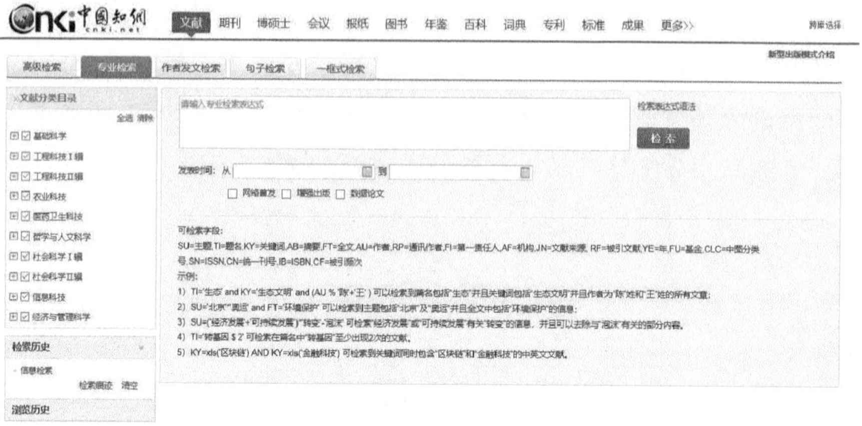

图3-4 中国知网专业检索页面

三、文献获取

对于检索到的文献，中国知网提供了两种文献获取方式。

①在线HTML阅读，见图3-5。

图3-5 中国知网在线HTML阅读页面

②下载文献，见图3-6。

图 3-6　中国知网下载文献页面

中国知网提供两种文献下载格式：一种是CAJ格式，是中国知网自创，使用时需下载安装CAJViewer浏览器，CAJViewer与数据库功能的兼容性更好一些；一种是PDF格式，使用时需下载安装PDF阅读器。

第三节　维普智立方·知识资源服务平台

一、概况

智立方·知识资源服务平台（http://zlf.cqvip.com/）是重庆维普资讯有限公司的信息服务产品，是一个架构于云端集大数据管理、大数据挖掘、大数据分析、数据对象化建模于一体的知识资源服务平台。它以多粒度、规范化的元数据形式，统一整合了期刊、学位论文、会议论文、专利、标准、专著、科技成果、政策法规、产品样本、科技报告十种类型文献。通过提供高效检索、分面聚类、引文追踪、知识关联图谱、对象构建、对象对比、研究趋势分析、多途径全文保障等服务，使得用户能够方便地检索、获取、使用、分析各类信息资源。

二、检索功能

与中国知网类似，维普智立方·知识资源服务平台（以下简称智立方）也提供了多种检索与导航（浏览）方式。

（一）默认检索

智立方检索页面设有文献、人物、主题、机构、资助、传媒为对象的六个检索系列，还有领域导航和地区导航两个浏览系统。其中“文献”系列按文献类型检索，用户只需在文本框中直接输入检索词，可以选择“全部文献”进行跨库检索，也可以选择“期刊文章”“学位论文”“标准”等进行单库检索，如图3–7所示。

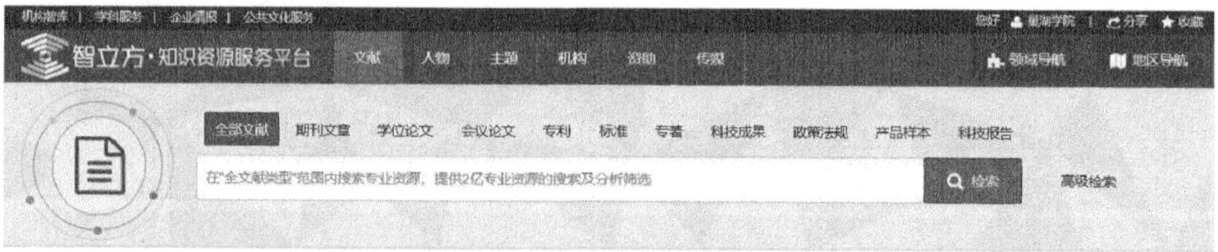

图3–7　智立方默认检索页面

（二）高级检索

高级检索提供了多个检索输入框，用户可以方便地构造检索式，控制多个检索项和检索词，还可同时通过“作者”“发表时间”“文献来源”缩小检索范围。单击检索项前的“+”，可添加新的文献特征作为检索项。高级检索页面如图3–8所示。

图3-8　智立方高级检索页面

（三）检索式检索

在检索框中直接输入字段标识、关键词、逻辑运算符构造的检索式进行检索。检索式检索可定义非常复杂和精准的检索请求，比高级检索功能更强大、更精确，更适用于熟练掌握检索技术与了解系统语法规则的专业检索人员。检索式检索页面如图3-9所示。

图 3-9　智立方检索式检索页面

三、全文保障

对于检索到的文献，智立方通过在线阅读、下载全文、文献传递、OA开放获取等全文保障模式，极大地方便用户对于全文的需求，如图3-10所示。

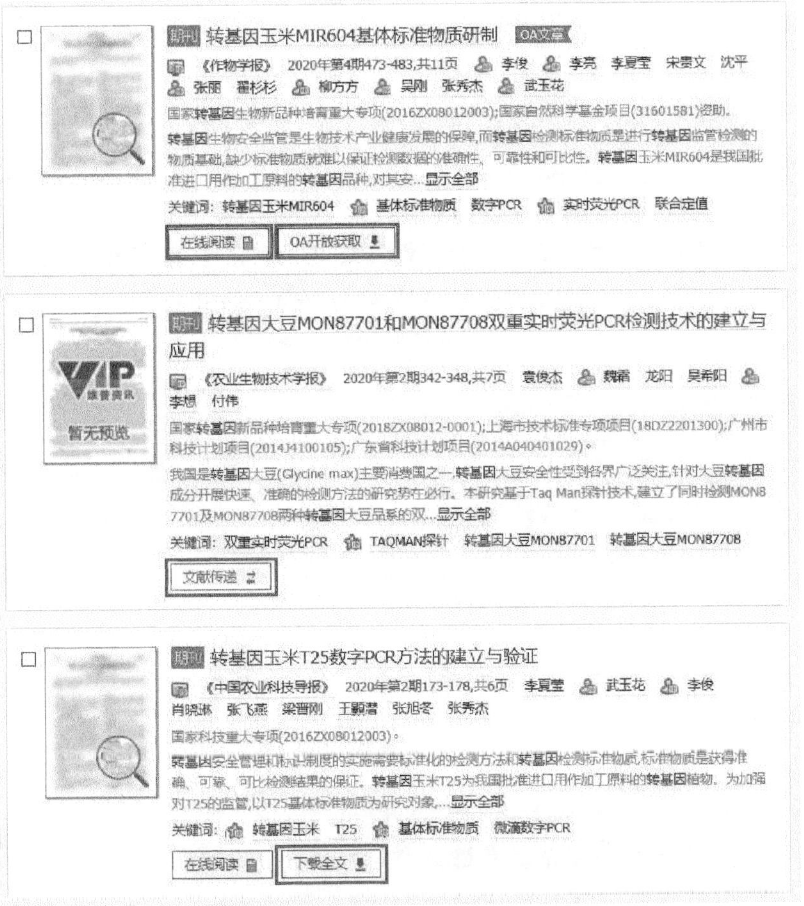

图 3-10 智立方的全文保障

①在线阅读，在原有的浏览器在线阅读功能的基础上，新增了“放大镜”阅读预览体验，无需打开文献，即可实现全文预览，如图3-11、3-12所示。

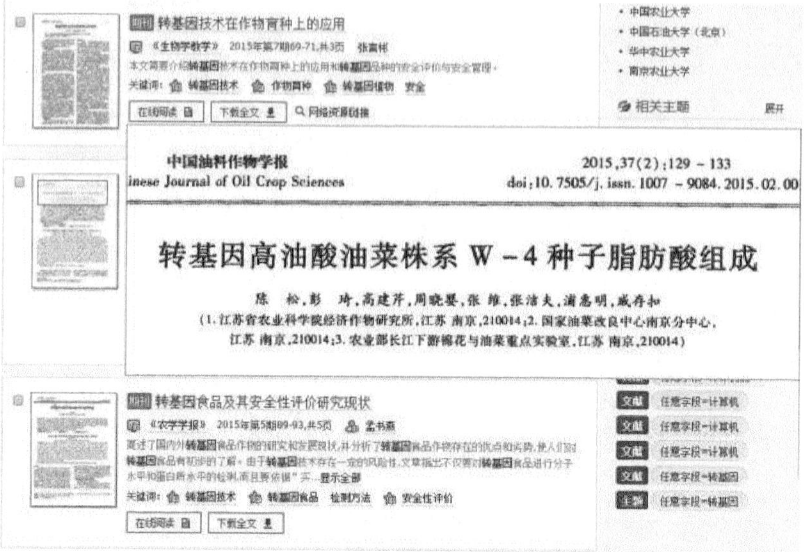

图 3-11　智立方在线阅读页面-1

图 3-12　智立方在线阅读页面-2

②下载全文，优化服务器线路，提供多种下载通道，快速获取全文。另提供文献专用PDF阅读器下载，方便初次使用的用户，如图3-13所示。

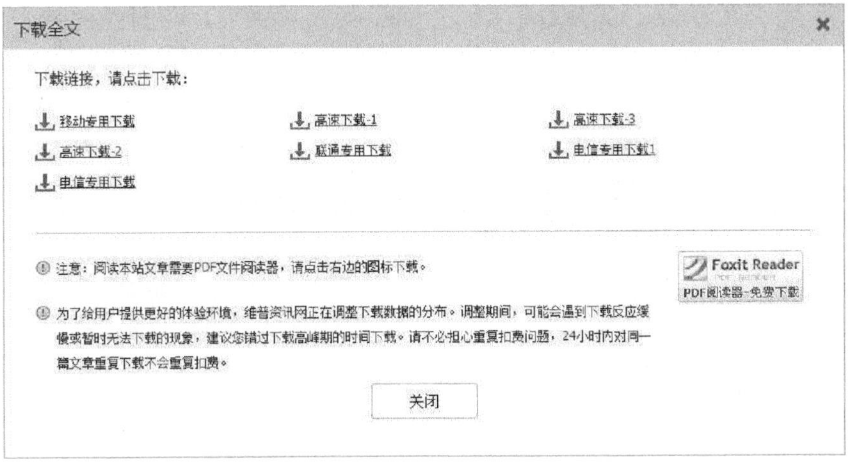

图3-13　智立方下载全文页面

③文献传递，部分不能直接通过在线阅读或下载全文方式获取的文献，可通过“文献传递”方式，使用邮箱索取文献全文。只需输入邮箱以及验证码，系统将会自动处理请求，一般几分钟之内将文章的下载链接发送至邮箱，点击即可获取，如图3-14所示。

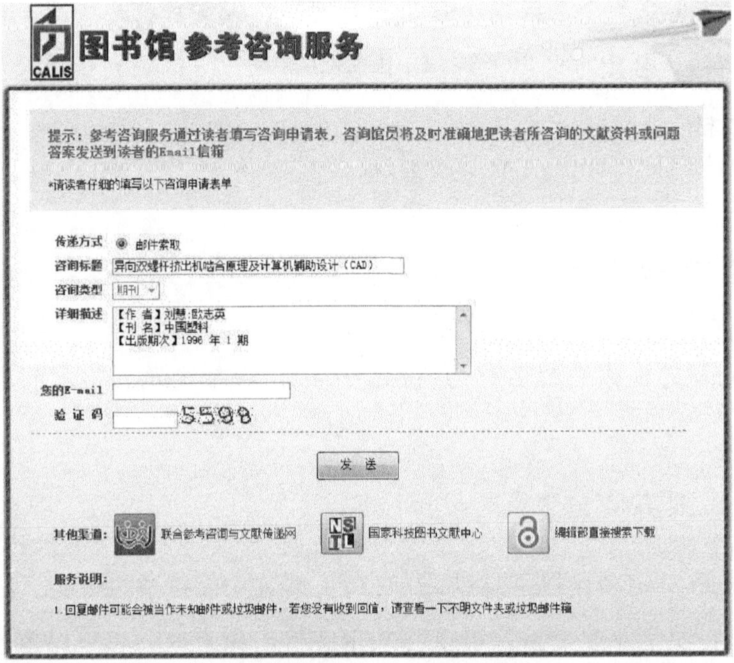

图3-14　智立方文献传递页面

④OA开放获取，部分OA（开放存取Open Access）期刊或文献，提供OA平台下载指引。

第四节　Springer SLCC

一、概况

Springer（中文名：施普林格），是世界著名的科技期刊、图书出版公司，于1842年在德国柏林创立，20世纪60年代奠定了其国际性科技出版公司的地位，目前是全球第一大科技图书出版公司和顶尖的学术期刊出版商。

Springer SLCC期刊数据库收录期刊2000多种，涵盖数学与统计学、化学与材料科学、计算机科学、地球与环境科学、工程学、物理和天文学、生物医学与生命科学、医学、商业与经济学、人文社科与法律、行为科学等11个学科，其中60%以上被SCI和SSCI收录，一些期刊在相关学科拥有较高的排名。

数据库网址：https://link.springer.com/

二、检索功能

Springer的检索系统名称为SpringerLink，包括浏览、检索和高级检索功能。

（一）浏览

Springer SLCC的浏览功能见图3-15。浏览功能按学科分类，在页面左方的框内，单击某个学科，可进入到该学科的新页面。也可以按内容的类型来浏览，在学科导航框的下方，有详细的内容类型，包括（期刊）文章

（Articles）、（图书）章节（Chapters）、参考文献（Reference Work Entries）和实验室指南（Protocols）等。

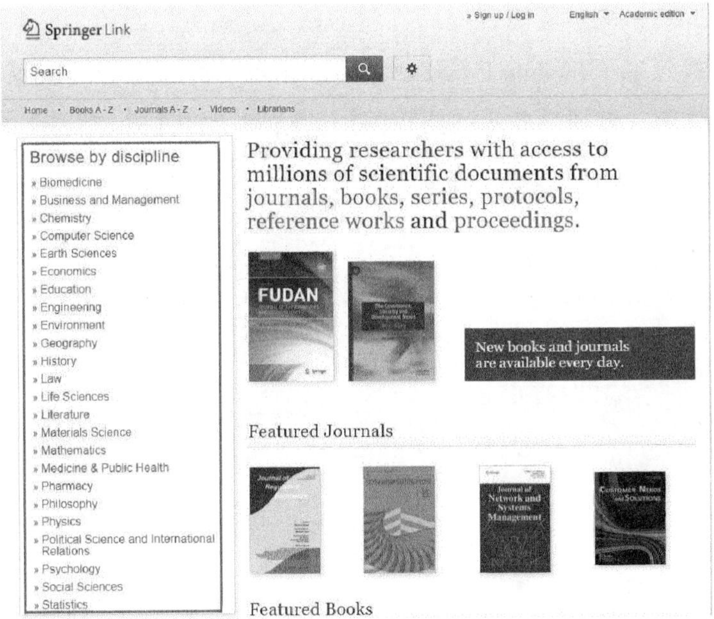

图3-15　Springer SLCC浏览页面

（二）检索

Springer SLCC提供简单检索（Search）与高级检索（Advanced Search），如图3-16所示。

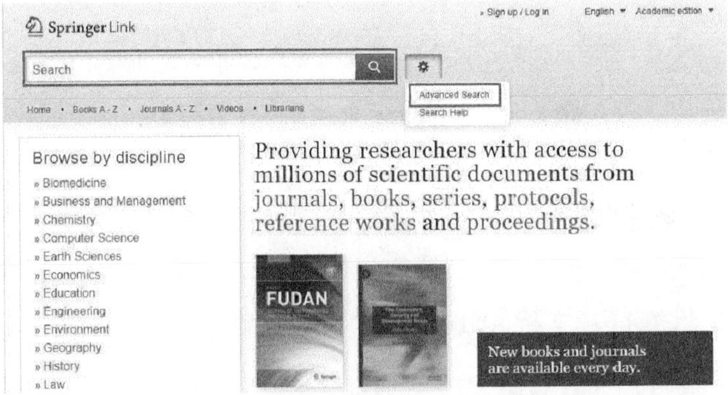

图3-16　Springer SLCC检索页面

简单检索（Search）：可在题名、文摘、参考文献、全文中进行检索。

高级检索（Advanced Search）：通过对检索词、题名、作者、日期等限定，进一步缩小检索范围，提高检索的精度。还可以对检索结果的范围进行限定，若勾选“Include Preview-Only content”将包括访问权限内和权限外的所有结果，否则只显示访问权限内的结果，如图3-17所示。

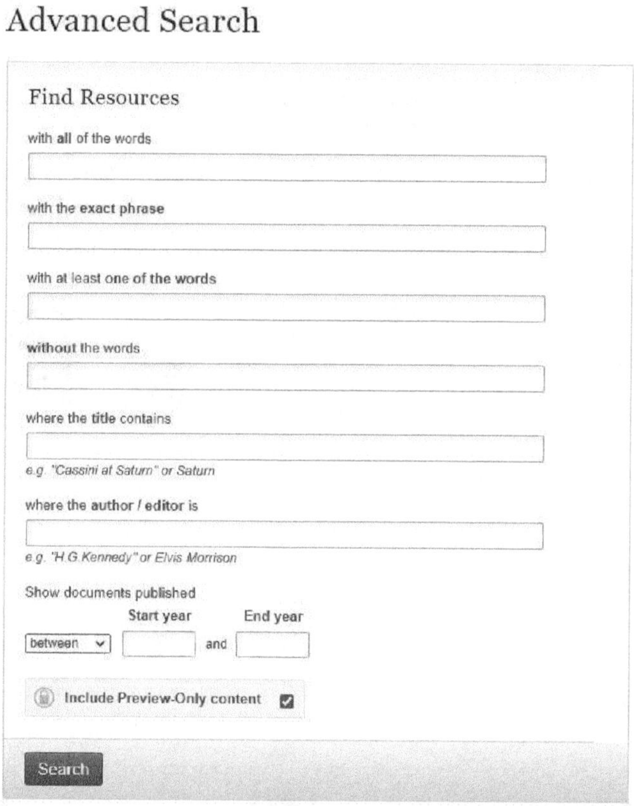

图3-17　Springer SLCC高级检索页面

三、检索技术

布尔逻辑算符：支持AND、OR、NOT算符，可以在检索式中直接使用。例如：Insulin NOT Diabetes。

字检索与词检索：系统默认为字检索，精确匹配要使用引号。化学符号和数学方程最好放在引号内检索。

词根检索：系统默认词根检索，不必用通配符。

特殊字符检索：由于德文、法文中存在很多特殊字符，推荐使用通配符进行检索，如使用B?nard来检索Bénard等。

四、检索结果

通过勾选过滤选项“Include Preview-Only content”来确定检索结果的显示范围。勾选该选项将显示全部检索结果，否则只显示访问权限内的检索结果。检索结果可按相关性、由新到旧或由旧到新的时间顺序排序。

在检索结果页面左方可按内容类型、学科、子学科、出版日期范围、作者、语言等聚类选项优化检索结果。记录提供内容类型（如：Article、Chapter等）、题名、内容描述、作者、出处和全文链接（PDF、HTML格式）。单击“Date Published”可以将文献定位到较准确的出版年。单击检索结果右上方的箭头“”可将检索结果以CSV格式下载。

第五节　EBSCOhost

一、概况

Elton B. Stephens Company，简称EBSCO，总部在美国，是目前世界上最大的提供学术文献服务的专业公司之一，提供数据库、期刊、文献订购及出版等服务。EBSCOhost系统是EBSCO公司的数据库检索系统，主题涉及人文科学、社会科学、自然科学、工程技术、农业和医学等几乎所有学科。

数据库网址：https://search.ebscohost.com/

两个主要的全文数据库是：Academic Search Premier 和 Business Source Premier。

（一）学术期刊集成全文数据库（Academic Search Premier，简称 ASP）

综合学科类全文数据库，提供4600多种全文期刊（其中4000多种为同行评审期刊）及840多种非期刊类全文出版物。包括社会科学、教育、法律、医学、语言学、人文、工程技术、工商经济、信息科技、通信传播、生物科学、教育、公共管理、历史学、计算机、科学、传播学、法律、军事、文化、健康卫生医疗、宗教与神学、生物科学、艺术、视觉传达、表演艺术、心理学、哲学、各国文学等学术研究领域。

（二）商业资源集成全文数据库（Business Source Premier，简称 BSP）

商管财经类全文数据库，收录5100多种期刊索引及摘要，其中全文期刊约2300种，包括1100多种同行评审期刊。涵盖商业相关领域的议题，如金融、银行、国际贸易、商业管理、市场行销、投资报告、房地产、产业报道、经济评论、经济学、企业经营、财务金融、能源管理、信息管理、知识管理、工业工程管理、保险、法律、税收、电信通讯等。

二、检索功能

EBSCOhost系统包括的检索功能有简单检索（Basic Search）、高级检索（Advanced Search）、图像检索（Images Search）、浏览（包括树状主题浏览（Subjects）与出版物浏览（Publications）），此外，还有商业视讯（Business Videos）、公司信息（Company Information）、公司概况（Company Profiles）、索引（Indexes）等检索。

（一）简单检索和高级检索

简单检索只有一个检索框，可以输入任意检索词，不限定检索字段，如图3-18所示。高级检索允许输入3个检索条件，可以选择检索字段并输入检索词，如图3-19所示。简单检索和高级检索均可使用检索选项。

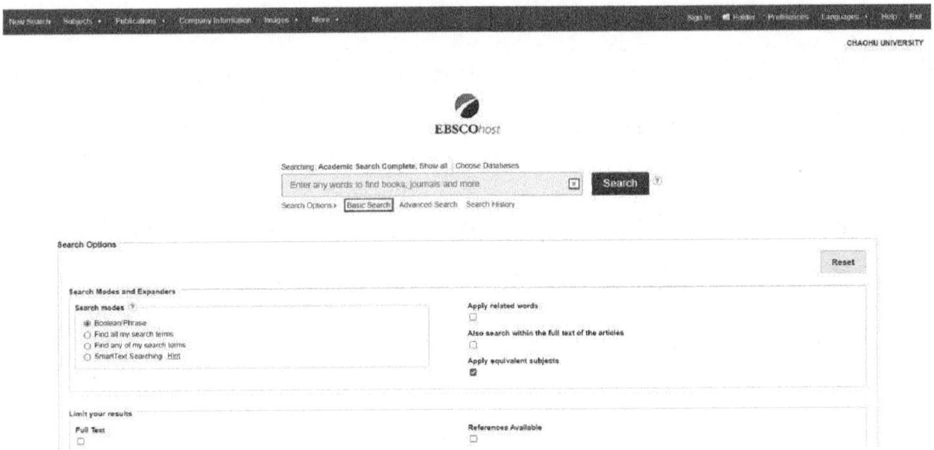

图3-18 EBSCOhost系统简单检索页面

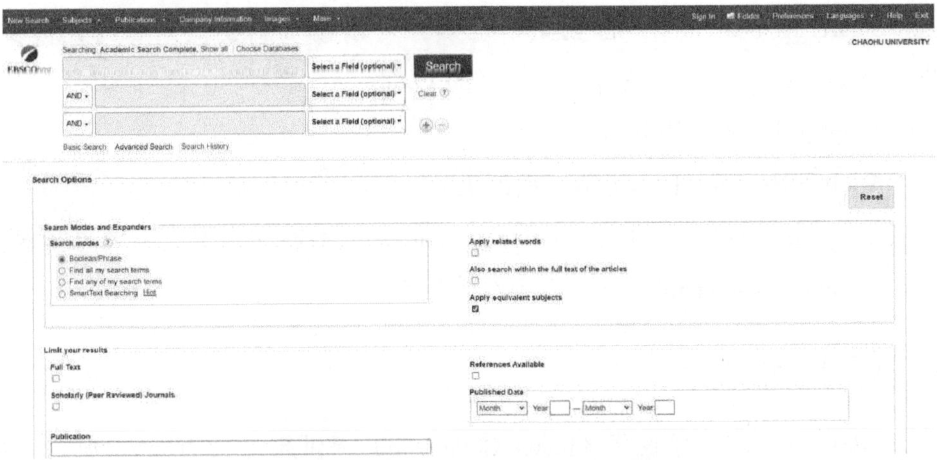

图3-19 EBSCOhost系统高级检索页面

简单检索和高级检索都有几种检索模式供选择使用，高级检索的检索选项略多于简单检索。包括：

Boolean/Phrase：布尔逻辑检索和短语检索，可以使用布尔逻辑算符和优先算符（）。例如，education AND（information technology），如果输入一个字符串而没有任何算符，系统就默认为精确匹配。

Find all my search terms：全部字词命中，只要输入一个字以上的词，则默认为每个单字之间是逻辑与的关系，检索结果包含全部单字，但字与字可以分开，顺序可以颠倒。例如，输入“online information retrieval”，系统默认为“online AND information AND retrieval”，检索结果包含全部3个单字，但3个单字之间可以任意组配，如“online， information retrieval”“retrieval， online information”等。

Find any of my search terms：任意字词命中，只要输入一个字以上的词，系统会默认每个单字之间是逻辑或的关系，检索结果包含其中任意一个单字，但最具相关性的结果排在最前面；如果用引号将要检索的词括起来，则检索结果包含这个词的全部。例如，输入“online ‘information retrieval’”，系统默认为“online OR ‘information retrieval’”，检索结果包含“online information retrieval”、“online”或“information retrieval”，包含“online information retrieval”的结果排在最前面。

SmartText Searching：智能文本检索，可以输入想要检索到的任何文本，例如短语、句子、段落甚至整页的文本。

此外还可选择如下选项：

Apply related words：运用相关词语。

Also search within the full text of the articles：同时在文章全文范围内搜索。

Apply equivalent subjects：应用对等科目。

（二）图像检索

EBSCOhost的图像收藏（Image Collection）提供超过18万幅人物、自然科学、地点、历史图片和地图、标志等图像；图像快速查看收藏（Image Quick View Collection）提供来自EBSCOhost数据库全文中包含的图像的缩略图。选择上述两项收藏可以检索相关的图像或全文资源，检索界面类似于简单检索，支持检索选项，但选项仅限于检索模式和检索结果限定中的图像类型限定，见图3-20。

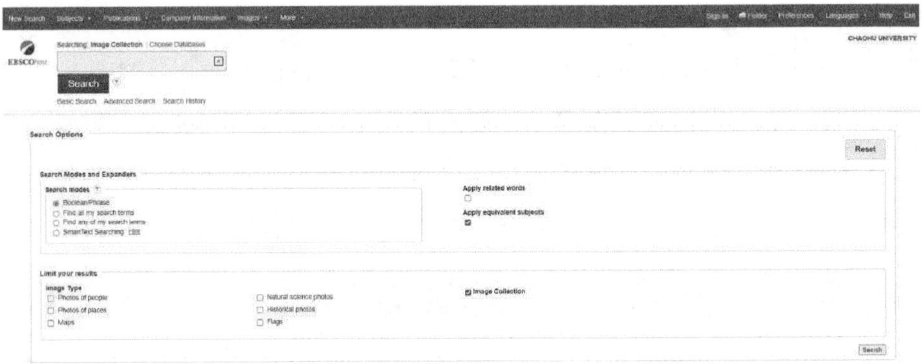

图3-20 Image Collection检索页面

（三）浏览

浏览包括树状主题（Subjects）和出版物（Publications）浏览。

树状主题浏览：主题词可以进行检索或按字顺浏览，见图3-21。

图3-21 Subjects浏览页面

输入关键词单击浏览（Browse），系统可自动在主题词表中定位，如果有完全匹配的主题词，则会精确定位；如果没有完全匹配的主题词，也会定位到词表中匹配度最高的主题词。匹配主题词的选项有3个：Term Begins With（词语的开始字母）、Term Contains（词语包含）和Relevancy Ranked（相关性排序）。

浏览或定位到某个需要的主题词以后，可以单击词语查看详细资料，包括该主题词的上位词、下位词、相关词等，可选择一个或多个主题词添加到检索框中进行文献检索，如果选择某个主题词后的“Explode（展开）”选项，则表示同时检索该主题词的下位词和相关词。

出版物浏览：收录了数据库中所有的刊物，可使用刊名进行检索或按刊名、卷期浏览，每种刊物还提供了国际统一刊号、更新频率、价格、出版者、学科、主题、收录文摘或全文的起始时间等信息，见图3-22。

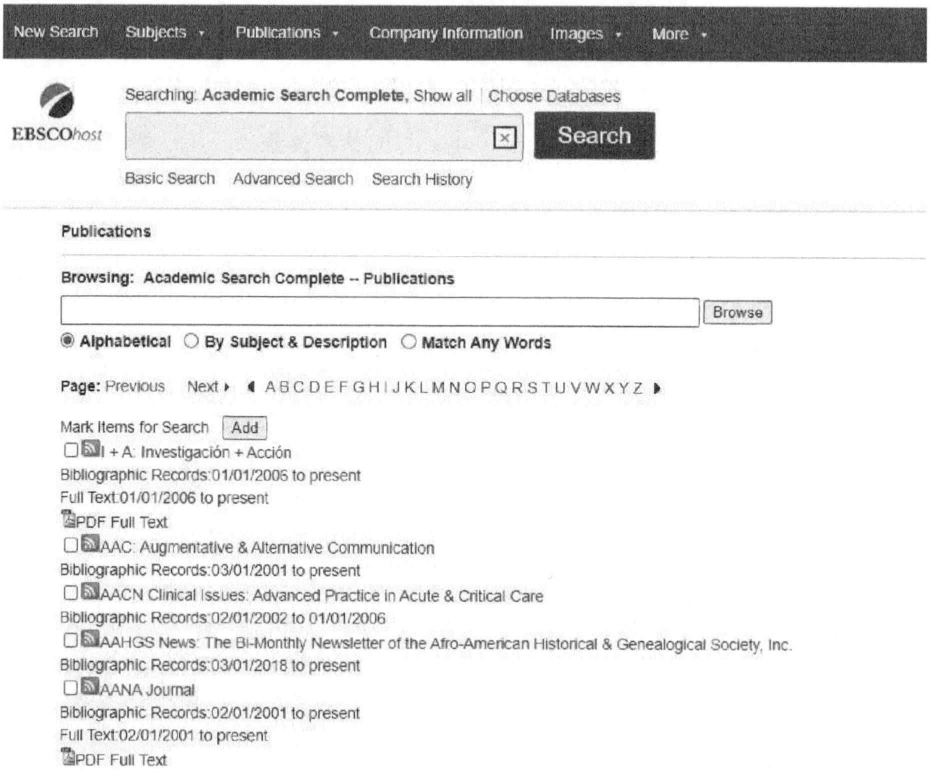

图3-22　Publications浏览页面

三、检索结果

检索结果可以按相关度、时间、作者、来源出版物排序。

检索结果列表显示每一个记录的文章篇名、作者、刊名、卷期、页数，并用图标显示全文是PDF格式还是文本格式（HTML格式）。对于图像文献或带有图像的全文文献也显示缩略图。

单击文献篇名或篇名后的预览图标，可以查看文献详细信息，包括文章篇名、刊名、作者、出版者、出版地、出版日期、卷期、页数、国际统一刊号、主题词、文摘、全文、附注、参考文献、收录数据库及数据库识别号等，文章中如果包含照片、图片、图表、地图等还会显示图像缩略图。全文为PDF格式，图像文件为JPEG格式。

在详细记录显示页面选择相应的图标可以对记录进行打印、保存、E-mail发送、引用本文（Cite This Article）、输出到个人文献管理工具（Export to Bibliographic Manager）、添加到个人收藏夹以及添加注释等。

［实验项目］用关键词概括课题“基于纠缠态的量子编码安全通信协议设计与分析”的主题并制定检索策略

一、实验目的

掌握根据课题要求提炼关键词的方法。学会用多个关键词表达复杂的检索概念。知道如何制定检索策略。

二、实验要求

可以用一个固定词组或两个以上的单元词概括课题主题，但没有检索意义的词不能作为检索词。

不能用课题名称或《中国图书馆分类法》的类名代替检索词。

检索表达式中同时出现“逻辑与”和“逻辑或”运算符时，“逻辑或”概念要用括号括起来。

用于“逻辑与”组配的词应该是概念相关的词，但同义词、上位概念词、下位概念词和近义词不宜用“逻辑与”组配。

三、实验结果

[实训项目] 利用中国知网检索“电商经济下市场营销发展趋势”的相关文献

一、实训目的

学会利用中国知网数字资源查找文献信息，提高获取和利用文献信息的能力。

二、实训要求

分析检索课题，建立检索式，制定检索策略。

学会使用中国知网的默认检索、高级检索和专业检索功能。

学会使用2个以上的关键词进行组合检索。

比较中国知网三种检索功能检索到的结果与数量，并作简要分析。

三、实训过程

1. 分析主题

“电商经济下市场营销发展趋势” 其关键词可分解为：电商（电子商务），经济，市场营销，发展，趋势等。

2. 检索方法

方法一：默认检索

在中国知网的统一检索界面，选择好查询数据库（期刊与博硕）与检索字段（主题），在检索框中输入检索词，单击“检索”按钮检索。检索结果见表3-2（数据验证日期为2021年3月4日）。

表3-2　检索实训之中国知网默认检索

检索关键词	检索结果
电商经济下市场营销发展趋势	0条
电商 市场营销	2097条
电子商务 市场营销	5852条
电商经济 市场营销	1016条
电商 经济 市场营销	1991条
电子商务 经济 市场营销	5396条

方法二：高级检索

在中国知网的高级检索界面，同样所有关键词均作为主题检索字段，各关键词之间是“逻辑与”关系，文献来源选择“学术期刊”与“学位论文”。检索结果见表3-3。

表3-3　检索实训之中国知网高级检索

检索关键词	检索结果
电商经济下市场营销发展趋势	0条
电商 市场营销	1984条
电子商务 市场营销	3767条
电商经济 市场营销	603条
电商 经济 市场营销	573条
电子商务 经济 市场营销	1393条

方法三：专业检索

在中国知网的专业检索界面，同样所有关键词均作为主题检索字段，构造几个相关检索式进行检索。检索结果见表3-4。

表3-4　检索实训之中国知网专业检索

检索表达式	检索结果
SU = 电商 AND SU = 市场营销	1709条
SU =（电商*市场营销）	72条
SU = 电子商务 AND SU = 市场营销	2938条
SU =（电子商务*市场营销）	342条
SU = 电商 AND SU = 经济 AND SU = 市场营销	278条
SU =（电子商务+电商）AND SU = 市场营销	873条
SU =（电子商务+电商）AND SU = 经济 AND SU = 市场营销	136条

3. 结果分析

使用默认检索的往往是初级检索用户，通常不对课题进行简要分析就进行检索，这样检索，其结果较多，不利于在短时间内找到所需信息，而且由于选择的检索词较单一，可能会遗漏许多文献。这种方法虽然经过多次检索也可以查找到所需信息，但效率较低，并且还要对检索结果进行大量的文献甄别，时间成本很大。

高级检索与专业检索方法，用户可以将课题分析出的多个检索词进行组配并同时检索，可以高效率地检索到所需要的信息，提高查准率。不过专业检索需要熟悉中国知网的检索语法，对用户要求较高。

[实验项目] 外文数字资源信息检索

一、实验目的

认识Springer SLCC与EBSCOhost外文数字资源检索系统。

掌握截词检索与词位置检索的使用方法。

学会判断文献类型和原文语种。

二、实验要求

自选一个检索课题，要求写出：检索课题名称、检索方式、检索表达式、检索步骤、检索结果以及3—5条检索命中记录的题录信息（题名、作者、语种、文献出处）。

检索课题需要翻译成英文。在检索过程中尝试使用截词检索与词位置检索方法，比较检索结果的不同。

通过Springer SLCC与EBSCOhost数字资源的高级检索功能进行检索，记录检索资源、检索方式和检索结果。

三、实验结果

思考与练习

1. 了解CNKI、维普智立方、万方数据等三大中文期刊数据库检索方式的特点。

2. 什么是“知网节”？有什么作用？

3. 检索系统提供了“相似文献”的链接，查看相似文献的意义是什么？

4. 请说明引文检索的意义。

第四章　电子图书资源检索

第一节　电子图书概述

电子图书（Electronic Book，简称 eBook），是指以数字代码方式将图、文、声、像等信息存储在磁、光、电等非纸介质上，以信息的生产、传播和再现代替纸质图书的制作、发行和阅读的一种新型媒体工具，是随着计算机技术的出现与发展而出现并迅速发展的。

一、电子图书的产生与发展

电子图书以互联网络为流通渠道，以数字化内容为流通介质，以网上支付为主要交换方式，是基于网络的出版发行和阅读方式。电子图书是信息时代技术发展的必然产物。电子图书的出现，是书籍发展的一大飞跃，使书籍从载体、生产流程、阅读方式、获取途径等方面彻底发生了变化，对图书馆来说也丰富了数字馆藏，并逐渐被人们所接受。

1971年，迈克尔·哈特（Michael Hart）决定把一些对整个人类而言有一定意义的书籍输入电脑，放置在计算机网络上供人们免费阅读和下载，这项计划被命名为“古腾堡工程”（http://www.gutenberg.org/）。早期电子图书是用电脑屏幕阅读的，而今电子图书可以放置在各类数码终端设备中阅览和阅读——包括电子阅读专用的手持阅读器、平板电脑，以及智能手机，甚至U盘等。

电子图书出现后得到飞速发展。从国外看，在网络出版发展最早的美国，每年出版的电子图书达10多万册，目前已有79%的出版社拥有自己的网站。从国内看，国内的电子图书产生于20世纪80年代，表现为一些拥有计算机技术和设备的单位和个人建立的软磁盘数据库。近年来，随着国外电子图书市场的迅猛发展，国内电子图书市场也日趋活跃。大型中文电子图书服务系统如方正阿帕比数字资源平台、超星数字图书馆等相继建立，且保存的电子图书数量飞速增加。

随着电子图书内容的不断丰富和人们阅读需求的增加，电子图书移动阅读服务越来越受到出版商和图书馆的重视，纷纷推出移动阅读解决方案。

二、电子图书的特点

电子图书拥有许多与传统书籍不同的或者是传统书籍不具备的特点，主要有：

（一）容量大、成本低

电子图书可以实现海量存储，一个小小的服务器所载电子图书可以和一个中型图书馆所藏纸质图书相媲美。

电子图书的成本相比纸质图书低得多，电子图书（指内容）的造价仅为纸质图书的1/3；相同的容量，电子图书存储介质价格仅为纸质图书的1/100甚至更低。用户花很少的钱就可以买很多的书。

（二）制作出版发行方便

电子图书改变了图书出版方式，其制作、出版和发行等流程都更加方便。复制一本纸质图书可能需要几个小时，而复制一本同样的电子图书可能只需要几秒钟；电子图书的修订、改版等也易如反掌，可以实现实时更新；纸质图书一般需要出版社认可才能出版发行，而在网络上，几乎所有人都可以自由创作；通过网络出版，也不必担心好书脱销，电子图书可以近乎零成本无限“重印”；电子图书不需要印刷，发行周期短、更新速度快，可以快速地传播和便捷地流通；电子图书无论是基于网络使用，还是使用移动存储或便携式阅读器，都具有携带方便的特点；电子图书的传播不受时间和空间的限制。

（三）功能强大，使用方便

从阅读功能看，电子图书采用了印刷书籍式的人性化界面，具有内码识别、自动翻译、自动朗读、书签等多种功能，电子图书声像并茂，信息内容生动，在屏幕上可以实现浏览、阅读、查询、摘录、打印、演示动画等操作。

从检索功能看，电子图书检索便利，可以提供关键词、题名、作者、出版社等相关字段的检索，并可实现全文检索，可以快速找到相关的章节或正文内容。

从形式看，电子图书生动直观，尤其是多媒体电子图书，不仅仅有文字，而且有图像、有声音，不仅可以“读”文字，而且可以“看”图像，还可以“听”朗读，是一种与以往任何形式都完全不同的全新概念的“书”。

（四）符合环保要求

电子图书出版环节的减少极大地节省了资源，包括能源、空间、人力、物力、财力等。首先是无需印刷，节约纸张、油墨、水资源；其次是无需仓储、运输，节约人力物力；再者是结算方便，能够在网上实行即时电子结算，减少了资金周转时间。

当然，电子图书的发展也还存在着许多问题，包括：人们的阅读习惯制约电子图书的普及发展；内容不均衡、主题受限；制作品质良莠不齐；

制作格式和阅读器、技术标准不统一；知识产权保护尚不完善等。

三、电子图书的作用

电子图书具有重要的价值。对图书馆而言，电子图书可以起到补充馆藏、丰富馆藏品种等作用；对用户而言，电子图书满足了他们对于新书、畅销书等图书的巨大需求，同时提供了他们方便快捷的阅读方式。

电子图书是数字资源的重要组成部分之一，要进行各类型数字资源的系列化建设，电子图书的引进是必不可少的一环。另外，从数字资源建设的发展趋势看，一些大型的和主要的文献信息资源单位，其二次文献的引进基本已满足用户需求，所以引进重点已逐步转向为对一次文献的评估与建设上来，而学术性的电子图书是一次文献中不可或缺的资源。电子图书在图书馆文献信息资源建设中的作用主要表现在四个方面：

①提供采购信息。各数字图书馆经常有新书品种增加，这是采购人员一条重要的图书信息渠道。采购人员对照其他图书信息，及时予以补订。

②补充馆藏品种。

③补充馆藏藏书复本量。

④节省图书经费。电子图书的定价一般均大大低于相对应的印刷型图书。以超星书世界电子图书为例，电子书价格约为10元/本，而目前印刷型新书的价格基本上不低于20元/本。

电子图书在用户利用方面的价值主要表现在两个方面：

①满足用户对部分图书的大量需求。电子图书从其选材内容来看，一般主要集中在两个方面，其一是新书和畅销书等；其二是经典作品。对图书馆用户而言，新书和畅销书是永远供不应求的，他们需要图书馆提供无数个复本给他们阅读，满足他们每一个人的需求，但这是无法做到的，电子图书很好地解决了这一矛盾。

②方便用户利用。电子图书一般都可方便地阅读和检索，具有章节导航、定位等功能，有些电子图书还实现了真正意义上的全文检索。另外，

电子图书一般均可进行下载或打印，也可摘录其中的部分文字进行编辑修改。

第二节　超星数字图书馆

一、概况

超星数字图书馆（https://www.ssreader.com/）成立于1993年，早期与国家图书馆等文献收藏单位合作，于1998年将其数字化加工制作的电子图书上网服务，主要是回溯图书。后来，超星公司陆续与一些出版社建立了合作关系，开始制作电子新书。目前，超星数字图书馆的电子图书通过“超星读书”（http://book.chaoxing.com/）面向社会大众提供服务，通过“汇雅书世界”（http://www.sslibrary.com/）为图书馆等机构用户提供服务。

超星数字图书馆现收录馆藏电子图书330万种，涵盖中图分类法22个大类，每年新增电子图书3万种以上。同时，还拥有来自全国700多家专业图书馆的大量珍本、善本、民国图书等文献资源。

二、检索功能

超星数字图书馆提供快速检索、高级检索和分类检索三种检索方式，下面主要介绍快速检索和高级检索的使用方法。

（一）快速检索

图4-1所示的“快速检索”即为超星数字图书馆快速检索功能入口。首先选择检索途径，如书名、作者、全文检索等，然后在检索文本框内输入检索词，单击“检索”按钮执行检索。

图 4-1　超星数字图书馆快速检索页面

在检索结果页面，还可进行二次检索，如图 4-2 所示。

图 4-2　超星数字图书馆二次检索页面

（二）高级检索

单击“高级检索”按钮，即可进入高级检索页面，见图 4-3。利用高级检索功能可实现多检索途径查询，提高文献的查准率。

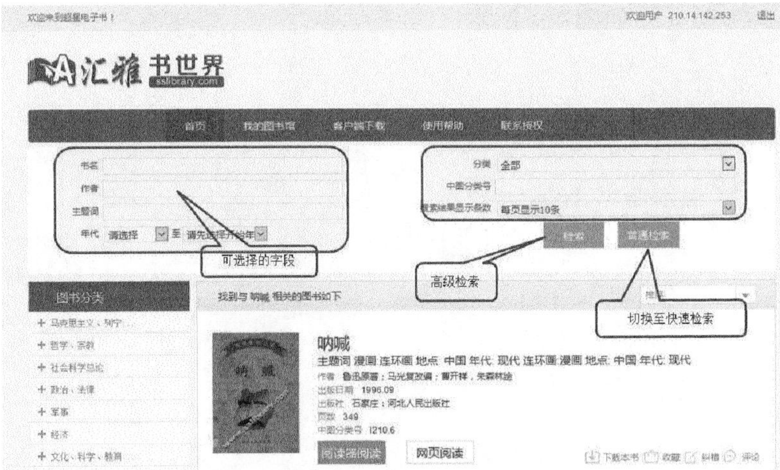

图4-3　超星数字图书馆高级检索页面

系统默认提供了书名、作者、主题词三个检索途径，还可限定要检索图书的出版起止年限以及图书分类类型等。

三、阅读与全文下载

检索到的超星电子图书，系统以列表方式展示图书的封面、书名、作者、出版社等信息，供用户浏览选择，见图4-4。系统提供三种电子图书阅读方法，分别是网页阅读、PDF阅读与阅读器阅读。

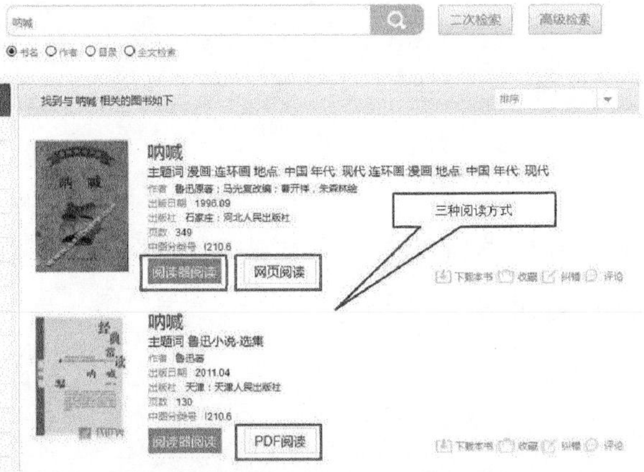

图4-4　超星数字图书馆检索结果页面

网页阅读页面如图4-5所示。

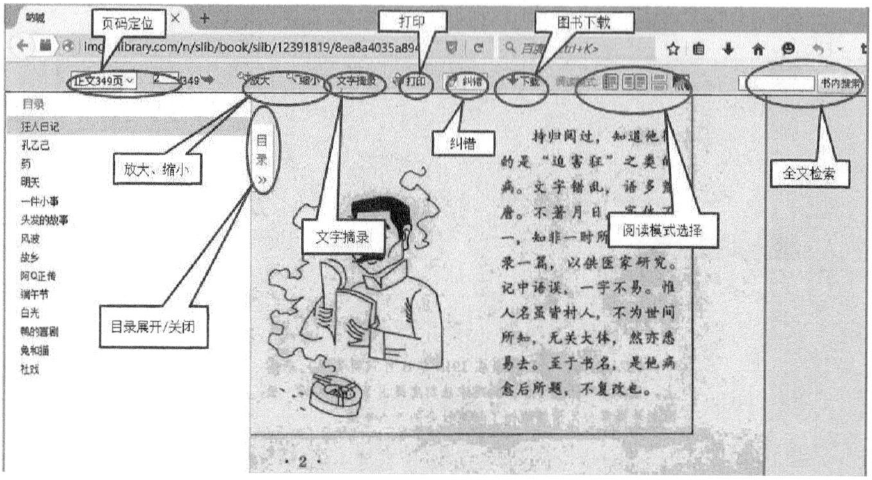

图4-5　超星电子图书网页阅读页面

PDF阅读页面如图4-6所示。

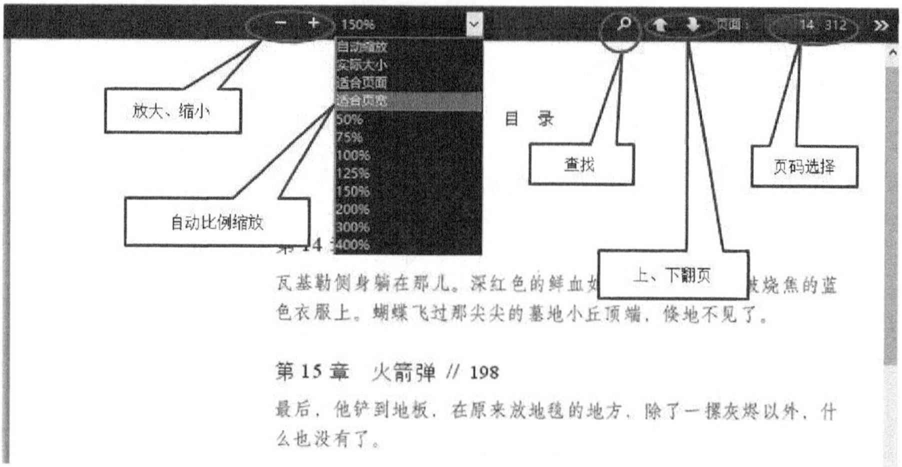

图4-6　超星电子图书PDF阅读页面

用户使用阅读器阅读时，需事先下载并安装“超星阅读器SSreader”。阅读器阅读页面如图4-7所示。

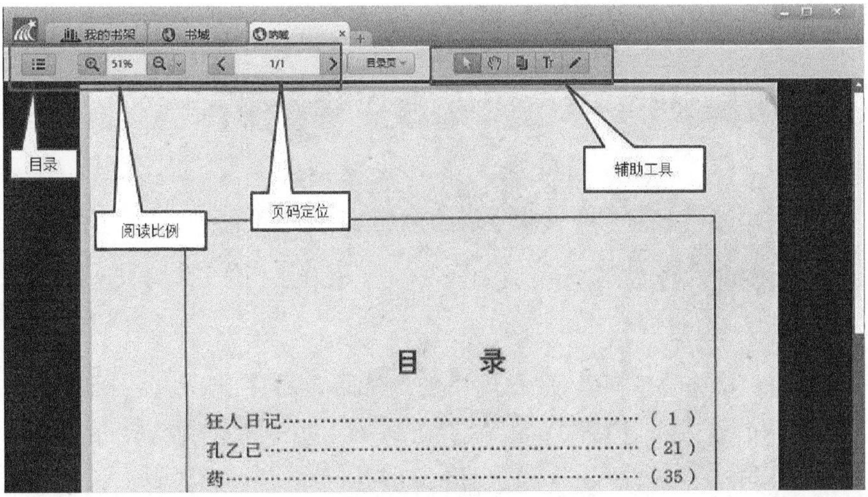

图4-7 超星电子图书阅读器阅读页面

用户也可以单击“下载本书”，将所选电子图书下载到本地，见图4-8。需要注意，下载到本地的超星电子图书，用超星阅读器才能阅读。

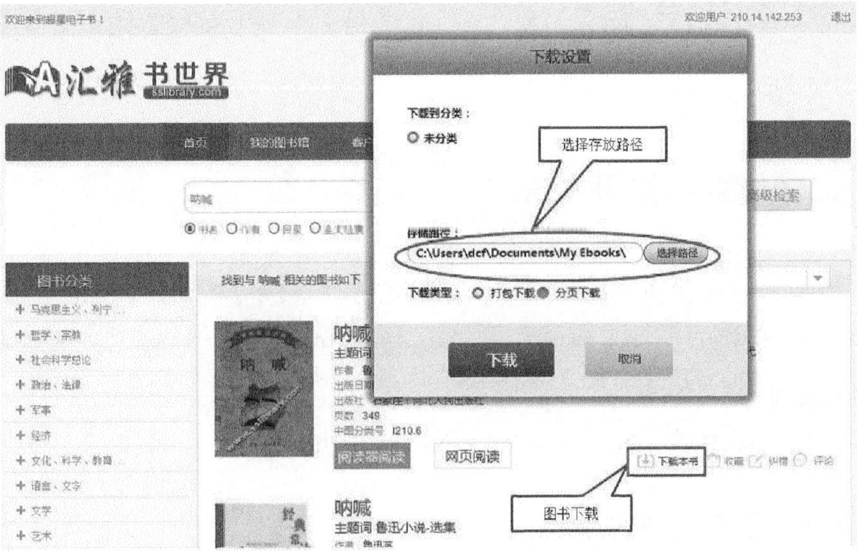

图4-8 超星电子图书下载页面

第三节　中国古代经典书库

一、概况

“中国古典Epub文库”是大规模的国际标准数字出版（Epub2.1）中国古代经典数据库，也是标准化中国古典数字出版文库。已入库电子化资源45.2万册（卷），精制出版了“中国古代经典库”“中国古典标准电子化文库”两个子库。其中“中国古代经典库”按经、诗词、散文、小说戏曲四部分，由专家精选400种共1400余册；“中国古典标准电子化文库”按古代刊刻本编目方式电子化。文献古籍收录上自先秦下至民国初年历代名著和基本文献，分别按照经、史、子、集、说五个部分进行分类，共遴选上架2500种近6万册。

二、检索与使用方法

检索“中国古典Epub文库”，用户需要先下载并安装“OBOOKreader”软件，软件分为Window PC版、Android版和iPhone版，请根据设备类型下载相应版本。下载地址：http://epub.obook.com.cn/pc.html.

下面以OBOOKreader PC为例，介绍其使用方法。

（一）注册与登陆

运行OBOOKreader PC版客户端程序，首次使用，用户须完成注册流程，见图4-9。

图4-9　中国古代经典书库注册与登陆页面

点击阅读页面右上角“个人中心”，在弹出的界面内，填写账号与密码，然后点击“注册”。

注册好个人账户后，再登录。

（二）浏览与下载

在阅读页面右端，点击“网络书库”，在弹出的书库栏目分类中选择“中国古典全书库”“中国古代经典文库”或“中国古典Epub资料库”，点击“确认”或直接双击鼠标左键，然后进入子栏目选择具体书籍；或者直接在搜索框内输入检索词，单击“搜索”按钮执行检索，在检索结果页面选择具体书籍后再点击确认，在弹出的对话框中直接点击“下载epub”或“下载并打开epub”，下载后即可使用与阅读，如图4-10、图4-11所示。

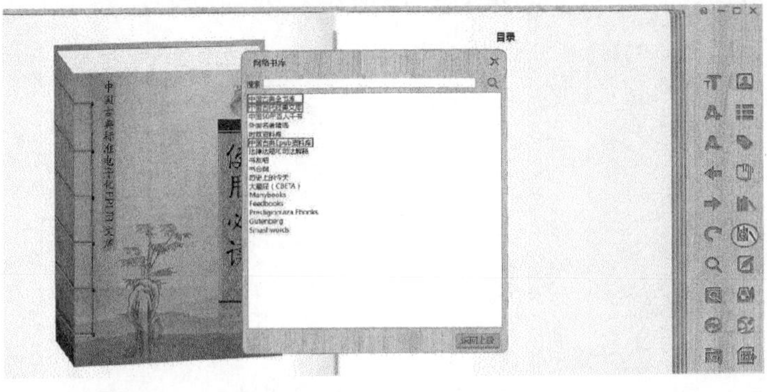

图4-10　中国古代经典书库选择“网络书库”页面

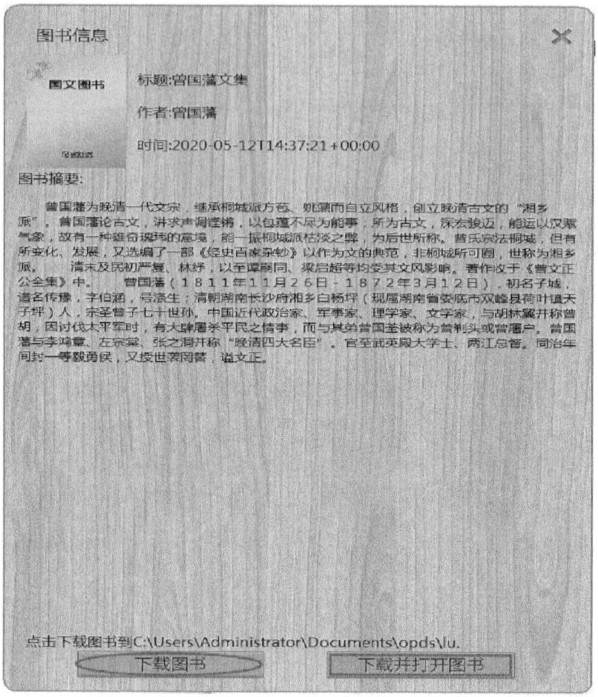

图4-11 中国古代经典书库选择下载电子图书页面

（三）古典阅读

图书下载后可以直接打开图书，打开图书页面后通过右边页面任意位置单击鼠标，翻到下一页，同理点击左边，翻到上一页，或者直接点击向左向右“箭标”换页均可，如图4-12所示。

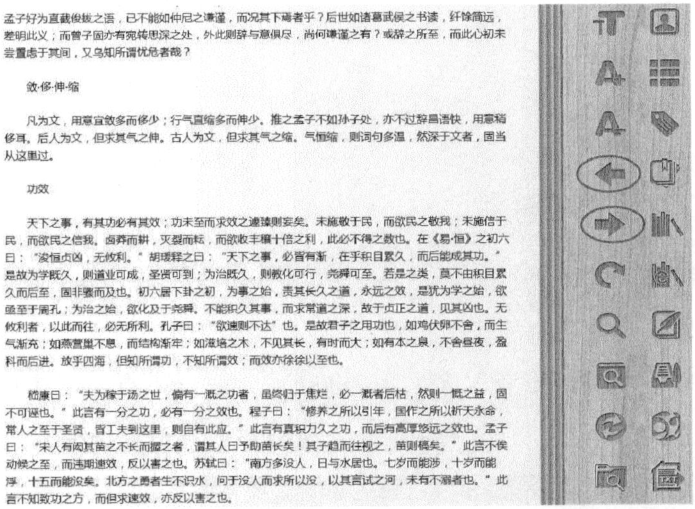

图4-12　中国古代经典书库选择电子图书阅读页面

第四节　数图外文电子书

一、概况

数图外文原版电子图书数据库自2004年从国外引进并推广，目前在库图书40多万余种，内容涵盖自然科学、哲学、心理学、宗教、社会学、政治学、法律、教育、农业、科技、环境保护等几十个大类，所有图书均按照美国国会图书馆分类法进行分类。外文图书均采用PDF格式，可复制、粘贴、打印，占用空间小，图像清晰，无副本限制。该数据库以数亿页外文资料为基础，为用户提供深入图书内容的章节和全文检索、部分文献试读、参考咨询等多种功能。

目前，巢湖学院图书馆安装有本地镜像外文电子图书2万余册，巢湖学院校园网用户可通过镜像平台检索、阅读其外文文献。

访问地址：http://222.195.118.73/

二、检索功能

（一）分类浏览图书

进入系统，可看到如图4-13所示的图书分类页面，该页面左侧的图书资源目录显示当前所有属于“外文图书”分类的图书目录；而页面中部则为该类图书的“热门推荐”和“下载排榜”，用户可点击相应框架里感兴趣的图书链接，即进入“图书阅读器”进行该图书的阅读体验。

图4-13　数图外文电子书分类查询页面1

这时，如果希望根据当前的分类进行下一步的图书类型细分查找，则可点击左侧资源目录中的相应类别，进入下一级别的目录页面。如点击“Science”链接，则进入如图4-14所示的图书分类页面，上面显示当前所有属于“Science”分类的电子图书。如欲进一步细分查找，则可点击下一级别的分类链接继续缩小查找范围。

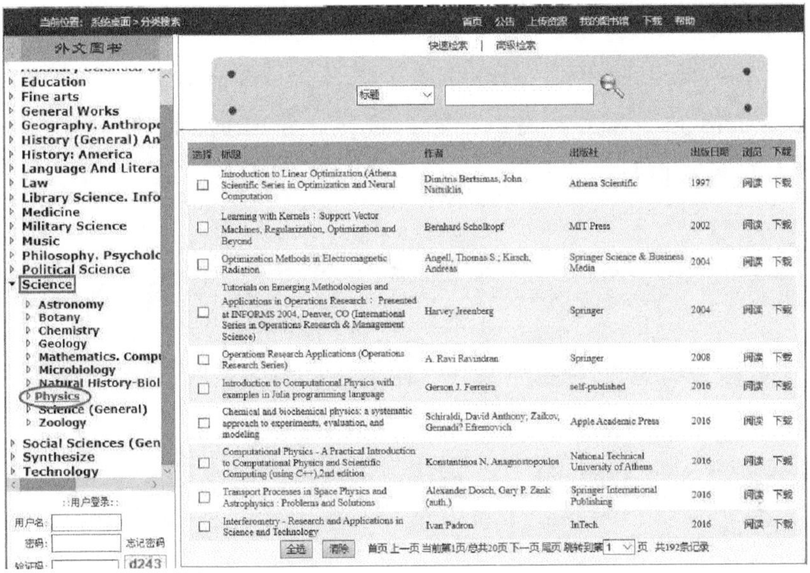

图 4-14　数图外文电子书分类查询页面 2

（二）关键字查询图书

用户可以根据需要用关键字来查询书籍，这样查找出来的书籍会同用户的关键字相关，从而提高查询结果的精确程度。

1. 快速检索

在文本框中，输入要查询的关键字，然后在下拉框中选择标题、作者、出版社或 All，单击“查询”按钮，即可在相应的检索范围内进行快速检索，如图 4-15 所示。

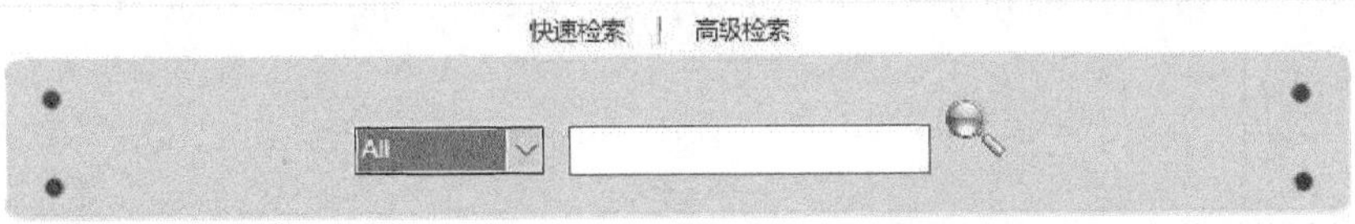

图 4-15　数图外文电子书快速检索功能

2. 高级检索

如果上述的查询方法还不能准确找到用户需要的图书，用户也可以利用系统的高级查询功能，精确设置查询条件，以便找到需要的图书，方法如下：

①在系统首页上单击“高级检索”链接，或是在任何一种类型的图书分类信息页面上，单击“高级检索”按钮，这时页面上会显示如图4-16所示的条件输入区域。

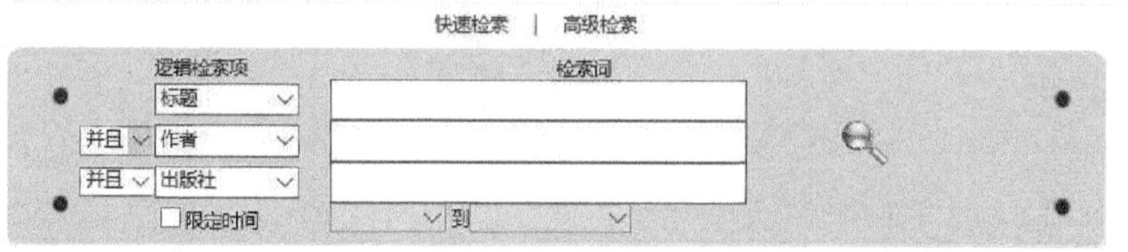

图4-16 数图外文电子书高级检索功能

②选择需要的查询方式。这里用户可以视需要是否选择“在结果中检索”以进行二次检索。

③在相应的文本框或下拉列表框中输入或选择需要的查询条件，如果将某项置空则表明不设置该项查询条件。

④设置完毕，单击“检索”按钮，即可进行查询，最终会将查询结果列在图书的记录显示子页上。

三、图书阅读与下载

检索到的外文电子图书，系统以列表方式展示图书的标题、作者、出版社、出版日期等信息，供用户浏览选择。对于选定的电子图书，用户点击“阅读”按钮，即可进行电子图书的在线阅读，如图4-17所示。

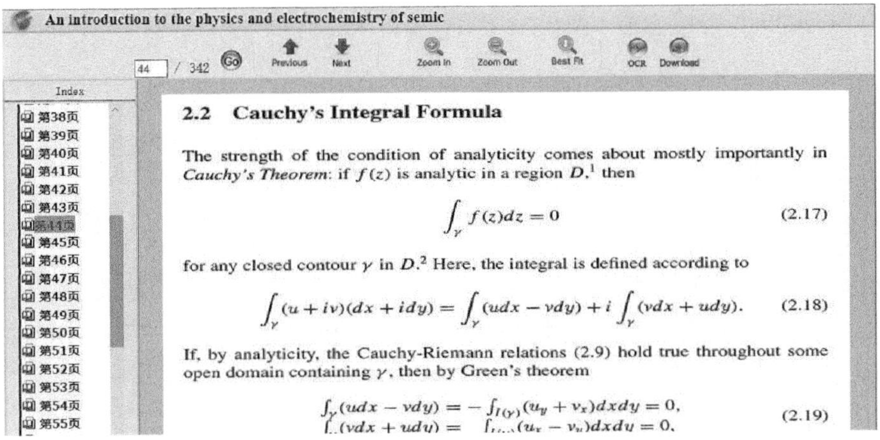

图4-17　数图外文电子书在线阅读

用户也可以单击“Download”，将所选电子图书下载到本地，见图4-18。需要注意，下载到本地的外文电子图书，用PDF阅读器才能阅读。

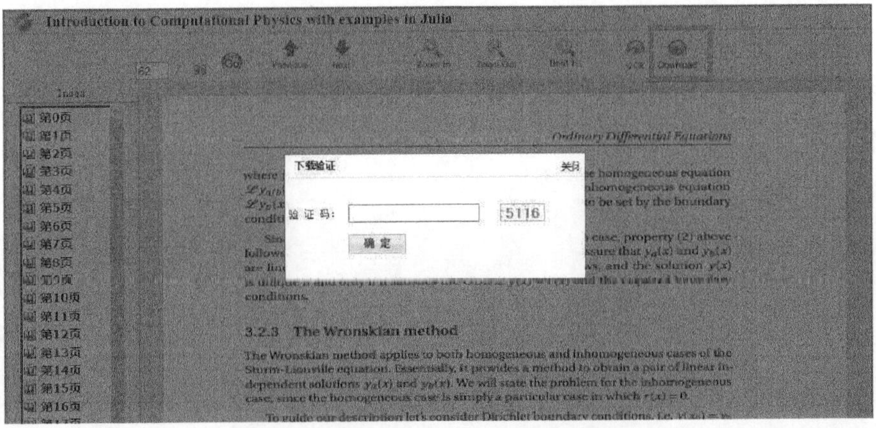

图4-18　数图外文电子书下载页面

[实训项目] 利用超星数字图书馆查阅关于数学分析方面的电子图书

一、实训目的

了解超星数字图书馆的基本情况，熟悉其系统的检索方法及文献的获取。

二、实训要求

学会使用超星数字图书馆的快速检索、高级检索功能，了解其图书分类查阅方法。

掌握如何阅读超星电子图书。

三、实训过程

1. 进入超星数字图书馆

2. 检索方法

方法一：快速检索

在超星数字图书馆快速检索界面，选择检索途径（书名），在检索框中输入检索词："数学分析"，单击"检索"按钮检索。

方法二：高级检索

在超星数字图书馆高级检索界面，按检索要求选择检索字段，输入书名"数学分析"，分类选择"数理科学和化学"，单击"检索"按钮检索。

3. 查阅图书

在检索结果显示页面，用户可通过系统提供的网页阅读、PDF阅读直接在阅读页面查阅所选电子图书。通过阅读器阅读，需要下载安装"超星阅读器"。

思考与练习

1. 简述电子图书的概念与特点。

2. 查询电子图书的途径有哪些？

3. 利用电子图书数字资源查找与你所学学科相关的专业图书。要求：写出使用的检索工具、检索词与检索表达式。

第五章　特种文献资源检索

特种文献是指出版形式比较特殊、获得渠道不同于普通图书、期刊等正式出版物的科技文献资料。特种文献具有较高的科技价值，其内容广泛、数量庞大、类型复杂多样，涉及科学技术和生产生活的各个领域，是非常重要的文献信息资源。本章主要介绍学位论文、会议文献、专利文献、标准文献、科技报告等几种常见的特种文献资源。

第一节　学位论文

一、学位论文概述

学位论文是高等院校或研究机构的学生为获得学位，在导师指导下撰写的学术性较强的研究论文，是在学习和研究过程中参考大量文献资料，进行科学探索和分析研究的基础上完成的。其中，硕士和博士学位论文因具有专业性强、学科广泛、内容新颖、有一定的研究深度等特点，而成为一类重要的学术信息资源。

根据授予学位的级别，学位论文可分为学士学位论文、硕士学位论文和博士学位论文。根据学生所学的学科和专业，学位论文可分为人文社会科学学位论文、自然科学学位论文及工程技术学位论文等，并可层层往下展开，细分为政治学、经济学、文学、史学、数学、化学、工程学、计算机科学等。按照研究方法不同，学位论文可分为理论型、实验型、描述型三类。理论型论文运用的研究方法是理论证明、理论分析、数学推理，用这些研究方法获得科研成果；实验型论文运用实验方法，通过实验研究获得科研成果；描述型论文运用描述、比较、说明方法，对新发现的事物或现象进行研究而获得科研成果。

学位论文是一种特殊的科学论文，其写作过程更复杂，写作格式更严谨，如论文写作之前要写开题报告，写作格式需符合学位论文规范等。学位论文的主要特点如下：

①内容具有一定的独创性：学位论文一般都要求具有一定的独创性，所探讨的课题相对比较专深，但也存在水平参差不齐的问题。

②出版形式特殊：撰写学位论文的目的是供审查答辩之用，一般都未正式出版，只是存放在特定的收藏单位。

③数量巨大，培养单位分散，难以系统地收集和管理：随着科学技术的迅速发展，学位教育的规模也在不断扩大，培养单位也比较分散。因学位论文一般只在各授予单位或少数指定机构收藏，为系统地收集、管理和利用学位论文造成困难。

纸本学位论文除了收藏于学位授予单位外，还要提交复本给国家指定的其他收藏单位。如中国国家图书馆主要收藏全国的博士论文，兼收部分硕士论文；中国科学技术信息研究所主要收藏全国的自然科学、工程技术类学位论文；中国社会科学院文献信息中心主要收藏全国的人文社科类学位论文。除少数以期刊论文和专著等方式出版外，博硕士学位论文大多数不公开出版，用户只能通过到图书馆阅览和文献传递服务等有限的途径获取。

随着信息技术的发展，各学位授予单位兴起了建设学位论文数据库的热潮。一方面，要求学生毕业时同时提交纸本和电子版学位论文；另一方面，逐步对存档的纸本学位论文进行全文回溯扫描，不断扩大学位论文数据库的规模。其他学位论文收藏单位也对所收藏的学位论文进行数字化加工，建立学位论文文摘索引数据库，便于用户利用。此外，一些图书馆联盟如中国高等教育文献保障系统（CALIS）、国家科技图书文献中心（NSTL）也依托各自的成员单位，建立起学位论文联合数据库。中国知网、万方数据等数字资源商也纷纷通过各种途径收集学位论文，建立商业性的学位论文全文数据库。

通过学位论文数据库的建设和发展，学位论文的获取比以往更加便利。但需要注意的是，目前学位论文开发利用（尤其是商业性开发利用）中的版权纠纷问题较为突出。在我国《著作权法》中，对学位论文这一特种文献的著作权归属问题并无明确规定，不同研究生培养单位对研究生、导师、培养单位在学位论文著作权中的作用也有不同规定或解释。因此在实践中，只能根据学位论文不同的创作情况和创作时依靠的物质条件的不同，具体分析、界定学位论文著作权的归属。在开发利用中，要取得著作权人的直接授权，以免产生版权纠纷问题。

学位论文信息检索是指运用各种载体形态的检索工具，按照一定的方法和步骤、利用各种检索途径，根据学位论文的内外部特征，如学位论文题名、导师、学位授予单位、关键词、摘要，还有学位级别如博士、硕士等限制条件，查找所需学位论文的相关信息和全文的过程。

二、中国优秀硕士学位论文全文数据库与中国博士学位论文全文数据库（中国知网）

中国优秀硕士学位论文全文数据库网址：https://kns.cnki.net/kns/brief/result.aspx?dbprefix=CMFD

中国博士学位论文全文数据库网址：https://kns.cnki.net/kns/brief/result.aspx?dbprefix=CDFD

截至2021年，以上数据库共收录：①1984年以来全国784家硕士培养单位的优秀硕士学位论文400余万篇，数据日更新。②1984年以来全国503家博士培养单位的博士学位论文40余万篇，数据日更新。

以上数据库均通过中国知网平台提供服务，其检索功能可参见本书第三章第二节关于中国知网的介绍。

三、中国学位论文全文数据库（万方）

数据库网址：https://c.wanfangdata.com.cn/thesis

中国学位论文全文数据库由北京万方数据股份有限公司开发，通过万方数据知识服务平台提供服务。收录自1980年以来我国各高等院校、研究生院以及研究所的硕士、博士以及博士后论文共计640多万篇，涵盖基础科学、理学、工业技术、人文科学、社会科学、医药卫生、农业科学、交通运输、航空航天和环境科学等各学科领域，每年增加30余万篇。

系统提供简单检索、高级检索和浏览三种检索方式。

（一）简单检索

默认在全部字段中检索，也可以从题名、作者、中图分类号、专业、关键词、摘要、导师、学位授予单位中选择一个字段进行检索，如图5-1所示。

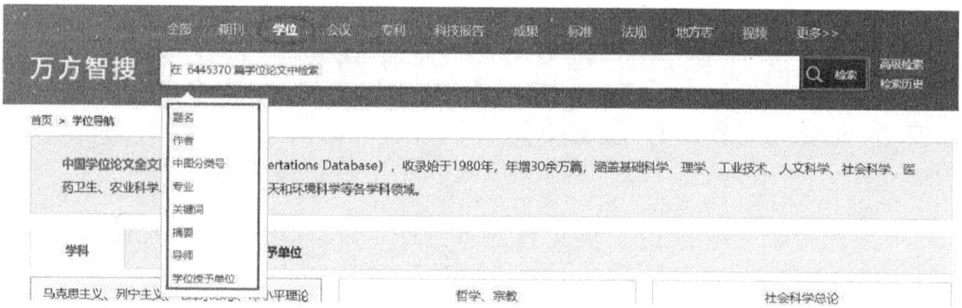

图5-1　万方学位论文简单检索页面

（二）高级检索

高级检索提供了多个检索输入框，用户可以方便地构造检索式，控制多个检索项和检索词，还可同时通过“发表时间”缩小检索范围。单击检索信息后的“+”，可添加新的文献特征作为检索项；单击“-”，可减少检索项，见图5-2。

图5-2　万方学位论文高级检索页面

（三）浏览

可按学科、专业或学位授予单位分别进行浏览，见图5-3。

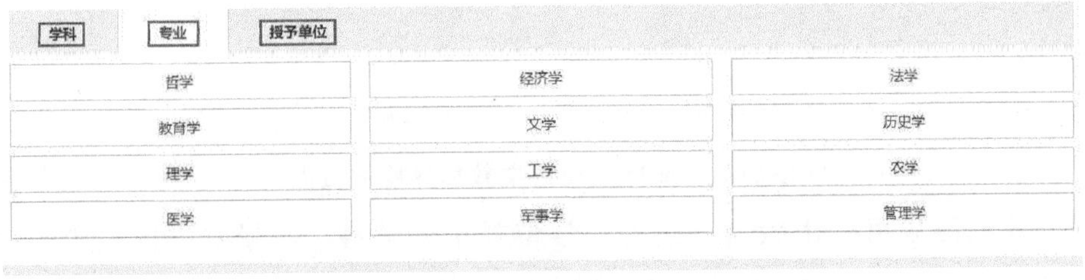

图5-3　万方学位论文浏览页面

四、CALIS学位论文数据库

数据库网址：http://etd.calis.edu.cn

CALIS学位论文数据库面向全国高校师生提供中外文学位论文检索和获取服务。

截至2018年9月，该数据库共收录博硕士学位论文资源逾547万篇，其中中文学位论文324万篇，外文学位论文223万篇，数据持续增长中。

中文学位论文部分收录了1980年至今CALIS各成员馆的博硕士学位论文的题录、文摘信息和章节试读，全文需通过CALIS的馆际互借与文献传递服务网获取。

外文学位论文部分包括高校从2002年开始联合采购的“ProQuest博硕士论文全文数据库”学位论文数据，以及“NDLTD学位论文数据库”学位论文数据，涉及文、理、工、农、医等多个领域，全文需通过原数据库获取。

系统提供检索功能，只提供一个检索框，用户直接输入检索词，单击“检索”按钮即可检索，如图5-4所示。

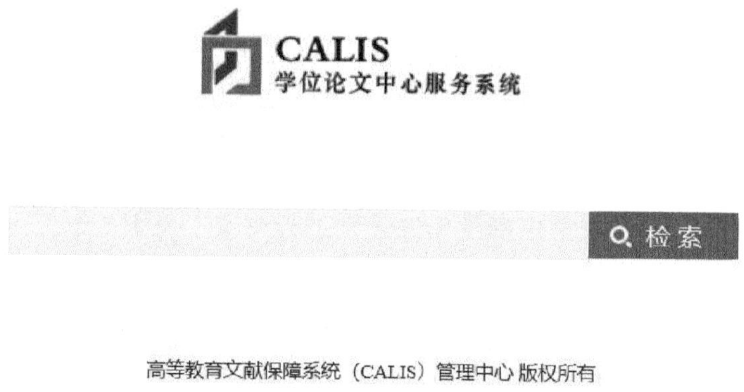

图5-4 CALIS学位论文数据库检索页面

检索结果可按出版年、语种、学位类型、学科、收录数据库、收录馆等多种途径进行分面筛选。检索结果显示每一条记录的中英文题名、作者、学位年度、学位名称、主题词、摘要，单击记录的题名可查看论文的详细信息。部分论文提供前16页预览，单击“文献传递”链接可以进入CALIS馆际互借系统发送获取全文请求。

五、NSTL学位论文数据库（国家科技图书文献中心）

数据库网址：https://www.nstl.gov.cn/index.html

国家科技图书文献中心（NSTL）的学位论文数据库主要收录了1984年至今我国高等院校、研究生院及研究机构发布的硕士、博士和博士后论文的文摘数据。学科范围涉及自然科学各专业领域，兼顾社会科学和人文科学，截至2020年，收录论文篇数488万多条。在该数据库中检索到记录后，可通过文献传递渠道获取原文。

图5-5　NSTL学位论文数据库检索页面

第二节　会议文献

一、会议文献概述

会议文献是指在学术会议上宣读和交流的论文、报告以及其他有关资料。随着科学技术的迅速发展，世界各国的学会、协会、研究机构及国际性学术组织举办的各种学术会议日益增多，世界上每年举办的学术会议达数万个，产生几十万篇会议论文。学术会议按其组织形式和规模，一般可分为：国际性会议、全国性会议、地区性会议、学会或协会会议和同行业联合会议。

会议文献是了解各国科技水平动态、跟踪和预测科技发展趋势、进行信息分析和信息研究的重要参考资料，是传递科技信息、交流科技成果与经验的重要科技信息源之一。

会议文献没有固定的出版形式，有些刊载在学会、协会出版的期刊上，作为专号、特辑或增刊，有些则发表在专门刊载会议录或会议论文摘要的期刊上。据统计，以期刊形式出版的会议录约占会议文献总数的50%。一些会议文献还常常汇编成专题论文集或出版会议丛刊、丛书，还有些会议文献以科技报告的形式出版。许多学术会议还在互联网上开设了会议网站，或者是在会议主办者的网站上设会议专页，利用网站报道会议情况和出版论文。

会议文献具有以下一些特点。①专深性：各种学术会议，通常围绕一到多个主要议题进行研讨，参会者大多是该领域内的专家，或是从事相关工作的科技人员，他们对会议议题都有较深的了解，可以在较专深的水平上进行对话。因此，与其他类型的文献资源相比，会议文献的内容相对专深一些。②连续性：会议文献是随着会议的召开而产生的，而大多数学术性、专业性会议又都具有连续性，会议文献也随之会连续出版下去。③新颖性：许多学科中的最新发现都是在科技会议上首次公布的，会议论文阐述的观点往往代表了作者的最新研究成果，通过会议的形式，可以及早在同行们中迅速传播，通常要比在期刊上发表的论文早一年左右。会议文献反映了本领域的最新动态，代表了本领域的最新水平。

会议文献检索一般分为四种：①查找会议论文摘要/题录信息；②查找某本会议录；③查找单篇会议论文；④查找相关的会议信息。

会议文献的检索特点是除了常用检索入口，还有会议名称、会议举办地址、会议举办单位等。

二、中国学术会议文献数据库（万方）

数据库网址：https://c.wanfangdata.com.cn/conference

中国学术会议文献数据库是万方数据知识服务平台的一个子库，会议资源包括中文会议和外文会议，资源总量近1400万篇会议论文。中文会议收录始于1982年，年收集约3000个重要学术会议，年增20万篇论文，每月更新。外文会议主要来源于NSTL外文文献数据库，收录了1985年以来世界各主要学协会、出版机构出版的学术会议论文共计766万篇全文（部分文献有少量回溯），每年增加论文约20余万篇，每月更新。

数据库的检索参见本书第五章第一节关于“中国学位论文全文数据库”（万方）的介绍。

第三节　专利文献

一、专利与专利文献的基本知识

（一）专利的基本概念

世界知识产权组织（WIPO）给“专利”下的定义是：专利是“由政府机构或代表几个国家的地区机构根据申请而发给的一种文件，文件中说明一项发明并给予它一种法律上的地位，即此项得到专利的发明，通常只能在专利持有人的授权下，才能予以利用（制造、使用、出售、进口）……”由此可见，“专利”包含三层意思。

专利的第一层意思是从法律角度来阐述，专利就是专利权的简称。专利权是由国家专利主管机关依法授予专利申请人或其权利继受人在一定期限内对其发明创造享有的专有权或独占权。即专利权是一种专有的、排他性的权利，是国家授予发明人对其发明创造所享有的一项独占实施权，其他人未经专利人许可，不得实施其专利，否则就是侵权，要赔偿损失，严重的要受法律制裁。

专利权是一种知识产权，与有形产权不同，它具有时间性和地域性限制。专利权的时间性限制是指专利权只在一定期限内有效，期限届满后专利权就不再存在，它所保护的发明创造就会成为全社会的共同财富，任何人都可以自由利用。专利权的有效期由专利法规定。我国专利法规定，发明专利有效期为20年（自申请日算起），实用新型和外观设计专利的有效期为10年（自申请日算起）。专利权的地域性限制是指一个国家授予的专利权，只在授予国的法律有效管辖范围内有效，对其他国家没有任何法律约束力。每个国家所授予的专利权，其效力是相互独立的。

专利权并不是伴随发明创造的完成而自动产生的，需要申请人按照专利规定的程序和手续向专利局提出申请，经专利局审查，认为符合专利法规定的申请才能授予专利权。如果申请人不向专利局提出申请，无论其发明创造如何重要、如何有经济效益都不能授予专利权。

专利的第二层意思是从技术角度来阐述，即指受专利保护的技术发明，简称“专利技术”。专利技术有两个特点：一个特点是它必须具备专利法中规定的“三性”（新颖性、创造性、实用性）条件，这“三性”是授予专利权的实质条件。另一个特点是它必须把发明技术内容详细记述于专利说明书。专利说明书由各国专利局公开出版发行，任何人均可购买、订阅。因此，“专利技术”是不保密的，人人都可以得到，但又是不能随意使用或仿造的技术。

专利的第三层意思是从文献角度来阐述，即指专利说明书。专利说明书中记载有发明创造内容的详细说明和受保护的技术范围。

（二）专利的类型

各国对申请专利的发明创造按其技术上的深度和范围分为若干类型。

我国专利法将专利分为发明专利、实用新型专利和外观设计专利三种类型。

发明专利是技术上改革较大的发明，提供新的、先进的、经济效果好的解决方案，是专利的主体。实用新型专利是指对产品的形状、构造或者其结合所提出的适于实用的新的技术方案，是小改小革的小发明，多为对设备的零部件的革新设计。外观设计专利是指对产品的形状、图案或者其结合，以及色彩与形状、图案的结合所做出的富有美感并适于工业应用的新设计。

（三）专利的法律状态

专利的法律状态信息涉及专利申请公开、实质审查请求的生效、专利权的无效宣告、专利权的终止、专利权的恢复、专利权的转移、专利实施许可合同的备案、专利权的质押和保全及其解除、著录事项变更、通知事项等诸多内容，其贯穿权利的诞生到消亡的整个过程，是对一项专利的有效性、地域性以及当前权属情况的反映。专利法律信息具有时间性、地域性、独占性的特点，专利权只有在法律规定的时间和领土范围内有效，超过规定的时效或超出该国领土范围或管辖范围后专利权信息随之改变，且专利权人以外的个人或单位未经专利权人允许，不得为工商业目的实施其发明创造。

专利作为技术成果的主要载体，始终贯穿于技术创新、生产和技术贸易等过程中。由于专利从申请到审查、审查过后获得的专利权在保护期内维持，以及专利权的转让等一系列的专利程序所涉及的专利法律状态是动态的。因此，通过专利法律状态检索掌握专利的即时法律状态，对于技术创新及技术贸易等方面的决策具有相当重要的现实意义。

专利法律状态的检索分为主动检索和被动检索。主动检索主要应用于新产品投放市场（包括产品出口）、涉及专利的贸易以及技术引进等活动；被动检索主要应用于被控侵权等。值得一提的是，近年来，许多主管部门日益重视专利法律状态，要求单位在申报项目、引进技术时检索相关专利的法律状态，主要有以下几个方面：

①新产品（采用新技术生产的特定产品）投放市场前。这主要是为了预防被动侵权，涉及专利的有效性及地域性检索，通常首先通过专利信息检索，追溯检索与该新产品或新技术的主题相关的所有专利，再按照新颖性和创造性判断标准找出相似或相近的专利，然后针对相似或相近的专利进行专利法律状态检索，确定相似或相近专利的有效性及地域性，从而判断是否侵权。

②涉及专利的贸易等活动。例如以专利投资、专利资产评估、利用专利权质押贷款等。

③专利技术的引进过程。为了避免上当受骗，也需进行专利法律状态检索，以确定欲引进的专利技术是否为有效专利。

④侵权诉讼。在单位或者个人被控侵权时，也应通过专利法律状态检索，以确定被控侵权的专利是否有效，或者提供相关专利法律状态的检索报告作为诉讼或应诉材料。

⑤项目立项。主管部门要求单位在项目立项、引进技术等时提交相关专利的法律状态检索报告。例如，国家知识产权局制定的《企事业单位专利工作管理制度制定指南》。

⑥失效专利确认。确认失效的专利便可以免费使用。

（四）专利说明书

专利说明书是对发明或者实用新型的结构、技术要点、使用方法作出清楚、完整的介绍，它应当包含技术领域、背景技术、发明内容、附图说明、具体实施方法等项目。

专利说明书广义上是指各国工业产权局、专利局及国际（地区）性专利组织出版的各种类型专利说明书的统称。它包括授予发明专利、发明人证书、医药专利、植物专利、工业品外观设计专利、实用证书、实用新型专利、补充专利或补充发明人证书、补充保护证书、补充实用证书的授权说明书及其相应的申请说明书。狭义而言，这是指授予专利权的专利说明书。

专利说明书的主要作用：一是清楚、完整地公开新的发明创造；二是请求或确定法律保护的范围。

（五）专利文献

专利文献是指记载专利信息的文献。专利文献的狭义范围主要包括专利说明书、权利要求书、说明书附图、说明书摘要等。专利文献的广义范围包括各种专利申请文件、专利证书、专利公报、专利索引、专利题录、专利文摘、专利分类表等。

专利文献在内容和形式等方面不同于一般的科技文献，它是一种集科技、法律、经济信息为一体的经过标准化的信息资源，其主要特点为：

①报道迅速：世界上绝大多数国家实行先申请制，对内容相同的发明，专利权授予最先申请的人，因此，许多重大发明创造都是首先出现在专利文献中。通过阅读专利文献，可以快速掌握各个领域的最新动态和发展趋势。

②内容广泛，准确可靠，详尽实用：专利的内容极其广泛，涉及科技和生活的各个方面。专利申请文件大多是由专业人员按规定的格式撰写，并经过专利局的科学审查和公众的异议检验，所以具有较高的准确性和可靠性。另外，申请人必须按规定详细阐述发明的技术内容，除文字说明外，还包括各种图表和公式，其他科技人员可以根据专利说明书掌握一项技术或产品的具体细节，其内容详尽，具有较强的实用性。

③重复报道量大：据世界知识产权组织统计，全世界每年有近2/3的专利文献是重复的。主要是因为专利的保护具有地域性限制，同一发明往往会向多个国家或地区申请专利，这样就会出现内容相同、语种不同的重复申请。以外，部分实行早期公开、延迟审查制的国家，在受理和审批专利申请的过程中，同一发明创造在不同阶段往往多次重复公布，这也会造成专利文献内容的重复。

④内容有局限、说明书文字比较晦涩：专利文献的内容一般只限于应

用技术，为了实现对自己专利的保护，专利文献很少阐明技术的原理和理论基础，不提供准确的技术条件和参数。同时，为了尽可能扩大对自己的保护范围而使用一些晦涩的法律术语，而不揭示真正的技术“诀窍”。这些都使得专利文献的内容具有很大的局限性，在文字上晦涩难懂。

二、国际专利分类表

为了便于管理和利用数量庞大的专利文献，可按一定的分类体系根据内容对专利文献进行分类。各国的专利分类法主要采用两种分类原则，一是按功能分类，二是按应用分类。《国际专利分类表》（International Patent Classification，简称 IPC）综合这两种分类原则的优点，确定采用功能分类和应用分类相结合，以面向功能为主的分类原则。

（一）国际专利分类表及其结构

《国际专利分类表》第一版于1968年9月1日开实行。目前已有50多个国家和国际组织采用。我国于1985年也采用了此分类表。

IPC 目前每年修订一次，使用 IPC 时要注意其版次和有效期限，要用与所查专利年代相应的分类表版本。IPC 以等级结构形式，将与发明专利相关的全部知识领域按部、大类、小类、大组、小组逐级细分，组成完整的分类系统。

1. 部（Section）

整个分类表共分为8部。用英文大写字母 A ~ H 表示每一个部的类号。每个部类号相对应的类名都概括地指出该部所包含的技术范围，通常对陈述主题不作精确的定义，往往仅简要表明该部所包括主题范围的概括性特点。8个部的类号和类名如表5-1所示。

表5-1　IPC部类表

部	类名
A部	人类生活需要
B部	作业，运输
C部	化学，冶金
D部	纺织，造纸
E部	固定构造
F部	机械工程，照明，加热……
G部	物理
H部	电学

2. 大类（Class）

每一个部按不同的技术主题范围分成若干个大类，每一个大类的类号由部的类号及在其后加上两位数字组成。每一大类号对应的类名表明该大类包括的主题内容，是对所从属的各个小类包括的技术主题的全部说明。例如：

G部：物理	
G01	测量；测试
G02	光学
G03	摄影术；电影术；利用光波以外其他波的类似技术；电刻术；全息摄影术
G04	测时学
G05	控制；调节
G06	计算；推算；计数
……	

在某些大类类名后有一个大类索引，它只是对该大类内容的一种情报性概要，以帮助使用者尽快查找有关的技术主题位置。

3. 小类（Subclass）

每一个大类包括一个或多个小类，每一个小类类号由大类类号加上一个大写字母组成。每一个小类号对应的类名尽可能确切地表明小类的技术主题内容。例如：

G01	测量;测试
G01B	长度、厚度或类似线性尺寸的计量;面积的计量;不规则的表面或轮廓的计量
G01C	测量距离、水准或者方位;勘测;导航;陀螺仪;摄影测量
G01D	非专用于特定变量的测量;不包括在其他单独小类中的测量两个或多个变量的装置
……	

在某些小类类名后有一个小类索引，以便使用者根据索引直接进入所需的技术主题分类位置。国际专利分类的设置原则是通过各小类的类名，并结合小类的有关参见或附注尽可能精确地定义该小类所包括的主题范围。

4. 大组（Maingroup）

每一个小类细分成许多大组，每一个大组的类号由小类类号加上一个1～3位的数、斜线“/”及数字“00”组成。每一个大组号对应的类名明确表示可检索发明的技术主题范围。例如：

G01K	温度测量;热量测量;未列入其他类组的热敏元件
G01K1/00	非专用于特殊类型温度计的零部件(用于减小热惯性的电路入7/42)
G01K3/00	给出除温度瞬时值外其他结果的温度计(7/42优先)
G01K5/00	以材料的膨胀或收缩为基础的温度测量(9/00优先;给出除温度瞬时值外的其他结果的入3/00;由液体产生蒸汽的入11/00;热启动开关入H01H)
……	

5. 小组（Subgroup）

每一个大组可以细分成若干小组，每一个小组的类号由小类类号加上一个1～3位数，后面跟着斜线“/”符号，再加上一个除“00”以外的至少有两位的数组成。每一个小组号对应的类名明确表示可检索属于该大组范围之内的一个技术主题范围，小组的类名前加一个或几个圆点表示该小组的等级位置，两个圆点从属于其紧靠着的一点，三个圆点从属于其紧靠着的两点的类，以此类推。圆点越多，表示分类越细，专指度越高。例如：

G01K1/02	·指示或记录装置的特殊应用，例如：用于远距离指示
G01K1/04	··标度
G01K1/06	···方便读数的装置。例如：照明，放大镜
G01K1/08	·保护装置，例如外壳
G01K1/10	··防止化学腐蚀的
G01K1/12	··防止过热损坏的
……	

大组和小组的等级不是由编号数字来决定的，而是由IPC表中类名前的圆点数决定。一个完整的IPC分类号由代表部、大类、小类、大组或小组的符号结合构成。例如：

F	部：	机械工程
F02	大类：	内燃机
F02D	小类：	内燃机控制
F02D1	大组（主组）：	燃料喷射泵控制
F02D1/18	小组（分组）：	具有控制脉冲装置的定时喷射调节

（二）IPC的作用

IPC是各国专利文献统一分类的工具，依据IPC表对专利文献进行分类标引后，便于对专利文献进行分类管理、检索、使用，有利于全球专利资源的共享。

①按分类途径检索专利信息时，IPC表是用以确定分类号的工具；

②利用IPC分类编排专利文献，可方便地从中获得技术上和法律上的信息；

③借助IPC，可对专利信息进行选择性报道；

④借助IPC，可对某一个技术领域进行现有技术水平的调研；

⑤IPC可作为进行专利统计工作的基础，从而对各个技术领域的技术发展状况作出评价。

三、专利文献检索的类型与途径

（一）专利文献检索的类型

1.新颖性检索

通过检索专利文献，可判断发明创造是否具有专利法规定的新颖性。对于专利审查人员，可以判断专利申请是否合格；对于科研人员、技术创造和发明人而言，则可判断专利申请的成功率，了解相关课题的研究状况，减少不必要的损失。

2.侵权检索

通过检索专利文献，可判断侵权行为或避免侵权行为。

3.专利有效性检索

通过检索专利文献，可以判断相关专利的时效性。

4.同族专利检索

通过检索专利文献，可以了解同一项发明创造在多个国家申请专利的情况。

5.信息性检索

通过检索专利文献，可获取一定量的科技情报信息。

（二）专利文献的检索途径

1. 分类途径

分类途径是根据专利所属主题范围，利用特定的专利分类体系进行查找的一种途径。通过分类途径检索的一般步骤是：首先根据检索目的确定合适的主题范围，根据工具书的特点找出合适的分类号；然后利用工具书的分类索引查找相关的信息；最后利用专利公报中的摘要和附图等信息进行鉴别，找到合适的结果并索取专利说明书。

各国专利文献一般都提供分类检索途径，绝大多数国家使用的分类体系是国际专利分类表。

2. 名称途径

这里的名称主要是指专利发明人、专利申请人、专利权人或者专利受让人的名称。按照名称途径检索的前提条件是要有相关专利所属的自然人和法人的名称，然后根据专利工具书提供的情报名称索引进行查找。

《中国专利索引》提供了申请人、专利权人索引途径，用户可以以申请人、专利权人作为检索入口进行查找。

3. 号码途径

号码途径是指通过专利申请号、专利号、公开号等相关的专利号码，利用相应的索引进行检索。利用号码检索还可以根据获得的其他信息进行扩检。

申请号是申请人提交专利申请时专利行政部门给予的编号。申请号构成：年份+专利申请种类+流水号+“.”+计算机校验码。

现阶段我国的专利申请号采用国际通行的12位阿拉伯数字表示法，包括申请年号、申请种类号和申请流水号3部分。按照由左向右的次序，第1至第4位数字表示受理专利申请的年号，采用公元纪年；第5位数字表示专利申请的种类（“1”代表发明，“2”代表实用新型，“3”代表外观设计）；第6至第12位数字（共7位）为申请流水号，表示受理专利申请的相对顺序，一般按照升序使用，从0000001开始顺序递增；小数点

（“.”）后的数字是计算机的校验位。

【案例5-1】华为技术有限公司在2019年申请了名为“指示信道状态信息的方法以及通信装置”的发明专利，其申请号为201910250029.8，12位阿拉伯数字中前4位“2019”表示申请年份，第5位数字“1”表示其为发明专利，“0250029”为申请流水号。可以将中国国家代码CN与专利申请号联合使用，以表明该专利申请是由中国国家知识产权局受理，代码CN位于专利申请号之前。如上，此时专利申请号为CN201910250029.8。

专利号，即在授予专利权时给予专利的号码，与申请号一致。

专利公开号是专利申请过程中，在尚未取得专利授权之前，国家知识产权局公开专利时的编号，表示该专利已经在受理过程中。专利公开号亦称专利文献号，组成方式为“国别+专利申请种类（第1位数字）+流水号（第2至第9位数字）+专利文献种类标识代码”。

【案例5-2】同案例5-1，该发明专利的专利公开号是CN111756422A，“CN”表示中国国家代码，第1位数字“1”表示其为发明专利，第2至第9位数字“11756422”为流水号，“A”表示文献种类是发明专利申请公布说明书。

授权公告号是对发明专利和实用新型专利批准授权后出版的专利说明书的编号，以及对外观设计专利授权公告的（无专利说明书）编号。授权公告号构成：国别+专利申请种类（第1位数字）+流水号（第2至第9位数字）+专利文献种类标识代码。

【案例5-3】依据《中华人民共和国专利法》，发明专利申请的审批程序包括：受理、初审、公布、实审以及授权五个阶段，实用新型和外观设计专利申请在审批中不进行早期公布和实质审查，只有受理、初审和授权三个阶段。申请发明专利，初审自申请日起满十八个月，即行公布；自申请日起三年内，国务院专利行政部门对其进行实质审查。

同案例5-1，该发明专利目前正处在实质审查阶段，无授权公告号。若通过实质审查，国家知识产权局将作出授予发明专利权的决定，发给发明专利证书，同时予以登记和公告。发明专利权自公告之日起生效。授权公告号将为CN111756422B，“B”表示文献种类是发明专利说明书（同一专利申请的授权公告号沿用首次赋予的申请公布号）。

4. 优先项途径

优先项是指同族专利中基本专利的申请日期、申请号和申请国别。由于同族专利中的所有专利都具有相同的优先申请日期、优先申请号和优先国别，所以只要专利说明书上的优先项相同，就可以确定相关专利为同族专利。优先项检索的主要工具是德温特公司的《世界专利索引优先项对照表》。

5. 其他途径

除了以上检索途径，还可以通过其他途径获得相关的专利线索，包括从商品或产品样本中寻找线索，从报刊中获取专利信息，或者从其他科技文献检索工具中查找专利文献等。

四、中国专利文献检索

（一）国家知识产权局专利数据库

国家知识产权局专利检索及分析系统（http://pss-system.cnipa.gov.cn/）是集专利检索与专利分析于一身的综合性专利服务系统，如图5-6所示。系统依托于丰富的数据资源，提供了简单、方便、快捷、丰富的专利检索与分析功能，丰富的接口服务和工具性功能也为检索与分析业务提供了强有力的支撑。

图5-6　国家知识产权局专利检索及分析主页

国家知识产权局专利检索及分析系统是免费资源，但用户需要注册登录后才能使用。

检索功能：常规检索、表格检索、药物专题检索、检索历史、检索结果浏览、文献浏览、批量下载等。

分析功能：快速分析、定制分析、高级分析、生成分析报告等。

数据范围：收录了103个国家、地区和组织的专利数据，以及引文、同族、法律状态等数据信息，其中涵盖了中国、美国、日本、韩国、英国、法国、德国、瑞士、俄罗斯、欧洲专利局和世界知识产权组织等。数据更新：中外专利数据，每周三更新；同族、法律状态数据，每周二更新；引文数据，每月更新。

高级检索主要根据收录数据范围提供丰富的检索入口和智能辅助的检索功能。可以根据自身的检索需求，在相应的检索表格项中输入相关的检索要素，并确定这些检索项目之间的逻辑运算，进而连接成检索式进行检索。如果希望获取更加全面的专利信息，或者对技术关键词掌握得不够全面，可以利用系统提供的“智能扩展”功能辅助扩展检索要素信息。在单击“高级检索”按钮之后，系统显示高级检索页面，主要包含四个区域：检索历史、范围筛选、高级检索和检索式编辑区，如图5-7所示，通过将鼠标移动到检索表格项区域查看检索字段的应用说明信息。

图6-7　国家知识产权局专利检索及分析高级检索页面

可以通过“跨语言”功能实现构建一种语言（中、英、日）检索式同时在中、英、日三种语言专利文献中进行检索。在高级检索中，为了便于通过构建简单的检索式获取最全面的专利文献信息，系统提供了“扩展检索”功能。通过该功能，系统自动根据输入的检索要素按照业务规则扩展含义相近的关键词等信息，并进行检索。

【案例5-4】查找三一重工股份有限公司申请的名称中包含挖掘机的专利。

第一步，在“申请（专利权）人”字段中输入“三一重工股份有限公司”；

第二步，在“发明名称”字段中输入“挖掘机”；

第三步，单击“检索”按钮，检索结果显示共有32项发明专利，如图5-8所示。

以上检索步骤可以在“检索式编辑区”使用检索式直接表达：发明名

称=（挖掘机） AND 申请（专利权）人=（三一重工股份有限公司）

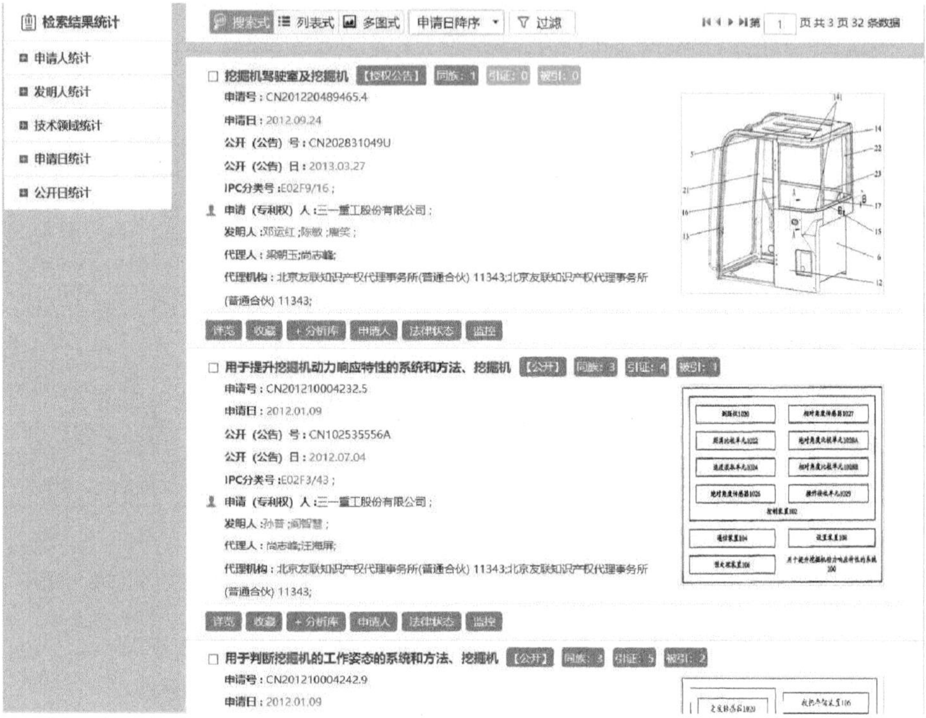

图5-8　国家知识产权局专利检索及分析检索结果浏览页面

当通过某种检索方式检索之后，系统按照默认的配置以列表的方式展现检索结果信息。选择某一条专利记录，单击“详览”按钮，进入“文献浏览”页面。在该页面中可以查看到文献的著录项目、全文文本以及全文图像信息，如图5-9所示。在“文献下载设置”页面中，可以选择需要下载的内容（摘要信息、全文文本、全文图像），然后输入验证码，单击“下载”按钮，系统将按照设置的保存路径以压缩包的形式下载保存。

图 5-9 国家知识产权局专利检索及分析检索结果文献浏览页面

分析子系统为专利分析人员提供多种分析方式和分析工具集，分为管理分析库、申请人分析、发明人分析、区域分析、技术领域分析、中国专项分析、高级分析、管理分析结果八大功能。

分析库是存储待分析文献的数据库，可以根据分析主题创建不同的分析库。专利分析人员可以将一个检索结果全选加入分析库。为了保证分析结果的质量，还可以对分析库中的文献进行指定规则的数据清理。

（二）中外专利数据库（万方）

数据库网址：https://c.wanfangdata.com.cn/patent

中外专利数据库收录始于1985年，目前共收录中国专利2 200万余条，国外专利8 000万余条，年增200万条，收录范围涉及十一国两组织，如图5-10所示。其中十一国为中国、美国、澳大利亚、加拿大、瑞士、德国、法国、英国、日本、韩国、俄罗斯，两组织为世界专利组织、欧洲专利局。

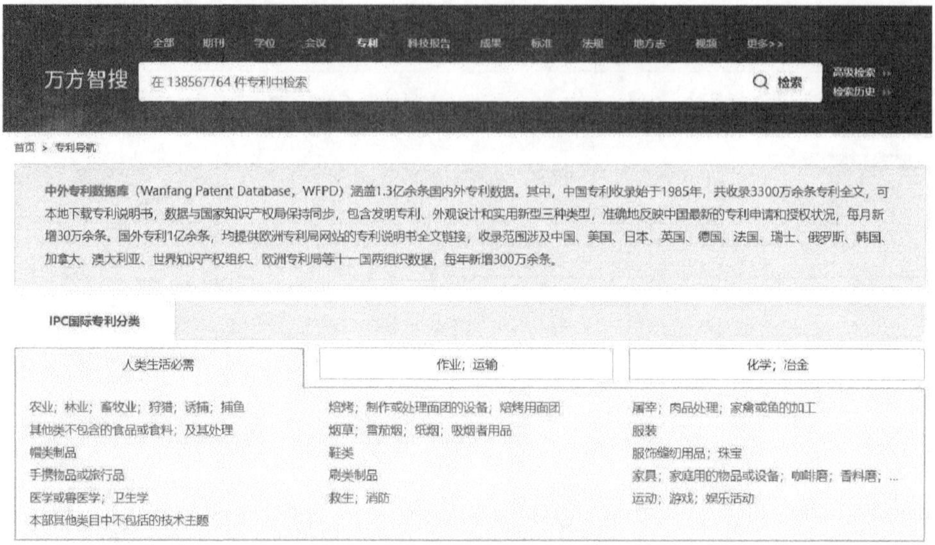

图5-10　万方中外专利数据库主页

登录万方数据知识服务平台，在文献类型中选择“专利”，数据库提供专业检索、高级检索、作者发文检索3个检索方式。其中，最为常用的是高级检索，见图5-11。高级检索提供包括全文、专利名称、申请人、发明人、通讯地址、申请号、申请日期、审定公告号、审定公告日、分类号、主权项、文摘、代理机构、机构地址、代理人等15个检索字段选择，各对话框之间可进行“与”“或”“非”的布尔逻辑运算。

图5-11　万方专利数据库高级检索页面

（三）SooPat

网址：http://www.soopat.com

Soopat中的Soo为“搜索”，Pat为“patent”，SooPat即“搜索专利”。SooPat致力于做“专利信息获得的便捷化，努力创造最强大、最专业的专利搜索引擎，为用户实现前所未有的专利搜索体验”，搜索页面见图5-12。SooPat本身并不提供数据，而是将所有互联网上免费的专利数据库进行链接、整合，并加以人性化的调整，使之更加符合人们的一般检索习惯。它和Google进行了非常高效的整合，充分利用了人们对于Google检索的熟悉程度，从而更加方便使用。

SooPat中国专利数据的链接来自国家知识产权局互联网检索数据库，国外专利数据来自各个国家的官方网站。SooPat不用注册即可免费检索，选择注册成为SooPat的会员则可提供全文浏览和下载，还可以选择保存检索历史并进行个性化的设定。

图5-12　SooPat检索页面

中国专利提供表格检索、IPC分类搜索。世界专利提供高级检索、IPC分类检索。

当明确知道分类号、申请人名、申请号或专利号时可以选择这些作为检索词，可以根据公开（公告）后就可以查到专利说明书，从而了解某项专利的全部技术内容和要求保护的权利范围。若要了解该专利的法律状态，可以通过索引查出它所刊登的公报的卷期号，再根据卷期号查公报，获得该专利的法律状态。如果想了解某一技术领域的现有技术状况，可以根据该项目所属技术领域或者关键词去查阅国际专利分类表，确定其分类号，从分类索引中的公开号、申请人所申请的专利名称以及公报的卷期号查出专利的摘要，通过阅读摘要决定是否要查看专利说明书或者直接根据索引查出的公开号查阅其专利说明书。

若根据所属技术领域或者关键词难以选定国际专利分类表时，可先利用《国际专利分类表技术用于索引》或《关键词索引》，按字顺查出所选主题词（关键词）所对应的IPC号，再根据初步查出的IPC号选用IPC表确定详细的IPC号，按确定的IPC号查出所需专利。

【案例5-5】查找“氮氧化物污染控制技术”的中国专利信息。

第一步，在分类号检索中采用“输关键词查分类号”进行检索，共发现5个相关IPC分类号B01D53/56、B01D53/60、C01D9/06、C07C253/02和C07C291/02，如图5-13所示。

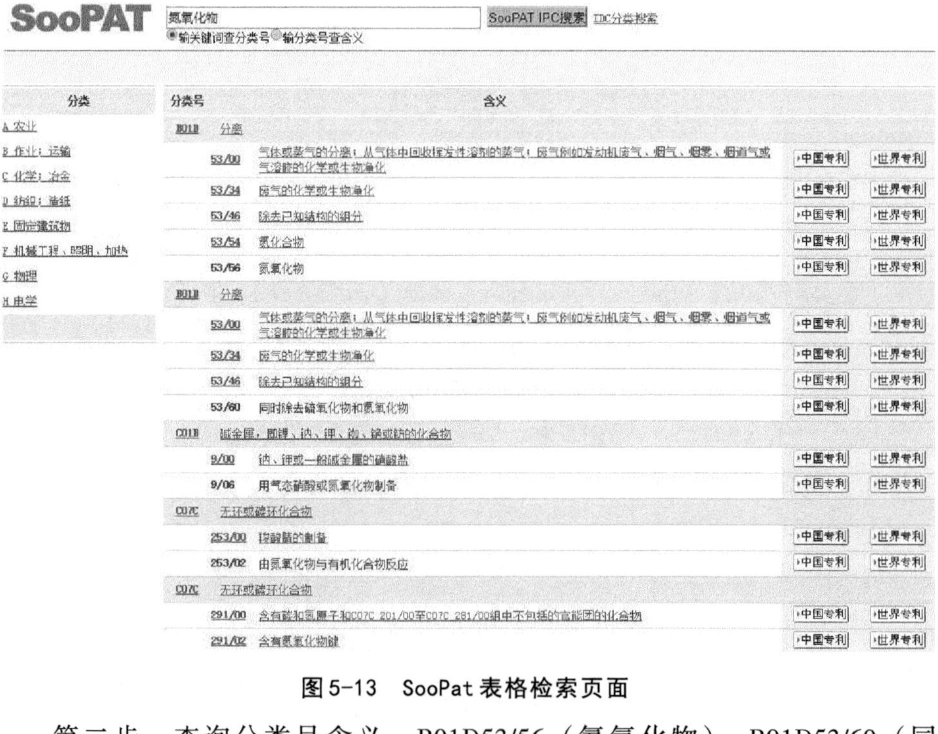

图5-13　SooPat表格检索页面

第二步，查询分类号含义：B01D53/56（氮氧化物）、B01D53/60（同时除去硫氧化物和氮氧化物)、C01D9/06（用气态硝酸或氮氧化物制备)、C07C253/02（由氮氧化物与有机化合物反应)、C07C291/02（含有氮氧化物键)，可以清楚得知，前两个分类号下的专利是我们检索需要得到的结果，其余几个分类号则与本检索不相关。

第三步，在“常规检索”或表格检索中以分类号B01D53/56和B01D53/60进行检索，可以准确地得到理想的结果。

五、国外专利文献检索

（一）美国专利商标局专利数据库

1. 数据库简介

数据库网址：https://www.uspto.gov/patents

美国专利商标局（United States Patent and Trademark Office，简称PTO或USPTO)，其网址是https://www.uspto.gov/。该网站收录了1790年至今美国全部授权专利文献，以及2001年3月15日之后的美国申请专利说明书的文本及映像文件，每周更新一次。

2. 检索方法

（1）快速检索

点击网站首页“Patent”下的“Search”，进入数据库检索主页面，如图5-14所示。

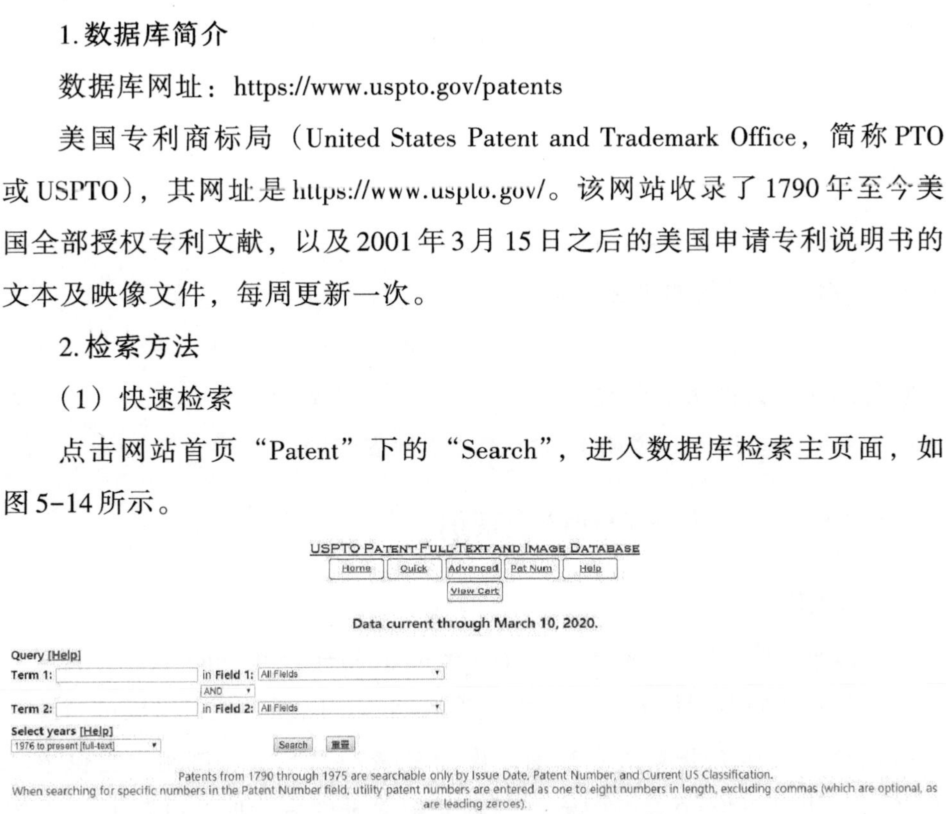

图5-14　美国专利商标局专利检索主页

检索界面提供两个对话框，在对话框Term1和Term2中输入检索词，两者之间的逻辑关系有AND、OR、NOT，由下拉式菜单控制。检索字段选择下拉式菜单提供包括全文、专利名称、文摘、专利号、申请号、权利要求、说明书、美国专利分类法、国际专利分类法、发明人、代理人、审查人、申请日、出版日、国外优先权等30余个检索字段，年代选择下拉式菜单选择检索时间范围。点击“Search”即可获得检索结果，一次可显示50条记录。点击记录中下划线部分，即可获得专利全文，检索结果可打印或下载。

（2）高级检索

点击“Advanced Search”，进入高级检索界面。检索界面提供一个对话框，在对话框中输入检索式，点击“Search”即可完成检索。检索式支持布尔逻辑组配和短语表达，逻辑组配用“AND”“OR”“NOT”表示。检索式中用符号“/”限定检索词所在字段。限定字段代码有31种，检索界面中有详细的列表可供参考。

（3）检索结果显示

检索结果一次可显示50条记录。点击记录下划线部分，即可得到该项专利HTML格式的说明书全文。

点击HTML格式说明书全文页面上部的“Image”按钮，即可得到该项专利的图像格式说明书全文。该格式文件与纸质载体说明书完全一致。下载图像格式的美国专利说明书全文需在本地安装TIFF软件。

（二）欧洲专利局专利检索系统

1.数据库简介

数据库网址：https://www.epo.org/searching-for-patents.html

欧洲专利局专利检索系统是由欧洲专利局、欧洲专利组织成员国及欧洲委员会共同研究开发的专利信息网上免费检索系统。该网站提供了自1920年以来世界上90多个国家公开的专利文献题录数据，以及20多个国家的专利说明书，总共约6 000多万件专利。该网站是检索世界范围内专利信息的重要平台。该系统中各数据库收录专利国家的范围不同，各国收录专利数据的范围、类型也不同。

EPO各成员国数据库，收录欧洲各成员国最近24个月公开的专利。EP数据库，收录欧洲专利局最近24个月公开的专利。WO数据库，收录世界知识产权组织最近24个月公开的专利。以上数据库使用原公开语言检索近两年公开的专利，提供有专利全文扫描图像。在此之前的专利文献可通过世界范围专利数据库检索。

世界范围专利数据库，收录80个国家和地区专利。世界范围专利数据库所收录专利的国家和地区中，收录题录、摘要、全文扫描图像、IPC及ECLA分类信息的只有英、德、法、美少数几个国家，大部分只收录题录数据而未提供全文扫描图像。

2.检索方法

（1）快速检索

通过网址进入页面，如图5-15。该页面左侧列出了以下几种检索方法：智能检索（Smart Search）、高级检索（Advanced Search）和欧洲专利分类检索（Classification Search）。可检索以下3个数据库收录的专利信息：世界范围专利数据库、欧洲专利数据库和世界知识产权组织数据库。

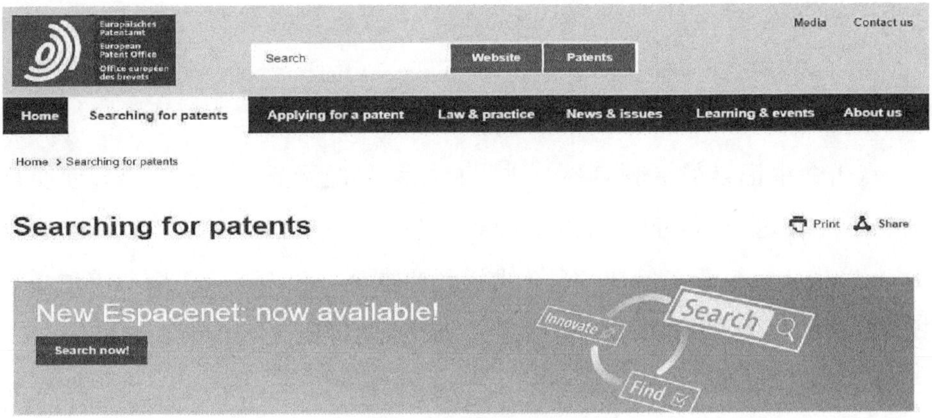

图5-15　欧洲专利局主页

点击Smart Search按钮，进入智能检索界面，如图5-16。

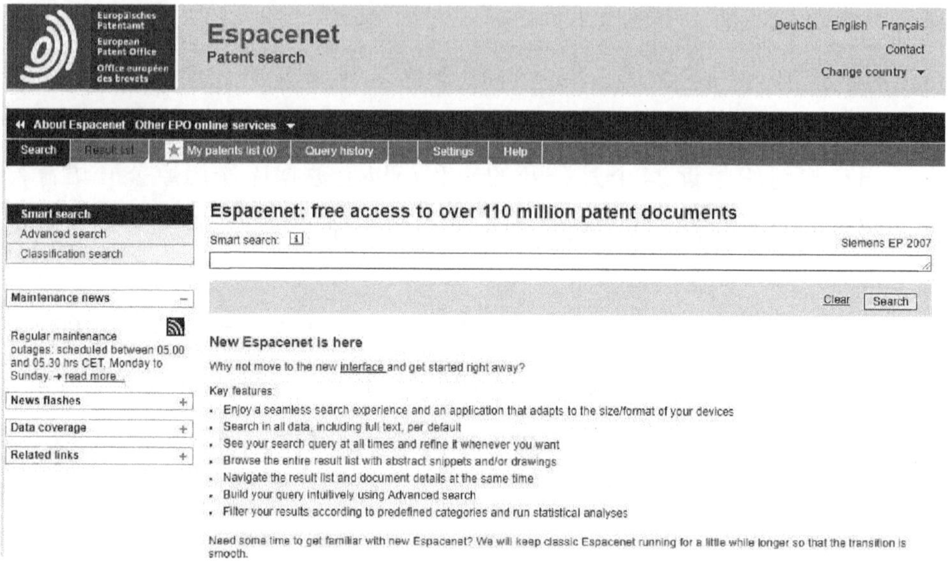

图5-16　欧洲专利局智能检索页面

在智能检索界面中提供了下拉式菜单选择数据库，可选择在世界范围专利、欧洲专利局和世界知识产权组织3个数据库中检索。

检索结果列出命中专利的名称、发明人、申请人、公开日期、公开号、IPC及EC分类号等信息。点击专利名称即可查看该专利的详细信息。选中专利名称右侧的“in my patent list”，所选记录将保存在“my patent list”中（可存放20条记录）。点击“my patent list”链接，可查看被保存的专利信息。

点击命中记录的专利名称，进入检索结果题录显示页面。该显示页面上方有获取题录（Bibliographic date）、参考文献HTML格式专利说明书（Description）、参考文献HTML格式权利要求书（Claims-）、最初申请说明书的图形和INPADOC法律状态信息（INPADOC LEGAL status）的链接。

（2）高级检索

高级检索界面，如图5-17，提供了专利名称（keywords in title）、专利名称或摘要（keywords in title or abstract）、公开号（publication number）、申请号（application number）、优先权号（priority number）、公开日（publication date）、申请人（applicant）、发明人（inventor）、欧洲专利分类（European classification）、国际专利分类（IPC）等10个检索字段，各检索字段之间为逻辑与的关系。用户可根据需求在相应的对话框中输入检索词，点击“search”按钮得到检索结果。检索结果及其显示格式与智能检索结果相同。

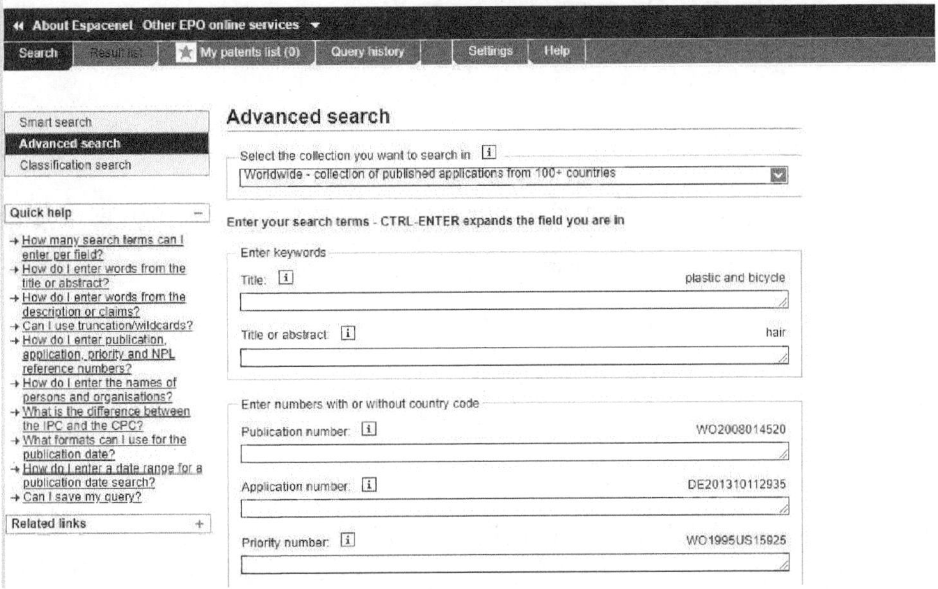

图5-17　欧洲专利局高级检索页面

（3）分类号检索

该检索界面专门提供从公开号途径检索专利信息。其特色是选中对话框下面的“including family”选项，将同时检索出该专利的同族专利信息。

第四节　标准文献

一、标准与标准文献的基本知识

（一）标准的定义

我国国家标准 GB 3935.1-83《标准化基本术语第一部分》将标准定为："标准是对重复性事物和概念所做的统一规定。它以科学、技术和实践经验的综合成果为基础，经有关方面协商一致，由主管机构批准，以特定形式发布，作为共同遵守的准则和依据。"

标准是为了在一定的范围内获得最佳秩序，经协商一致制定并由公认机构批准，共同使用和重复使用的一种规范性文件。标准文件以科学、技术和经验的综合成果为基础，以促进最佳的共同效益为目的。

（二）标准的类型

标准的体系繁杂，可以从以下几种不同的角度对标准进行分类。

1.按标准的使用范围划分

（1）国际标准

由国际上权威性的标准化组织制定并为国际上所承认和适用的标准。例如，国际标准化组织 ISO（International Organization for Standardization）、国际电工委员会 IEC（International Electrotechnical Commission）和国际电信联盟 ITU（International Telecommunication Union）制定的标准。

（2）区域标准

由世界某一区域性标准化组织召集与参与标准化活动的区域团体所制定、审批、通过并实施的标准。例如：欧洲标准化委员会 CEN（European

Committee for Standardization)、欧洲电工标准化委员会CENELEC(European Committee for Electrotechnical Standardization)、经济互助委员会标准化常设委员会(Standing Committee for Standardization of Council for Mutual Economic Assistance)。

(3)国家标准

由国家标准化主管机构批准、发布,在全国范围内统一实施的标准。

(4)行业(专业)标准

在没有国家标准而又需要在全国某个行业范围内统一技术要求的情况下制定和实施的标准。行业标准不得与有关国家标准相抵触,在相应国家标准实施之后,原行业标准即行废止。

(5)地方标准

在没有国家标准和行业标准,而又需要在省、自治区、直辖市范围内具备统一的产品安全、卫生要求和环境保护、食品卫生、节能等要求的情况下所制定的标准。它由省级标准化行政主管部门统一组织制定、审批、编号和发布。

(6)企业标准

在企业范围内对需要统一的技术要求、管理要求和工作要求所制定的标准,是企业组织生产和经营活动的依据。

2.按标准的内容划分

(1)基础标准

在现代工业生产和技术活动中,对那些最基本、具有广泛性指导意义或作为统一依据的技术规定。它涉及名词术语、符号、代号、计量单位、机械制图、命名标志、结构要素等。此类标准的有效期限较长。

(2)产品标准

对产品的质量和规格所作的统一规定,是衡量产品质量的依据。如对某类产品的形状、尺寸、质量、性能、检验、维修等方面制定的各项标准。

（3）方法标准

为试验、分析、检验、抽样、测定等操作方法和程序而制定的标准。

（4）安全与环境保护标准

为保护或利用人、物、环境而制定的标准。

（5）卫生标准

为保证人的健康，对食品、医药及其他方面的卫生要求而制定的标准。

（6）原材料标准

规定产品分类、规格、牌号、化学成分、理化性能、使用范围、保管及验收而制定的标准。

（7）接口标准

规定产品（或系统）在它与外界相互连接的部位和兼容性有关的要求而制定的标准，接口标准的内容与产品有关。

（8）信息技术标准

以计算机与通信技术为核心，为信息的获取、加工、分析、存储、传递和利用而制定的标准。

3.按标准的约束性划分

（1）强制性标准

具有法律效力，必须遵守的标准。

（2）推荐性标准

由制定和颁布标准的机构建议优先遵守的标准。

保障人体健康、人身财产安全的标准和法律和行政法规规定强制执行的标准都是强制性标准，其他标准是推荐性标准。强制性标准必须执行，推荐性标准可自愿使用。

（三）标准文献

标准文献是指记录“标准”的文献。广义的标准文献包括与标准相关的一切文献，指由技术标准、生产组织标准、管理标准及其他标准性质的类似文件所组成的文献体系，含标准化的书刊、目录和手册以及与标准化工作有关的文献等。狭义的标准文献是指带有标准号的标准、规范、技术要求等规范性技术文件。

标准文献有如下特点：

①每个国家对于标准的制定和审批程序都有专门的规定，并有固定的代号，标准格式整齐划一。

②使用范围明确，不同种类和级别的标准在不同范围内贯彻执行。

③有固定的编排格式，内容描述严谨、准确，具有法律效力和可执行性。

④时效性强，有一定的有效时间，更新、修订和废除的周期短，利用时要注意引用最新的标准。

采用标准可以简化设计、提高功效、降低成本和提高工作效率。标准文献几乎涉及国民经济的所有领域，通过标准文献的分析既可了解一个国家各个领域内的技术工艺水平、技术改革情况，又可预测技术发展的趋势。此外，标准文献往往附有大量的数据、工艺参数与图表，实用性强，具有较大的参考价值，可以促进科学技术的发展，提高产品的工艺、技术及生产管理水平。

二、标准文献分类法

1992年，国际标准化组织情报委员会（ISO/INFCO）推出了一部标准文献专用分类法，称为国际标准分类法（International Classification for Standards，简称ICS）。ICS分类法是一部专供标准文献使用的等级制分类方法。

ICS类目的设置以专业划分为主，适当结合科学分类，分类体系原则上由3级组成。一级类按标准化所涉及的专业领域，设41个大类（Filelds），见表5-2，387个二级类（Groups）和789个三级类（Subgroups）。为便于从主题途径进行检索，ICS分类表正文后面附有按字顺排列的题内关键词（KWIC）索引。

表5-2 ICS一级类目

类号	类目名称
01	综合、术语学、标准化、文献
03	社会学、服务、公司(企业)的组织和管理、行政、运输
07	数学、自然科学
11	医药卫生技术
13	环保、保健与安全
17	计量学和测量、物理现象
19	试验
21	机械系统和通用件
23	流体系统和通用件
25	机械制造
27	能源和热传导工程
29	电气工程
31	电子学
33	电信、音频和视频技术
35	信息技术、办公机械设备
37	成像技术
39	精密机械、珠宝
43	道路车辆工程
45	铁路工程
47	造船和海上建筑物
49	航空器和航天器工程
53	材料储运设备
55	货物的包装和调运
59	纺织和皮革技术

续　表

类号	类目名称
61	服装工业
65	农业
67	食品技术
71	化工技术
73	采矿和矿产品
75	石油及相关技术
77	冶金
79	木材技术
81	玻璃和陶瓷工业
83	橡胶和塑料工业
85	造纸技术
87	涂料和颜料工业
91	建筑材料和建筑物
93	土木工程
95	军事工程
97	家用和商用设备、文娱、体育
99	备用

ICS各级类目均采用纯阿拉伯数字作为标识符号，即每一大类以两位数字表示，二级类以三位数字表示，三级类以两位数字表示。为了醒目易读，各级类号之间用一个小数点隔开。例如：

一级类：	43	道路车辆工程
二级类：	43.040	道路车辆系统
三级类：	43.040.20	照明与信号设备

三、中国标准文献检索

（一）中国标准文献

1989年4月1日，《中华人民共和国标准化法》开始实施。至今已基本上形成了以国家标准为主导，行业标准、地方标准和企业标准相配套的标准体系。

1.标准代号及标准号

（1）国家标准号

我国国家标准的标准号由国家标准的代号、标准发布顺序号和标准发布（制定或修订）年代号组成。如：GB 1806-1986，GB为标准代号，1806是顺序号，1986是制定或修订年份。我国国家标准代号由大写汉语拼音字母构成，见表5-3。

表5-3　国家标准代号

序号	代号	含义	管理部门
1	GB	中华人民共和国强制性国家标准	国家标准化管理委员会
2	GB/T	中华人民共和国推荐性国家标准	国家标准化管理委员会
3	GB/Z	中华人民共和国国家标准化指导性技术文件	国家标准化管理委员会

（2）行业标准号

行业标准号由行业标准代号、标准发布顺序号及标准发布（制定或修订）年代号组成。行业标准代号由国务院各有关行政主管部门提出其所管理的行业标准范围的申请报告，国务院标准化行政主管部门审查确定并正式公布该行业标准代号。已正式公布的行业代号见表5-4。行业标准代号加“/T”表示推荐性行业标准。

表5-4　行业标准代号

序号	行业标准名称	行业标准代号	序号	行业标准名称	行业标准代号
1	教育	JY	30	金融系统	JR
2	医药	YY	31	劳动和劳动安全	LD
3	煤炭	MT	32	民工民品	WJ
4	新闻出版	CY	33	核工业	EJ
5	测绘	CH	34	土地管理	TD
6	档案	DA	35	稀土	XB
7	海洋	HY	36	环境保护	HJ
8	烟草	YC	37	文化	WH
9	民政	MZ	38	体育	TY
10	地质安全	DZ	39	物资管理	WB
11	公共安全	GA	40	城镇建设	CJ
12	汽车	QC	41	建筑工业	JG
13	建材	JC	42	农业	NY
14	石油化工	SH	43	水产	SC
15	化工	HG	44	水利	SL
16	石油天然气	SY	45	电力	DL
17	纺织	FZ	46	航空	HB
18	有色冶金	YS	47	航天	QJ
19	黑色冶金	YB	48	旅游	LB
20	电子	SJ	49	商业	SB
21	广播电影电视	GY	50	商检	SN
22	铁路运输	TB	51	包装	BB
23	民用航空	MH	52	气象	QX
24	林业	LY	53	卫生	WS
25	交通	JT	54	地震	DB

续 表

序号	行业标准名称	行业标准代号	序号	行业标准名称	行业标准代号
26	机械	JB	55	外经贸	WM
27	轻工	QB	56	海关	HS
28	船舶	CB	57	邮政	YZ
29	通信	YD			

（3）地方标准号

地方标准号由地方标准代号、地方标准发布顺序号和标准发布（制定或修订）年代号组成。在《中华人民共和国标准化法》实施之前，地方标准代号用原省（直辖市、自治区）代号加Q组成。现在，地方标准代号由“DB+省（自治区、直辖市）行政区划代码前两位数字”组成。例如，安徽省强制性地方标准代号为“DB34”，推荐性地方标准代号为“DB34/T”。

（4）企业标准号

企业标准号由企业标准代号、标准发布顺序号和标准发布（制定或修订）年代号组成。企业标准代号由汉字“企”大写汉语拼音字母“Q”加斜线再加企业代号组成，企业代号可用大写拼音字母或阿拉数字或两者兼用所组成。企业代号按中央所属企业和地方企业分别由国务院有关行政主管部门或省、自治区、直辖市政府标准化行政主管部门会同同级有关行政主管部门加以规定。示例：Q/企业代号+顺序号+制定或修改年份。

企业标准一经制定颁布，即对整个企业具有约束性，是企业法规性文件，没有强制性企业标准和推荐性企业标准之分。

（二）中国标准文献分类法（CCS）

1984年，国家标准局编制了适合我国国情的标准文献专用分类法——《中国标准文献分类法（试行）》(China Classification For Standards，简称CCS)，它用于除军工标准外的各级标准和有关的标准文献的分类，于1989年正式出版。其类目的设置以专业划分为主，适当结合科学分类。序列采取从总到分、从一般到具体的逻辑系统。类目结构采用二级编制形式。其一级类目共24个（见表5-5），用英文字母表示。二级类目用双位数表示，每个大类下设00～99共100个二级类目。

表5-5　CCS一级类目

类号	类目名称	类号	类目名称
A	综合	N	仪器、仪表
B	农业、林业	P	土木、建筑
C	医药、卫生、劳动保护	Q	建材
D	矿业	R	公路、水路运输
E	石油	S	铁路
F	能源、核技术	T	车辆
G	化工	U	船舶
H	冶金	V	航空、航天
I	机械	W	纺织
K	电工	X	食品
L	电子元器件与信息技术	Y	轻工、文化与生活用品
M	通信、广播	Z	环境保护

（三）中国标准文献数据库

1.国家标准化管理委员会

网址：http://www.sac.gov.cn/

国家标准化管理委员会在其官网上不仅报道国内外标准化工作、标准的制定和修改等信息，还在主页上提供“国家标准全文公开系统”“全国标准信息公共服务平台”，以及“中国标准信息服务网”，方便公众使用。

（1）国家标准全文公开系统

平台网址：http://openstd.samr.gov.cn

国家标准全文公开系统公开了国家市场监督管理总局、国家标准委

2017年1月1日前已批准发布的所有强制性国家标准、推荐性国家标准（非采标）；对国家市场监督管理总局、国家标准委自2017年1月1日后新发布的国家标准，将在《国家标准批准发布公告》发布后20个工作日内公开标准文本，其中涉及采标的推荐性国家标准的公开，将在遵守国际版权政策前提下进行。

强制性国家标准：截至2020年，系统收录现行有效强制性国家标准2000多项。其中非采标1000多项可在线阅读和下载，采标600多项只可在线阅读。

推荐性国家标准：截至2020年，系统收录现行有效推荐性国家标准近4万项。其中非采标2万多项可在线阅读，采标1万多项只提供标准题录信息。

系统提供食品安全、环境保护、工程建设方面的国家标准访问链接：

食品安全：https://sppt.cfsa.net.cn：8086/db

环境保护：http://www.mee.gov.cn/ywgz/fgbz/bz/

工程建设：http://www.mohurd.gov.cn/bzde/index.html

（2）全国标准信息公共服务平台

平台网址：http://std.samr.gov.cn/

全国标准信息公共服务平台提供国家标准、行业标准、地方标准、团体标准、企业标准以及国际标准和国外标准的查询。截至2020年，平台收录67个行业近7万个行业标准，4.5万个地方标准，近8000个团体标准。

2.NSTL中国标准数据库（国家科技图书文献中心）

数据库网址：https://www.nstl.gov.cn/index.html

国家科技图书文献中心（NSTL）的中国标准数据库收录了国家科学图书馆、中国科学技术信息研究所、机械工业信息研究院、冶金工业信息标准研究院、中国化工信息中心、中国农科院农业信息研究所、中国医科院医学信息研究所、中国标准化研究院标准馆、中国计量科学研究院文献馆等单位收藏和提供的中国标准，如图5-18。中国国家标准的颁布以国家市场监督管理总局批准、国家标准化管理委员会发布为准。截至2020年，共收录中国标准近19万条，其内容涉及科学研究、社会管理以及工农业生产的各个领域。在该数据库中检索到记录后，可通过文献传递渠道获取原文。

图5-18　NSTL中国标准数据库检索页面

【案例5-6】通过中国标准化研究院国家标准馆查找标准名称中含有“防火门”关键词的强制国标。

第一步，访问网址：http://www.nssi.org.cn/，点击“资源检索”，进入标准文献检索页面，如图5-19所示；

图5-19　国家标准馆资源检索页面

第二步，在“关键词”字段中输入“防火门”，在“标准品种”中选择“国内”分类下的“国家”，点击下方“检索”按钮；

第三步，检索结果见图5-20，在检索结果列表中可预览相关标准文献。

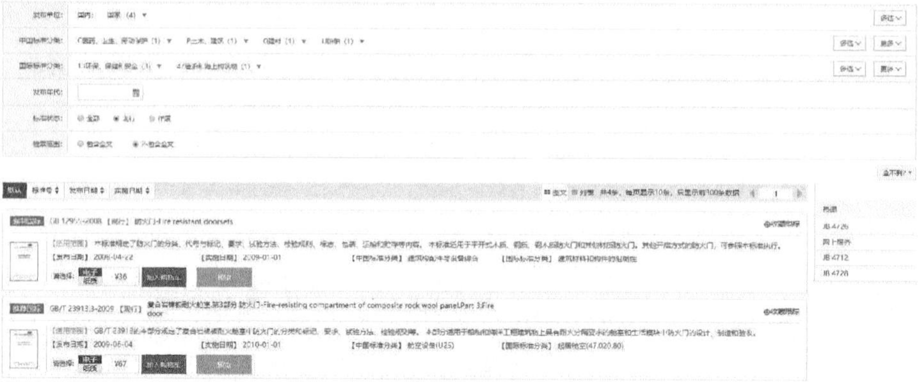

图5-20 国家标准馆检索结果页面

四、国际标准文献检索

国际标准主要是指ISO标准和IEC标准，此外还包括国际标准组织认可的其他27个国际标准组织制定的标准，其数量达1200个之多。

（一）ISO标准

ISO是国际标准化组织的简称。该组织成立于1947年2月23日，总部设在瑞士日内瓦，是世界上最大且最具权威性的国际标准化组织机构，现有成员国近百个。我国于1978年加入该组织。

1.ISO标准代号及标准号

ISO的标准代号为“ISO”，标准号的结构为“ISO+顺序号+发布年份”。

2.检索ISO标准的印刷型工具

《ISO标准目录》是检索ISO标准的主要工具。该目录为年刊，用英、法两种文字出版，此外每年还出版3次目录补充本。

该目录有分类索引、作废标准顺序号索引、现行标准顺序号索引、ISO出版物索引、ISO指南索引、ISO标准手册索引、ISO技术委员会顺序号索引和主题索引等。

分类索引是该目录的主要部分。其著录项目包括分类号、范围名称

（英、法文对照）、国际十进制分类法分类号、标准号、标题（英、法文）、TC号、标准版本、页数、价格代码等。款目按照自编分类体系编排，再按标准号顺序排列。

主题索引则是该目录提供的最重要的索引，按主题词字顺排列，其后给出分类号和页数。

《ISO通报》（ISO Bulletin）：该通报由国际标准化组织编辑出版，为月刊。该刊主要报道各种专题会议消息、技术委员会的活动、各成员国消息以及新出版的国际标准，是最重要的国际标准化杂志之一。

《ISO标准手册》（ISO Standards Handbook）：该手册是一种ISO标准汇编，按专业分册出版。

3.检索ISO标准的网站

网址：https://www.iso.org/home.html

该网站提供该组织标准化活动的背景及最新信息，各技术委员会（TC）、分委会（SC）的目录及活动，国际标准目录（包括各种已出版的国际标准、撤销标准和其他标准出版物），还有对其他标准化组织机构的链接及多种信息服务。用户可以按国际标准分类法、标准名称、关键词、文献号、委员会代码等多种途径进行检索。显示检索结果的项目有标准的国际标准分类号、类号、标准号、标准名称、版次、页数、编制机构、价格等信息。

（二）IEC标准

IEC是国际电工委员会的简称，主要负责制定和批准电工、电子技术领域的各种国际标准。IEC成立于1906年，是世界上最早的国际标准化机构，1947年并入ISO。我国于1957年加入该组织。

1.IEC标准代号及标准号

IEC的标准代号是“IEC”，其标准号的基本结构为“IEC+标准序号+发布年份”。常见有以下几种形式：①IEC+顺序号+年代号，如IEC230—1966；②IEC+顺序号+第一部分+年代号，如IEC268—1—1985；③IEC+顺序号+补充标准+年代号，如IEC127A—1980。

2.检索IEC标准的印刷型工具

IEC标准的主要检索工具是《IEC标准目录》（IEC Catalogue of Publications），该目录为年刊，以英、法两种文字出版。《IEC标准目录》由IEC标准序号目录和主题索引两部分组成。标准序号目录是其正文部分，按标准号顺序排列，著录项目包括标准号、标准制定（修订）年份、标准名称、页数、价格、版次等，有的还有文摘。主题索引按主题词字顺排列，其后列有相应标准号。

3.检索IEC标准的网站

网址：https://www.iec.ch/homepage

该网站可通过输入主题词、标准号、年代、技术委员会（TC）等项目进行模糊检索，可浏览标准号、英文标题、版本、页码、TC、语种、出版日期、文摘、ICS号等信息。另外还可通过浏览ICS列表选择所需标准分类，进入一级类目后可继续选择二级类目，可浏览标准顺序号查找所需标准。同时，IEC网站还提供新出版标准信息、标准作废替代信息等。

（三）ITU标准

网址：https://www.itu.int/zh/Pages/default.aspx

ITU是国际电信联盟的简称。ITU于1865年5月在巴黎成立，主要是为了全球各成员国或地区之间进行电信事业发展和通信合理使用的合作。1947年成为联合国的专门机构，是世界各国政府的电信主管部门之间协调电信事务的一个国际组织，它研究制定有关电信业务的规章制度，通过决议提出推荐标准。通过其网站可以检索ITU制定的相关标准。

第五节　科技报告

一、科技报告概述

科技报告是报道或记录研究工作和开发调查工作的成果或进展情况的一种文献类型，是由研究、设计单位向提供经费资助或支持的单位和组织提交的正式报告。它是以积累、传播和交流为目的，由科研人员按照有关规定和格式撰写，真实而完整地反映科研人员所从事科技活动的内容和经验的特种文献。

科技报告是现代科学技术发展的产物，起源于第二次世界大战，战后发展迅猛，目前已经发展成为科技文献的一大门类。科技报告真实详尽地记录了科研工作过程中的研究、考察、实验结果，报道了科学技术研究的最新进展，反映了科学技术问题的现状和发展趋势，具有很高的学术研究价值。

（一）科技报告的特点

1. 出版形式比较特殊

每份报告都独立成册，篇幅不等，有连续编号，出版发行不规则。

2. 内容详尽、专深

科技报告的内容比较系统，专业性强。不但包括各种研究方案的选择与比较、成功和失败的体会总结，通常还附有大量的数据、图表、公式及实验原始记录。

3. 反映新的科研成果迅速

科技报告发表及时，以科技报告形式反映科研成果一般快于期刊及其他文献，时效性强。

4.发行范围受限

相当一部分科技报告具有保密性，使用范围控制严格，仅有一小部分可以公开或半公开发表。

（二）科技报告的类型

1.按技术内容划分

（1）技术报告（technical report）

用来陈述科技工作者在某一方面研究的进展情况及科研成果；或者阐明某一项研究、制造、试验与评价的结果；或者论述科技问题的现状及发展趋势等。技术报告是研究单位或承包单位向提供经费的部门汇报研究过程、阶段成果和最终成果的正式技术文件，也是科技人员用来与同行交流研究成果的重要手段。

（2）技术札记（technical notes）

研究过程的记录和小结，内容不完整，属于试验研究的第一手资料。

（3）技术备忘录（technical memorandum）

同一领域内科技人员沟通情况用的资料。

（4）技术论文（technical papers）

准备在学术会议或期刊上发表的论文，着重于理论而删除了关键的技术内容。

（5）技术通报（technical bulletin）

对外公布的摘要性文摘。

（6）技术译文（technical translations）

外国有参考价值的翻译文献。

2.按研究进展划分

（1）初步报告

也叫研究计划，是科研人员在研究试验之前写的计划性报告。

（2）进展报告

也叫进度报告，是科研人员向课题的主管部门或资助部门汇报工作进展情况而写的报告，又分为定期报告（季度报告、半年报告等）和不定期报告。

（3）中间报告

报道某项课题研究的若干阶段的工作小结以及对下一阶段的工作建议等。

（4）终结报告

课题结束时撰写的总结性报告。

3. 按流通范围划分

可分为绝密报告、机密报告、秘密报告、非密限制发行报告、非密报告和解密报告。

二、美国政府科技报告及其检索

（一）美国政府科技报告概述

美国在20世纪40年代就设立了专门的机构，从事科技报告的收集、整理、报道和发行工作。美国政府部门出版的科技报告历史悠久，数量巨大。据相关研究，目前全世界每年产生的科技报告在100万件以上，其中仅美国政府科技报告就达80多万份。美国政府科技报告成为世界范围内获取科技报告的重要来源。

美国政府的科技报告种类较多，按其内容及所属系统来划分，最主要的有四大报告：行政系统的PB报告，军事系统的AD报告，航空与宇航系统的NASA报告，原子能和能源管理系统的DOE报告。四大报告涵盖了数、理、化、生、地、天、农、医、工程、航空航天、军工、能源、交通运输、环境保护和社会科学等许多领域，系统全面地记载着美国科技发展的成就与经验，是美国科技信息的重要组成部分。另外，美国政府机构发行的研究报告还有其他许多系列，其中较重要的有COM报告（美国商务部的入藏报告）、E报告（地球资源计划调查报告，多数兼有NASA-CR号）、

ED报告（美国教育资源情报中心的入藏报告）、EIS报告（环境影响陈述报告）、HRP报告（健康资源规划报告）、JPRS报告（出版研究联合服务处翻译的苏联东欧的研究报告）、RAND报告（兰德公司的研究报告）等。

1.PB报告

1945年6月，美国成立商务部出版局（U.S.Department of Commerce Office of Publication Board）负责整理和公布二战中从战败国掠取的内部科技资料，其整理出版的每件资料都编有顺序号，并在顺序号前冠以美国商务部出版局的英文名称（Publication Board）的缩写“PB”作为标识，故被人们称为“PB报告”。PB报告的收集、整理、报道和发行机构几经变化，从1970年9月起，由美国商务部国家技术情报服务局（National Technical Information Services，简称NTIS）负责，并继续使用PB报告号。

PB报告的编号原来采用PB代码加上流水号，1979年底，PB报告编到PB301431。从1980年开始使用新的编号系统，即“PB-年代-报告顺序号”，其中年代用公元年代后的末2位数字表示，且报告的体系有新的变化。

PB报告收录范围也几经变化：20世纪40年代的PB报告（10万号以前）主要是来自战败国的科技资料，内容包括科技报告、专利、标准技术刊物、图纸以及对这些战败国科技专家的审讯记录等；20世纪50年代（10万号以后）主要报道美国政府系统的解密、公开的科技报告及有关单位发表的科技文献；20世纪60年代后的内容逐步从军事科学转向民用工程技术，并侧重于土建、城市规划、环境污染等方面，而电子技术、航空、原子能方面的资料较少，只占百分之几。

就文献类型而言，PB报告包括专题研究报告、学术论文、会议文献、专利说明书、标准资料、手册、专题文献目录等。PB报告均为公开资料，无密级。

2.AD报告

AD报告原是美国武装部队技术情报局（Armed Services Technical Information Agency，简称ASTIA）收集、整理、出版的科技报告，产生于1951

年，由ASTIA统一编号，称为ASTIA Documents，简称AD报告。凡美国国防部所属研究所及其合同户的技术报告均编入AD报告，在国防部规定的范围内发行。当时有一部分不保密的报告，又交给有关部门再编一个PB报告号公布，因此，这部分PB报告与AD报告的内容是重复的。1961年7月起这部分报告直接编AD号公布，不再加编PB号。1963年3月，ASTIA改组为国防科学技术情报文献中心（Defense Documentation Center for Scientific and Technical Information，简称DDC），1979年又更名为国防技术情报中心（DTIC），AD报告名称仍继续使用，但其含义可理解为“入藏文献”（Accessions Document）。

AD报告的文献来源包括了美国海、陆、空三军科研单位在内的与国防有关的各个领域，也涉及公司企业、大专院校，以及国外一些科研机构和国际组织等1万多个单位，其中主要的有2000多个。另外还有一些美国军事部门译自苏联、东欧和中国的译文。AD报告的内容不仅包括军事方面，也涉及许多民用技术领域。AD报告的文献类型有科技报告、期刊文献、会议录。

DTIC（或DDC）收藏和公布的AD报告，密级分为机密（Secret）、秘密（Confidential）、非密限制发行（Restricted or Limited）、非密公开发行（Unclassified）4种。公开报告约占其总数的45%，由NTIS公开发行，每年约公开发行18000件，每年编目公布的有40000余件。AD报告报告号均以AD开头，并根据密级和年代不同，采用不同的号码系统，1975年以后，AD报告编号可归纳为“AD-密级-流水号”。AD报告的密级与编号如表5-6所示。

表5-6　AD报告的密级与编号表

AD编号范围	报告密级	AD编号范围	报告密级
AD-A00001-	A表示公开报告	AD-D00001-	D表示美军专利文献
AD-B00001-	B表示非限制报告	AD-E00001-	E表示临时实验号
AD-C00001-	C表示秘密报告	AD-L00001-	L表示内部限制使用

3.NASA报告

NASA报告是美国航空与宇航局（National Aeronautics and Space Administration，简称NASA）收集、整理、报道和提供使用的一种公开的科技报告。NASA的前身是成立于1915年的美国国家航空咨询委员会（National Advisory Committee for Aeronautics，简称NACA），它是美国最主要的航空科学研究机构。1958年10月，NACA改组为NASA，负责协调和指导美国航空和空间的科学研究。在工作过程中，它所属机构或合同户产生了大量的科技报告，都冠以NASA（NACA）字样，故称为NASA（或NACA）报告。NASA专设科技技术处从事科技报告的收集与出版工作。

NASA报告的内容主要包括航空和空间科学技术领域，同时广泛涉及许多基础学科，主要报道空气动力学、发动机及飞行器结构材料、实验设备、飞行器的制导及测量仪器等，是航空及航天科研工作的重要参考文献。由于航空本身就是一门综合性科学，与机械、化工、冶金、电子、气象、天体物理、生物等学科都有密切的联系，该报告含NASA的专利文献、学位论文和专著，也有外国的文献和译文，因此，NASA报告实际上也是一种综合性的科技报告。

NASA报告号采用“NASA-报告出版类型代码-顺序号”编号，报告的出版类型及其对应的代码如表5-7。

表5-7　NASA-报告的出版类型及代码

出版类型	代码	出版类型	代码
技术报告	TR	技术简讯	Tech Briefs
技术札记	TN	教学用出版物	EP
技术备忘录	TM	会议出版物	CP
合同单位报告	CR	技术论文	TP
技术译文	TT	参考性出版物	RP
专利说明书	Case	特种出版物	SP

4.DOE 报告

DOE 报告名称来源于美国能源部（Department Of Energy，简称 DOE）的首字母缩写。这套报告在较长时间内一直使用 AEC 报告名称，它原是美国原子能委员会（Atomic Energy Commission，简称 AEC）出版的科技报告，累积数量较大。AEC 成立于 1946 年 8 月，1974 年 10 月撤销，建立能源研究与发展署（Energy Research and Development Administration，简称 ERDA）。该署除继续执行前原子能委员会有关职能外，还广泛开展能源的开发研究活动，这样 AEC 报告的报道工作也于 1976 年 6 月宣告结束，被 ERDA 所取代。1977 年 10 月，ERDA 又改组扩大为美国能源部，但原有能源研究报告编码体系保持不变，仍称 ERDA 报告。直到 1978 年 7 月才较多地出现具有 DOE 字码编号的能源研究报告。其文献主要来自能源部所属的技术中心、实验室、管理处及信息中心，其中主要是能源部所属的 8 大管理所、5 大能源技术中心和 18 个大型实验室所产生的科技报告，另外也有一些国外能源部门资料。AEC 报告的内容虽然主要是原子能及其开发应用方面，但也涉及其他各门学科。ERDA 和 DOE 报告的内容已由核能扩大到整个能源领域。

AEC/ERDA/DOE 报告不像 PB、AD、NASA 报告那样有统一编号，它是由各研究机构名称的缩写字母加数字号码构式，由于所属机构较多，编码复杂混乱，难以识别。1981 年开始，美国能源部发行的报告都采用“DE+2 位数字表示的年代+6 位顺序号”的形式，“DE+年代+500000”以上号码则表示从国外收集的科技报告。

（二）美国政府科技报告网络检索

1.NTIS 美国政府报告数据库

数据库网址：https://www.ntis.gov

NTIS 数据库收录以美国政府立项研究及开发的项目报告为主，少量收录西欧、日本及世界各国（包括中国）的科学研究报告。该库 75% 的文献是科技报告，其他文献有专利、会议论文、期刊论文、翻译文献，25% 的文献是美国以外的文献，90% 的文献是英文文献，专业内容覆盖科学技术各个领域。

2.美国政府科学门户网站（Science.gov）

网址：https://www. science.gov

Science.gov是美国最大的政府科学门户网站，由美国能源部主办，由来自美国14个主要科技部门的18个科技信息机构组成的联合工作组开发维护，包括农业部、商业部、国防部、教育部、能源部、健康和公共事业部、环保局、美国航天及空间管理局和美国科学基金会等部门。Science.gov网站最突出的特点是汇集了来自美国政府各部门的大量科技信息资源，是了解美国政府研究开发成果的门户网站。它可以同时搜索14个成员单位的43个科技信息数据库，全文数量高达2亿页。此外，还链接了2000多个精选的科学网站供用户查询。

3.NASA Scientific and Technical Information Program

NASA提供的有关航空、航天方面的丰富的科技报告全文，系统提供以下服务：

①免费检索下载（Scientific and Technical Aerospace Reports，STAR）；

②仅通过订购才能提供服务（Aerospace Medicine and Biology）；

③仅通过订购才能提供服务（Aeronautical Engineering）。

进行检索主页后，单击Scientific and Technical Aerospace按钮，即可进入报告的目录页，可以免费下载《航天科技报告文摘》期刊的全部内容，并提供检索功能。

4.DOE Information Bridge

这里能够检索并获得美国能源部提供的研究与发展报告全文，内容涉及物理、化学、材料、生物、环境和能源等领域。

5.Networked Computer Science Technical Reports Library

该网站收集了世界上许多大学及研究实验室有关计算机学科的科技报告，允许浏览或检索，可以免费得到全文。

6.The Congressional Research Service Report

这是Committee for the National Institute for the Environment的站点，提供

了许多环境方面的报告全文。

7.NBER Working Paper

这里可获得美国国家经济研究局（National Bureau of Economic Research）的研究报告文献。进入主页后，单击最下方的Search按钮后进入检索界面。NBER有4个检索数据库，其中之一是科技报告（Working Paper）。检索时只要输入检索词即可，最终得到的是文摘。

三、中国科技报告及其检索

我国科研成果的统一登记和报道工作是从1963年正式开始的。凡是有科研成果的单位都要按照规定程序上报、登记。国家科委根据调查情况发表科技成果公报并出版《科学技术研究成果报告》。我国出版的这套研究成果报告内容相当广泛，实际上是一种较为正规的、代表我国科技水平的科技报告。它分类“内部”“秘密”“绝密”三个级别。检索我国科技报告的检索工具有《科学技术研究成果公报》（简称《公报》）。

《科学技术研究成果报告》于1963年创刊，1966年停刊，1981年5月复刊。由国家科委科学技术研究成果管理办公室编辑，科学技术文献出版社出版，双月刊，并有年度分类索引，是检索中国科技报告的主要检索工具。我国较大的科研成果，由国务院有关部门推荐，经国家科委科学技术研究成果办公室正式登记，以摘要形式在《公报》上公布。每期文摘款目分类编排，共分4大类：农业、林业；工业、交通及环境科学；医药、卫生；基础科学。每大类按《中国图书馆分类法》的分类号顺序排列，每期最后有“科技成果授奖项目通报”，每年第12期有全年“分类索引”。由于相应的数据库已投入使用，《公报》于1999年停止出印刷版。

我国科技报告的检索工具还有：

（一）国家科技成果网

网址：https://www.tech110.net/

国家科技成果网（简称“国科网”），由科学技术部于1999年创建，科技部火炬高技术产业开发中心管理。经过多年建设，国科网搭建起全国性的科技成果信息服务网络，成为科技成果发布、展示、交流的国家级科技成果信息服务平台。

国科网一直承担全国科技成果登记与统计工作，开展“国家科技成果库”的建设、运行和维护工作，为科技成果管理工作发挥支撑作用，为推动科技成果转移转化提供资源保障。

国家科技成果库目前已收录100万项科技成果，15万研发机构和120万科研人员信息。国家科技成果信息通过全国80多家省、部一级科技管理机构的登记认定，来源于国内主要科研院所、高校、企业和其他研究机构。国家科技成果库内容丰富，信息详实，涵盖国民经济各行各业。

（二）中国科技统计网

网址：https://www.sts.org.cn/

由国家科技统计数据中心主办，该网站提供丰富的科技统计信息，反映科技最新的动态，发布政府最新的科技统计报告。主要有统计调查、统计分析、创新调查、统计资料、地方信息等内容。

[实验项目] 专利文献信息检索

一、实验目的

熟悉专利文献的信息检索及文献获取方法。

了解发明、实用新型或外观设计相似性的判断依据。

了解专利权利要求保护范围的判断依据。

掌握专利时效的判断方法。

二、实验要求

以学习、研究或生活中感兴趣的某个主题设置检索任务，进行需求分析，分别通过国家知识产权局专利数据库和欧洲专利局专利检索系统进行专利文献检索。要求写出：检索课题名称、检索方式、检索表达式、检索步骤、检索结果以及3—5条检索命中记录的题录信息（专利名称、申请号、申请日、公开号、公开日、申请（专利权）人、发明人等）。

三、实验结果

[实验项目] 标准文献信息检索

一、实验目的

熟悉标准文献的信息检索及文献获取方法。

认识各个标准系统收录数据的局限性。

学会识别标准号、发布机构、发布/实施日期和对标准有效性的判断。

二、实验要求

以学习、研究或生活中感兴趣的某个主题设置检索任务，进行需求分析，分别通过国家标准全文公开系统和ISO标准查询系统进行标准文献检索。要求写出：检索课题名称、检索方式、检索表达式、检索步骤、检索结果以及3—5条检索命中记录的题录信息（标准号、标准名称，类别（强制性标准或推荐性标准）、状态（现行或废止）、发布日期、实施日期等）。

三、实验结果

[实训项目] 利用万方数据的中外专利数据库检索有关"5G通信设备"的相关专利信息

一、实训目的

学会利用万方数据资源查找专利文献信息。

二、实训要求

分析检索课题，建立检索式，制定检索策略。

学会使用中外专利数据库的默认检索、高级检索、专业检索功能。

用2个以上的关键词进行组合检索。

对检索结果作简要分析。

三、实训过程

1. 分析检索课题

本课题是针对“5G通信设备”进行的专利检索，目的是从专利申请角度揭示5G通信设备及其相关技术，以便相关人员了解该领域内的专利技术发展情况。

2. 检索策略

检索工具：万方数据知识服务平台的《中外专利数据库》

检索词：5G、通信、设备

检索表达式：题名为“5G”and（“通信”or“通信”）

3. 检索结果分析

该检索表达式的检索结果有2245条（数据验证日期为2021年3月5日）。专利类型：发明专利1440条、实用新型804条、外观设计1条。法律状态：在审1426条、有权815条、无权4条。公开/公行年份：2021年50条、2020年1488条、2019年468条、2018年158条、2017年50条、2016年27条、2015年3条、2014年1条。

4. 扩展分析

如果所要进行的专利检索不是具体某项成果，而是一个较宽泛的范围内的信息，可以尝试使用IPC分类号进行检索，或者使用“逻辑或”等扩大检索范围，这样可以提高检索结果的查全率。

思考与练习

1. 什么是特种文献？请举例说明。

2. 简述学位论文的类别及主要特点。

3. 列举会议文献的检索途径。

4. 专利的种类有哪些？专利文献的特点是什么？专利申请必须具备哪三个条件？

5. 什么是标准？中国标准分为哪四级？GB的含义是什么？

6. 简述四大科技报告。

第六章　网络信息资源与搜索引擎

计算机技术与网络通信技术的发展造就了互联网，互联网的快速发展和普及给我们带来了丰富的信息。网络上的信息呈现出爆炸式的增长态势，但互联网的开放性也不可避免地引发了网络信息无序、异构、分散和动态的特性。没有人对互联网上信息的有效性和有序性负责，因此如何在复杂多变的网络环境中获取及时、准确并且有价值的信息，是一个大问题，也是提高网络信息资源利用效率的关键。目前解决这一问题的最佳途径是利用搜索引擎（Search Enginc）。

第一节　网络信息资源

一、网络信息资源的概念

网络信息资源（Network Information Resource）是指以数字化形式记录、以多种媒体形式表达、分布式存储在互联网不同主机上，并通过计算机网络通信方式传递的信息资源的集合。具体来说即指所有以电子数据形式把文字、图像、声音、动画等多种形式的信息存储在光、磁等非纸介质的载体中，并通过网络通信、计算机或终端等方式再现出来的资源，是由计算机技术、通信技术、多媒体技术互相融合而形成的，在互联网上可查找、利用的信息资源。

网络是当今获取信息的最主要途径，也是全球范围内传播科研、教育、商业和社会信息的最主要渠道。从时间和空间上来说，网络对用户没有任何限制，覆盖全球，24小时不间断；就信息符号而言，网络采用宽频传输文字、图像、影视、音频等多种媒体；就服务而言，网络提供的信息服务包括数据库、文本、电子邮件、文本传输、电子公告牌、电子论坛、博客等；就检索技术而言，网络采用人工智能、专家系统、超文本、友好交互界面等，使用户可方便地访问网上的各种信息资源。因此，无论在服务内容、方式、深度、广度、效果和效益方面，网络信息资源几乎胜过了以往所有传统的信息资源，成为人们查找信息的首选目标。

二、网络信息资源的类型

网络信息资源的类型繁杂、形式多样，按照不同的分类标准，可以将网络信息资源分为不同的类型。

（一）按网络信息资源的生产途径和发布范围划分

1.正式出版信息

正式出版信息，是指由正式出版机构或出版商、数据库商出版发行的，受到知识产权保护、质量可靠以及利用率较高的知识性、分析性的信息。此类信息资源在数字学术信息资源中占较大比例，包括各类数据库和电子期刊、电子图书。这类信息资源虽然学术信息含量高，便于检索利用，但绝大部分并不是免费向公众开放，必须购买其使用权才能使用。

2.半正式出版信息

半正式出版信息，又称“灰色”信息资源，指受到一定产权保护但没有纳入正式出版系统中的信息，包括各类学术团体、教育机构、政府机构、行业协会、商业部门等在网上正式发布的网页及其信息。此类信息资源还包括教育机构、图书馆、学术团体的特色收藏制作，例如教师的教学课件、课题组的项目记录等，这些资源价值高但只在一定范围内分不同层次发行。

3. 非正式出版信息

非正式出版信息，是指流动性、随意性较大，信息质量难以保证和控制的动态性信息，例如FTP资源、博客、播客、BBS、邮件讨论组、网络新闻组等。

（二）按信息的表现形式和内容划分

1. 全文型信息

指直接在网上发行的电子期刊、网上报纸、电子图书、印刷型期刊的电子版、政府出版物、标准全文等。

2. 事实型信息

指各学科名词术语、事件、人物、机构名称、公式、天气预报、节目预告、交通信息、城市或景点介绍、工程实况、IP地址等。

3. 数值型信息

主要是指各种统计数据。

4. 数据库类信息

如中国知网、万方知识服务系统、DIALOG等，是传统数据库（如光盘数据库）的网络化。

5. 微信息（Web2.0特征）

如博客、微博、微信、BBS、邮件讨论组、网络新闻组等。

6. 其他类型

如投资行情和分析、图形图像、影视广告等。

（三）按信息加工形式划分

1. 网络资源指南和搜索引擎

网络资源指南是按主题的等级排列的主题类目索引，类别目录按一定的主题分类体系组织，排列方法有字顺法、时序法、地序法、主题法等，或是各种方法综合使用。用户通过逐层浏览类别目录、逐步细化的方式来寻找合适的类别直至具体资源。

搜索引擎强调的是其检索功能，能提供布尔逻辑检索、短语或邻近检索、模糊检索、自然语言检索等方式查询信息。

2.联机馆藏目录

网络上有许多机构提供馆藏书目信息、中外文期刊联合目录信息，其中包括各图书馆和信息机构提供的联机公共检索馆藏目录（OPAC）、地区或行业的图书馆的联合目录等。

3.网络数据库

网络数据库包括综合性和专业性期刊数据库、专利数据库等信息资源。这类信息资源可分为商业性和非商业性的数据库。商业性数据库由专门的信息机构或公司专业制作和维护，信息质量高，是专业领域内常用数据库。非商业性数据库可免费使用，用户以较低的成本可获得所需的信息。

4.电子出版物

由于网络信息传播速度快，越来越多的出版商开始注重网上报刊发行。目前，国内外的许多出版商和信息服务商已发展成为网络出版商和服务商，进入电子出版行业。电子出版物有电子图书、电子期刊和电子报纸等。

5.网络参考工具书

网络中许多参考资料是可以免费使用的，各种参考工具书已成立专门的网站或制成参考工具网络数据库的形式在网上提供给用户使用。

6.软件资源

指各种共享和不共享的软件，以及关于软件的信息与资源。

7.其他动态信息

其他动态信息包括各级政府机构、高等院校、团体、公司在网上发布的新闻、政策法规、广告、消息、研究成果、产品目录、通知以及基于交流组的实时交流信息等。

三、网络信息资源的特点

网络信息资源在数量、结构、分布、传播范围、类型、载体形态、内涵、控制机制、传输手段等方面都与传统的信息资源有着明显的差异，呈现出许多新的特点。

（一）数量巨大，增长迅速

互联网是一个开放的信息平台，任何机构、任何个人都可以将自己拥有的且愿意共享的信息发布到网上。受网络用户信息需求驱动，网上信息资源的数量迅速增长。

（二）内容丰富，形式多样

互联网是信息的海洋，信息内容几乎无所不包，覆盖了不同学科、不同领域、不同地区、不同语言的信息资源。在形式上，网络信息包括了文本、图像、声音、照片、图形、动画、电影、音乐、软件、数据库等。但由于网络信息的发布具有较大的随意性，缺乏必要的过滤监督、质量控制和规范管理，大量网络垃圾存在，导致网络信息良莠不齐。

（三）时效性强，动态性高

网络信息更新快，时效性强，各种信息处于不断生产、更新、淘汰的状态，不仅如此，它所链接的网站、网页也都处在时刻变化之中，使得网络上的信息瞬息万变。网络信息的不稳定性、动态性和不确定性高，很大程度上增加了网络信息资源管理和检索的难度。

（四）数字化存储，共享程度高

网络信息以数字化形式存储在互联网不同网络主机上，并通过互联网广泛传播。网上免费资源丰富，有效地刺激了用户的信息需求。由于网络信息存储形式及其数据结构的通用性和开放性的特点，在网络环境下，对于信息利用的时空范围得到了最大限度的延伸和扩展，不同的用户可以同时共享同一份信息资源。

（五）信息呈非线性结构，具有交互性

网络信息的分布虽然相对分散和无序，但网络按知识单元及其关系建立起立体网络结构，借助超文本和超媒体链接技术，通过各个知识点将整个网络上的相关知识链接起来，突破了传统的知识线性组织的局限，使得信息利用变得方便快捷，阅读信息时可以跳跃进行。

四、网络信息资源的组织方式

网络信息资源的无序，给用户利用网络信息带来了极大不便。为提高网络信息资源的有序性和易用性，人们采取了各种措施对其进行有效的组织。所谓网络信息组织是指人们根据网络信息本身的特征（或属性），运用各种工具和方法，对网络信息进行加工、整理、排列、组合，使之有序化、系统化、规范化，从而有利于网络信息的存储、传播、检索、利用，以满足人们的网络信息需求的活动过程。

从结构上看，网络信息资源的组织方式可以划分为三个层次，分别是对网上一次信息、二次信息和三次信息的组织与管理。

（一）网上一次信息的组织方式

网上一次信息，即指互联网上存在的没有经过加工的原始信息，如各种一次文献的电子版（或数字版），包括报刊文章、会议文献、档案资料、新闻报道、产品介绍等。这些网络文献多数以文本网页的形式存在于网上，但未加以整理和序化。其组织方式有：

1. 文件方式

文件方式是网上数字化信息资源的一种主要存储形式。以文件方式来

管理和组织网络信息资源简单方便，是存储图形、图像、图表、音频、视频等非结构化信息的天然单位。组织网络信息资源可以利用计算机技术里的一整套文件处理的理论和技术，而且互联网也提供了一些协议来帮助用户利用那些以文件形式保存和组织的信息资源。但是文件方式对于结构化信息则难以实现有效控制和管理，并且随着网络信息资源的飞速增长，以这种方式传输信息会使网络负载越来越大。而且当信息结构较为复杂时，文件系统难以实现有效的控制和管理。因此，文件方式只能是组织网络信息资源的辅助方式。

2. 超媒体方式

超媒体技术是超文本与多媒体技术的结合。它将文字、表格、声音、图像和视频等多媒体信息以超文本方式组织起来，使人们可以通过高度链接的网络结构在各种信息库中自由航行，找到所需要的任何媒体信息。以超媒体技术组织信息，形成一种非线性的网状结构，具有良好的包容性和可扩充性；可组织各类媒体的信息，方便描述和建立各媒体信息之间的语义联系，超越了媒体类型对信息组织与检索的限制；通过链路浏览的方式搜寻所需信息，避免了检索语言的复杂性，具有较高的灵活性。基于超媒体的种种优点，它已成为互联网上占主流地位的信息组织与检索方式。但是由于采用浏览的方式进行信息搜寻，当超媒体信息过于庞大时，很难迅速而准确地定位于真正需要的信息节点上，难以避免信息“迷航”现象。

3. 数据库方式

所谓数据库方式，就是将互联网信息资源以固定的记录格式存储，并提供一些检索入口。用户通过检索入口，就可以找到所需要的信息线索，并利用超链接功能直接链接到相关站点或一次信息。这是近年来比较流行的网络信息资源组织方式。面向结构化的信息处理，这种方式能够减少网络信息的冗余和不一致现象，提高用户的利用效率和方便性。但它对网络环境中日益增加的多媒体信息及表格、程序、大文本等非结构化信息的组织困难较大，无法处理复杂的信息单元，缺乏直观性和人机交互性。

（二）网上二次信息的组织方式

网上二次信息，即指对网上一次信息进行再次组织而构建的各种检索工具，如网络版目录、书目、指南、文摘、题录、网上信息资源索引库和搜索型工具（搜索引擎、搜索软件、搜索代理、网址目录等）。其特点是依据一定的方法将分散、无序的网上一次信息加以整理、归纳，揭示其特征，形成有组织、有序化的信息系统。其组织方式有：

1. 搜索引擎方式

搜索引擎是互联网上对网上二次信息进行信息组织的主要形式，其实质是一种报道、存储网上一次信息的检索工具。这种方式的优点是由自动索引软件生成数据库，收录、加工信息的范围广、速度快，能及时地向用户提供新增信息。检索时直接输入关键词或词组、短语，无需判断类目归属，比较方便。这种方式的缺点是由于信息标引过程缺乏人工干预，因此准确性较差；检索软件的智能化程度不高，导致检索误差较大；虽一次检索输出的信息很多，但会包含许多重复、虚假信息，即检索噪声大。

2. 主题树方式

所谓主题树方式，就是将所选定学科领域的所有已获得的信息资源按照某种事先确定的概念体系结构，分门别类地逐层加以组织。用户通过浏览的方式逐层加以选择，直到找到所需要的信息线索（即相关站点链接），进而找到相应的网络信息资源。这种方式的优点是界面友好，易于使用，查准率高。现有的提供目录分类式（或称主题指南、列表浏览）查询功能的搜索引擎就是采用这种方式组织信息。这种方式的缺点是采用的分类体系的结构不能过于复杂，每一类目下细分的主题不宜过多，无疑限制了其所能容纳的互联网信息资源的数量。

3. 数字图书馆方式

数字图书馆是基于现代高新技术的数字信息资源系统。具体来说，其涉及数字化技术、超大规模数据库技术、网络技术、多媒体信息处理技术、信息压缩与传送技术、分布式处理技术、安全保密技术、数据仓库与联机分析处理技术、信息抽取技术、数据挖掘技术、基于内容的检索技术和自然语言理解技术等。数字图书馆的含义很广，它不是简单的互联网上的图书馆主页，而是通过互联网连接起来的数字资源库群，是实行分布式管理的信息和知识共享的计算机系统。其主要特征是多媒体数字化资源，跨平台、跨语种、网络化存取，计算机系统分布管理和智能化服务。主要目的是对存储的信息资源进行高效、深层次的加工处理，实现信息和知识资源的共享。

（三）网上三次信息的组织方式

网上三次信息，即指在网上一、二次信息资源的基础上，通过评价、筛选和按不同功能组织加工所形成的信息产品。这类高度集约化的信息集合体是利用网络二次信息对网络一次信息加工的结果。其信息组织结构由标识数字信息以利存取的指针、描述数据内容特征与其他特征的元数据和作为信息实体的数据三部分组成。经过鉴定核实和合理组织，能够提供检索、浏览和链接。这类资源存储在不同的数据服务器上，借助于分布式数据库技术、通信技术和计算机网络技术，可不受时空限制地向用户提供服务。其组织方式有：

1.学科信息门户方式

这种方式是根据特定的目标，选定信息资源的学科领域，对有关的网站网页进行搜索和收集，加以鉴定核实，并对核实后的网址进行合理组织，使之能够提供检索、浏览和链接的信息集合。它与搜索引擎的主要区别在于，其搜集的资源专题性和学科性更强，通常是由该学科研究领域的专家经过筛选、标引、注解和评价的有关这一领域高质量的信息资源，从而保证用户获得“所要即所得”的信息。学科信息门户提供浏览检索的途径较搜索引擎多，且能提供更严谨的字段限制检索和概念检索，更适应专业用户的需求。但是，由于学科信息门户主要使用受控语言来组织网络资源，因此不具备搜索引擎索引资源涉及面广、检索覆盖率高的特点，相比之下搜集的资源相当有限。

2.元搜索引擎方式

元搜索引擎是将多个搜索引擎集成在一起，提供一个统一的检索界面。用户输入检索需求时，系统将检索提问同时发送给多个搜索引擎，同时检索多个数据库，再经过聚合、去重之后输出检索结果。其优点在于，使用元搜索引擎，可以同时检索多个搜索引擎的数据库，并获得有序的、可点击的结果。但人们使用后也会发现其存在着明显的缺点，即由于元搜索引擎是将多个搜索引擎集成在一起，而不同的搜索引擎的检索机制、所支持的检索算法、对提问式的解读等均不相同，将它们集中在一起进行并行检索得到的检索结果的准确性相对较差，检索速度也较慢。

五、网络信息资源的检索方法与技术

（一）网络信息检索的基本方法

要在互联网上获取信息，用户首先必须要知道这些信息存储在哪里，也就是说要知道提供这些信息的服务器在互联网上的地址（即URL）。然后通过该地址去访问服务器提供的信息。网络信息资源的检索方法主要有以下几种：

1.基于超文本的信息检索——浏览

浏览一般是指超文本文件结构的信息浏览，即用户在阅读超文本文档时，通过文档中的超文本链接逐步遍历庞大的互联网，从一个WWW服务器到另一个WWW服务器，从一个网页到另一个相关网页，从一个目录到另一个目录，从一篇文章到另一篇文章。

浏览是在互联网上发现和检索信息的一种最基本的方式。用户在利用浏览模式进行检索时，只需以一个节点（网络主页）作为入口，根据节点中文本的内容了解嵌入其中的热链（超链接）指向的主题，“顺链而行”，然后选择自己感兴趣的节点进一步搜索。这种检索方法的特点是不依靠任何检索工具，检索的目的性不强，检索结果具有不可预见性。随着Web服务器的急剧增加，通过一步步浏览来查找所需信息已非常困难。

2. 基于目录的信息检索

为了加强对网络信息资源的组织和管理，使大量有价值的信息纳入一个有序的组织体系，以便于用户快捷地查询到所需要的信息，信息加工人员基于对网络信息资源进行采集、筛选、评价、组织，开发出可供用户浏览和检索的多级主题分类体系。基于目录的信息检索，即用户通过浏览其分类目录索引数据库，在目录体系上下位类的从属、并列等关系引导下层层递进，不断深入，最终查询到所需的信息。

这种方法主要适用于以下两种情况的检索：①当进行较为笼统的主题浏览和检索时，用户可从等级目录中任意选择检索范围，对这些不同深度的主题类目进行浏览和检索。②当对某一类型的信息资源的描述不确定或者尚未形成精确的检索概念时，用户通过浏览目录型网络资源检索工具的分类体系，就可获取较为全面、系统的相关信息。

但是，这种方法也存在一定的局限性，由于网络信息资源的快速增长，信息加工人员无法做到及时对其分类体系进行维护和更新，且用户也容易受到资源标引者分类思想的限制。

3. 基于搜索引擎的信息检索

这是较为常规、普遍的网络信息检索方法。搜索引擎是提供给用户进行关键词、词组或自然语言检索的工具。用户提出检索要求，搜索引擎代替用户在数据库中进行检索，并将检索结果提供给用户（在网络上的一系列节点地址）。它一般支持布尔检索、词组检索、截词检索、字段检索等功能。利用搜索引擎进行检索的优点是：省时省力，简单方便、检索速度快、范围广，能及时获取新增信息。其缺点在于：由于搜索引擎采用计算机软件自动对信息进行加工、处理，且检索软件的智能性不是很高，造成检索的准确性不是很理想，与人们的检索需求及对检索效率的期望有一定差距。

（二）网络信息资源的主要检索技术

随着计算机和网络技术的发展，越来越多的全文数据、事实数据、图像数据、音频视频数据等多媒体信息资源遍布网络，给人们带来获取信息方便的同时，也带来了信息检索的困难。因此，网络信息检索技术也要求随之发展，下面介绍几种主要使用的检索技术。

1.全文检索技术

全文检索技术最早出现于20世纪50年代。经过几十年的发展，特别是随着计算机技术的发展和应用，全文检索已从最初的字符串匹配演进到能对超大文本、图像、音频、视频等非结构化数据进行综合管理的复合技术。全文检索技术的新颖之处在于：它可以使用原文中任何一个有实际意义的词作为检索入口，而且得到的检索结果是源文献而不是文献线索。

全文检索系统必须具有一个全文数据库，全文数据库是将一个完整的信息源的全部内容转化为计算机可以识别、处理的信息单元而形成的数据集合。全文数据库的特点在于：信息量大，其包含的信息基本上是未经加工的、详尽的、客观的原始信息；信息检索的灵活性和适应性，文本中任何字符或字符串都可以作为检索入口点，且能处理结构化和非结构化等各类文本数据；检索语言的自然性，不做人工标引，可使用自然语言进行检索；数据相对稳定等。因此，与传统的检索系统相比，全文检索系统具有查全率较高、计算机自动标引、检索功能强大、灵活性强等特点。同时，全文检索系统也存在一些问题，如查准率较低。一方面，全文检索系统在检索过程中可能对同一页面重复检索，即同一检索词检索出的多条检索结果可能是同一个地址，影响查准率；另一方面，由于全文检索技术的全词匹配和词语本身的特点，只要检索词出现在文本中就能被检出，也会导致查准率不高。查准率较低会带来检索结果过多，使得用户很难从海量的检索结果中去甄选质量较高的信息。

从检索技术本身来看，全文信息检索未来的发展趋势是如何更好地解决词语的切分、语义理解以及句法理解等问题，提高全文检索系统的性能，乃至实现具有学习、分析、理解、推理机制的智能化和基于知识库的信息检索系统。

2.多媒体信息检索技术

多媒体信息检索技术包括对音频信息和视频信息的检索。音频信息的检索方法分为以下三种：①语音检索，即以语音为中心的检索，采用语音识别等处理技术，例如电台节目、电话交谈、会议录音等；②音乐检索，即以音乐为中心的检索，利用音乐的音符和旋律等音乐特性来检索，例如检索乐器、声乐作品等；③音频检索，即以波形声音为对象的检索，这里的音频可以是雨声、鸟叫等各种声音，也可以是语音和音乐等，这些音频都统一用声学特征来检索。

对于视频信息的检索，主要有视频分割、关键帧提取、场景变换探测以及故事情节重构等问题。视频是一组图像按时间有序连续的表示，它与图像序列、时间关系有关。视频数据可用幕景、场景、镜头、帧等描述。视频信息的检索方法主要有：基于关键帧的检索，用户可以用目标特征说明的直接查询、可视实例的查询和指定的特征集查询等多种方法，在数据库中直接检索；基于运动的检索，即基于镜头和视频对象的时间特征进行检索；浏览，一般采用分层结构和集束分类技术。

为提高多媒体信息的检索效率，可以将基于关键词的检索与基于内容的检索有机地结合起来。

3.超文本及超媒体检索技术

超文本及超媒体检索技术是20世纪80年代末期发展起来的。超文本检索就是把有关的信息或资源通过超链接联系起来，检索时可以借助超链接实现相关信息的阅读。超媒体是基于超文本支持的多媒体。超媒体检索不但注重所要管理的信息，而且更注重信息之间关系的建立与表示。

超文本/超媒体检索技术还存在一些缺陷：信息以超文本方式链接，用户检索的主动性变为被动性，导致检索过程中含有极大的盲目性和偶然性；在链接的过程中容易偏离检索目标，导致检索“迷航”。因此，超文本与超媒体检索技术还处在发展完善中，从当前的情况看，其发展趋势表现为：

由超文本向超媒体发展。这是检索技术发展的进步，也是技术发展的必然。超文本向超媒体的转变不仅是将文本媒体扩展到其他媒体，而且还要使系统能自动判断媒体类型，并执行相应的操作。

由超媒体向智能超媒体发展。现有超媒体系统仍是一种被动的信息存储与检索系统，它具有定义、存储、浏览的功能，但不具有推理机制和学习机制。如能结合人工智能方法，建立超媒体系统的智能机制，这样就能打破常规超媒体文献内部和它们之间严格的链的限制。在超媒体的链和节点中嵌入知识或规则，允许链进行计算和推理，使得多媒体信息的表现智能化，给用户的检索提供主动的帮助和多层次的有针对性的导航。

由超媒体向开放超媒体发展。当前对于超媒体系统的研究大多限于封闭的和特定的应用领域，开放性已成为超媒体领域最重要的研究方向。实现开放性的重要基础是超媒体的结构信息和内容信息的分离。

4.智能信息检索技术

全文检索解决了一般非结构化文字信息内容的查询问题，有效解决了数据库管理系统不能很好查询非结构化信息的问题。但是全文检索仍然存在很多问题，需要进一步发展，以提高其检索的准确度。智能检索技术就是其发展的方向之一。

智能检索技术是采用人工智能进行信息检索的技术，它模拟人脑的思维方式、分析用户以自然语言表达的检索请求，自动形成检索策略进行智能、快速、高效的信息检索。智能检索技术主要体现在语义理解、知识管理和知识检索三个方面。与传统的信息检索技术相比，智能信息检索的最大特点是在检索过程中引入了资源对象的语义处理，它利用语义分析模块自动智能分词，进行用户请求和知识库“数据”的语义理解，最终把知识库中匹配的信息筛选、整序后提供给用户。

可以说，智能化是网络信息检索未来发展的主要方向，随着网络用户对检索的精度、效率要求的不断提高，网络信息检索必须重视提高其在检索功能和服务上的智能化程度。

5.可视化信息检索技术

可视化信息检索是将信息资源、用户提问、信息检索模型、检索过程以及检索结果中各种不可见的内部语义关系转换成图形，显示在一个二维、三维或多维的可视化空间中，帮助用户理解检索结果、把握检索方向，以提高信息检索的效率与性能。它是可视化技术在信息检索领域的应用。

信息检索可视化的基础是计算机图形学和认知心理学。认知心理学揭示了人类感知和认识世界的方式，为信息检索提供可视化理论指导；计算机图形学提供了可视化实现工具。可视化技术不仅在揭示信息资源的广度与深度上有很大的优势，而且它能够将隐藏在信息资源内部的、复杂的、抽象的语义以直观的图形方式呈现给用户。可视化检索认为，用户的需求并非一开始就是明确、清晰的，检索的过程中用户有可能获得新的知识、非预期的检索方向，并随时调整自己的检索需求与策略，经过反复检索最终获得所需的信息。

6.跨语言信息检索技术

近年来，网络的普及使人们不受时空限制方便快捷地获取各种信息，但网络语言的多样化和用户所掌握语言的差异性与有限性却导致了自由获取信息的困难。为消除信息资源利用中的语言障碍，跨语言信息检索（Cross Language Information Retrieval，简称CLIR）技术被提出来，即允许用户以自己所掌握的某一种语言构造检索提问式，检索系统根据用户的检索要求在其他不同语种的信息（包括文本、语音、图像等）中进行自动搜索，得到的检索结果甚至可以翻译成用户指定的语种。例如，用户用中文表示的检索条件，检索出来的文档集不仅有中文，而且有英文、俄文、日文等，检索结果用描述检索条件的语言（即中文）表示，提高了查全率。

跨语言信息检索早在20世纪70年代初期就已提出，从当前的研究来看，跨语言信息检索是信息检索领域的一个新的课题。随着网络应用的普及和互联网上各种语言数据的迅猛增长，人们对跨语言信息检索的需要也日益迫切。由于跨语言信息检索是正处于研究中的新兴技术，因此当前跨语言信息检索的查准率低，检索效果并不是很理想，还有很多亟待开发研究的领域和需要解决的问题。其研究重点主要集中在翻译所需语言资源、翻译歧义性消除等几个方面，而跨语言信息检索多种实现方法的融合是未来的发展趋势。相信随着网络技术的发展，跨语言信息检索的功能会更强大，支持的语种更加丰富，翻译和检索的效果更加完善。

第二节　搜索引擎

搜索引擎是伴随着互联网爆炸式的发展而诞生的，主要是帮助网络用户在信息的海洋里找到所需的资料。现如今，搜索引擎是网络信息资源检索与利用的核心工具。搜索引擎的出现，逐渐改变着我们的生活习惯和思维方式，很多问题，只需要搜一下，你就知道；很多信息资源，只需要搜一下，就可获取。

一、搜索引擎的定义和历史

搜索引擎是一种Web应用的软件系统，它根据一定的策略、运用特定的计算机程序从互联网上搜集信息，在对信息进行组织和处理后，为用户提供检索服务。搜索引擎实际上就是对互联网站点资源和其他网络资源进行标引并提供检索服务的服务器或网站，是一个基于互联网的信息搜集、信息组织和用户查询的平台。

现代意义上的搜索引擎的先驱是1990年在蒙特利尔大学开发的基于FTP的文件查询系统Archie。时至今日，搜索引擎大致经历了四代的发展。

第一代搜索引擎：1994年春天第一代真正基于互联网的搜索引擎Lycos诞生，它以人工分类目录为主，代表厂商是Yahoo。特点是人工分类存放网站的各种目录，用户通过多种方式寻找网站。

第二代搜索引擎：随着网络应用技术的发展，用户开始希望对内容进行查找，出现了第二代搜索引擎，也就是利用关键字来查询。最具代表性最成功的是Google，它建立在网页链接分析技术的基础上，使用关键字对网页搜索，能够覆盖互联网的大量网页内容，该技术可以在分析网页的重要性后，将重要的结果呈现给用户。

第三代搜索引擎：随着网络信息的迅速膨胀，用户希望能快速并且准确地查找到自己所要的信息，因此出现了第三代搜索引擎。相比前两代，第三代搜索引擎更加注重个性化、专业化、智能化，使用自动聚类、分类等人工智能技术，采用区域智能识别及内容分析技术，利用人工介入，实现技术和人工的完美结合，增强了搜索引擎的查询能力。第三代搜索引擎的代表是Google，它以宽广的信息覆盖率和优秀的搜索性能为发展搜索引擎的技术开创了崭新的局面。

第四代搜索引擎：随着信息多元化的快速发展，通用搜索引擎在目前的硬件条件下要得到互联网上比较全面的信息是不太可能的。这时，用户就需要数据全面、更新及时、分类细致的面向主题的搜索引擎。这种搜索引擎采用特征提取和文本智能化等策略，相比前三代搜索引擎更准确有效，被称为第四代搜索引擎。

搜索引擎出现至今，虽然它的基本工作原理已经相当稳定，但是在质量、性能和服务方式等方面的提升空间依然很大，研究成果层出不穷。

二、搜索引擎的工作原理

搜索引擎的实现首先应具备从互联网上自动收集网页的能力，即拥有通常所说的“蜘蛛”（Spider）系统以及实现所收集网页内容信息的全文检索系统。一个完整的系统还应包括检索结果的页面生成系统，就是把检索结果高效地借助网络页面展示给用户。搜索引擎由搜索器、索引器、检索器和用户接口四个部分组成。搜索引擎的工作原理如图6-1所示。

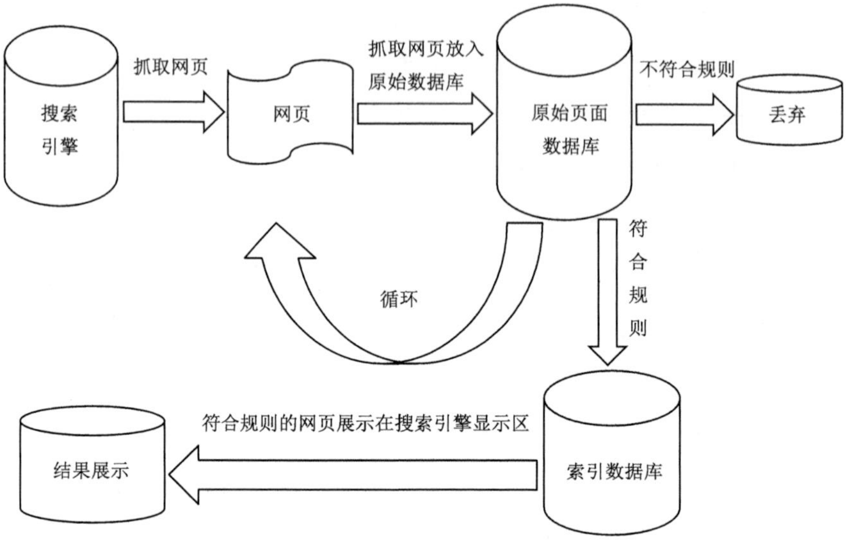

图 6-1　搜索引擎工作原理

搜索器根据既定的检索策略在互联网中发现和搜集各种类型的新信息，同时定期更新原有信息，采用分布式和并行计算技术实现。索引器则从搜索器搜索的信息中抽取信息生成索引倒排表，并赋予表示文档区分度和查询结果相关度的权值，方法一般有统计法、信息论法和概率法。短语索引项的提取方法有统计法、概率法和语言学法。索引器可以采用集中式索引算法或分布式索引算法，在数据量很大时，应支持即时索引（Instant Indexing），搜索引擎的成功与否很大程度上取决于索引的质量。检索器根据用户的查询要求在索引库中快速匹配文档，对将要输出的结果进行排序，并实现某种用户相关性反馈机制。用户接口界面供用户输入查询，并显示匹配结果，用户接口的设计和实现应适应人类的思维习惯。

搜索引擎首先由搜索器的“蜘蛛”程序周期性或者按照既定算法分布式并行在互联网中搜索和发现信息，同时将新发现的或者需要更新的页面存到数据库服务器。然后索引器将提取数据库中的有用信息，重新组织后建立索引库。最后则是检索器从用户接口得到用户的检索命令，快速从索引库中检索出文档，按照默认的评价体系评价匹配结果，并将结果排序后借助用户接口反馈给用户。

从搜索引擎的工作流程可以看出，搜索引擎并不是真正搜索实时的互联网，它搜索的实际上是预先整理好的网页索引数据库。而搜索引擎的工作是分成三步进行的：从互联网上抓取网页→建立索引数据库→在索引数据库中搜索排序。

（一）从互联网上抓取网页

利用能够从互联网上自动收集网页的Spider程序，自动访问互联网，并沿着任何网页中的所有URL爬到其他网页，重复该过程，并把爬过的所有网页收集回来。搜索引擎的Spider程序一般要定期重新访问所有网页（各搜索引擎的周期不同，也可能对不同重要性的网页有不同的更新频率），更新网页索引数据库，以反映出网页文字的更新情况，增加新的网页信息，去除死链接，并根据网页文字和链接关系的变化重新排序。这样，网页的具体文字变化情况就会反映到用户查询的结果中。

（二）建立索引数据库

由索引分析系统程序对收集回来的网页进行分析，提取相关网页信息（包括网页所在URL、编码类型、页面内容包含的所有关键词、关键词位置、生成时间、大小、与其他网页的链接关系等），根据一定的相关度算法进行大量复杂计算，得到每一个网页针对页面文字中及超链中每一个关键词的相关度（或重要性），然后用这些相关信息建立网页索引数据库。

（三）在索引数据库中搜索排序

当用户输入关键词搜索后，由搜索系统程序从网页索引数据库中找到符合该关键词的所有相关网页。因为所有相关网页针对该关键词的相关度早已算好，所以只需按照现成的相关度数值排序，相关度越高，排名越靠前。

三、搜索引擎的分类

搜索引擎按信息收集方式的不同主要分为四类：全文搜索引擎、目录索引类搜索引擎、元搜索引擎、垂直搜索引擎。

（一）全文搜索引擎

全文搜索引擎（Full Text Search Engine）是名副其实的搜索引擎，国外具有代表性的有Google、AltaVista、Inktomi、Teoma等，国内知名的有百度、有道、360搜索等。它们从互联网上提取各个网站的信息（以网页文字为主），建立起数据库，检索与用户查询条件相匹配的记录，并按一定的排列顺序返回结果。

根据搜索结果来源的不同，全文搜索引擎可细分为两类。一类是拥有独立的俗称为“蜘蛛”（Spider）、“爬虫”（Crawler）或“机器人”（Robot）的程序（这三种称法意义相同），拥有检索程序（Indexer），并能够自建网页数据库，搜索结果直接从自身的数据库中调用，上面列举的Google、百度等就属于此类。另一类则是租用其他搜索引擎的数据库，并按自定的格式排列搜索结果，如Lycos搜索引擎。

全文搜索引擎的优点是信息量大、更新及时、不需要人工干预。其缺点是返回的信息量过大，存在大量冗余信息，用户必须从结果中进行筛选。

（二）目录索引类搜索引擎

目录索引类搜索引擎（Search Index/Directory）是以人工方式或半自动方式收集信息，人工形成信息摘要，并将信息存储在事先确定好的分类框架中。目录索引类搜索引擎提供目录浏览服务和直接检索服务。目录索引虽然有搜索功能，但严格意义上不能称为真正的搜索引擎，只是按目录分类的网站链接列表而已。用户完全可以按照分类目录找到所需要的信息，而不需要依靠关键词进行查询。

目录索引类搜索引擎因为有人的参与，所以查询信息准确率较高。但其缺点也很明显，需要人工收集信息，信息维护量很大，搜索到的信息量少，信息更新不及时。

目录索引类搜索引擎中最具代表性的是Yahoo，国内的搜狐、新浪、网易分类目录等也都属于这一类。

（三）元搜索引擎

元搜索引擎（Meta Search Engine）是基于搜索引擎的搜索引擎，自身不建立数据库，而是通过一个统一的用户界面，在接受用户的查询请求后，调用一个或多个独立搜索引擎的数据库，检索结果是来自独立搜索引擎的检索结果或者这些结果集合的综合，可以表现为引用原始的独立搜索引擎的页面，也可以是由元搜索引擎二次加工后、重新定制后的形式。元搜索引擎通常是引用比较知名的搜索引擎，查全率很高，但查准率低，检索功能和检索技术简单。著名的元搜索引擎有Metacrawler、InfoSpace、Dogpile、Vivisimo等。

（四）垂直搜索引擎

不同于通用的搜索引擎，垂直搜索引擎是应用于某一个行业、专业的搜索引擎，是搜索引擎的延伸和应用细分化。垂直搜索引擎为用户提供的并不是上百甚至上千万相关网页，而是范围缩小、极具针对性的具体信息。因此，特定行业的用户更加青睐垂直搜索引擎，是垂直搜索引擎长期、稳定的应用群体。垂直搜索也是提供关键字来进行搜索的，但被放到了一个行业知识的上下文中，返回的结果更倾向于信息、消息、条目等。

垂直搜索引擎的应用方向很多，比如企业库搜索、供求信息搜索、购物搜索、房产搜索、人才搜索、地图搜索、音乐搜索、图片搜索……几乎各行各业各类信息都可以进一步细化成各类的垂直搜索引擎。

四、综合性搜索引擎

（一）百度（Baidu）

网址：https://www.baidu.com

百度是全球最大的中文搜索引擎。1999年底，身在美国硅谷的李彦宏看到了中国互联网及中文搜索引擎服务的巨大发展潜力，于是携搜索引擎专利技术，与徐勇一同回国，于2000年1月1日在北京中关村创建了百度公司，致力于向人们提供“简单，可依赖”的信息获取方式。

“百度”一词来自宋代词人辛弃疾的《青玉案·元夕》：“众里寻他千百度，蓦然回首，那人却在灯火阑珊处”，而它的徽标（Logo）和页面也体现了简约风格。百度是由中国人自主开发的一款搜索引擎，在中文互联网拥有天然优势，用户通过百度搜索引擎可以搜到世界上最新最全的中文信息。作为中文搜索引擎，百度深刻理解中文用户的搜索习惯，开发出关键词自动提示功能：用户输入拼音，就能获得中文关键词智能提示；还开发出中文搜索自动纠错功能：如果用户误输入错别字，可以自动给出正确关键词提示。

1.百度检索方法

（1）基本检索

百度检索首页见图6-2，默认为基本检索，仅需输入查询内容并按回车键或单击“百度一下”，即可得到相关资料。

图6-2　百度首页

同时，用户可根据需要在不同的功能模块（新闻、网页、贴吧、知道、音乐、图片、视频、地图等）进行切换。如用户需要选择更多模块，可单击主页面搜索框上方的“更多”标签进入全功能模块（百度产品大全），如图6-3所示。

图6-3　百度产品大全

（2）高级搜索

百度的高级搜索是一个多条件组合搜索，通过各种条件限制，如时间、语言、文档格式、关键词位置、搜索结果、站内搜索等，可以满足用户的一些特殊需要，从而提高检索的查准率。点击百度首页右上方“设置”→“高级搜索”，或输入网址：https://www.baidu.com/gaoji/advanced.html，即可进入高级搜索页面，如图6-4所示，在检索框中直接输入检索词或选择检索限定范围即可。

图6-4　百度高级搜索页面

A. 表格式搜索

高级搜索窗口提供了表格式搜索方式，其中提示语的含义如下：

①“包含全部关键词”：表示之后输入框输入多个关键词时空格代表“逻辑与”运算符。

②“包含完整关键词”：表示之后输入框输入的字符串禁止拆分，即作为固定词组使用。

③“包含任意关键词”：表示之后输入框输入多个关键词时空格代表“逻辑或”运算符，相当于每个词被加上了半角双引号。

④“不包括关键词”：表示之后输入框输入的词被忽略，相当于词前面被加上了“逻辑非”运算符。

百度高级搜索各行可输入的词之和不能超过38个汉字，字母和数字等同于一个汉字。因此，虽然百度允许输入句字，但不能输入文章段落。

B. 搜索条件限定

高级搜索窗口还提供了四项搜索条件限定，可降低命中记录数，提高查准率。

①时间限定：默认为“全部时间”，可选项有“最近一天”“最近一周”“最近一月”“最近一年”。

②文档格式限制：默认为“所有网页和文件”，可选项有“Adobe Acrobat PDF（.pdf）”“微软Word（.doc）”“微软Excel（.xls）”“微软Powerpoint（.ppt）”“RTF文件（.rtf）”。

③关键词位置限定：用于查找检索词在超文本文件中的位置，默认为“网页任何地方”，可选项有“仅网页标题中”“仅URL中”。

④站内搜索：在对应的输入框中输入域名，百度会以深度优先的形式穷尽该网站的内容，特别适合针对特定的大型网站进行搜索。

2.检索语法和技巧

A.利用布尔逻辑运算检索

①“逻辑与”运算。要获得更精确的检索结果的简单方法就是添加尽可能多的检索词，检索词之间用一个空格隔开。百度默认是“逻辑与”规则，并采用“空格”或“+”作为“逻辑与”运算符。

【案例6-1】想了解北京奥运会开幕式的相关信息，在搜索框输入“2008 北京奥运会开幕式”或“2008+北京奥运会开幕式”会获得理想的检索结果。

②“逻辑或”运算。并行搜索，运算符为OR（|）。使用A OR B（A | B）来搜索或者包含关键词A，或者包含关键词B，或者同时包含A、B的网页。

【案例6-2】查询“云计算”或“大数据”相关的资料。无需分两次查询，只要输入“云计算OR大数据”或“云计算 | 大数据”即可。百度会提供跟OR（|）前后任何关键词相关的网站和资料。

③“逻辑非”运算。排除无关资料，运算符为“-”。减号前必须留一个空格，语法是A -B。利用“逻辑非”运算，可以排除含有某些词语的资料，有利于缩小查询范围。

【案例6-3】搜索关于“武侠小说”，但不含“金庸”的资料，可使用如下检索式：“武侠小说 -金庸”。

【案例6-4】搜索必须含有“大数据”，但是没有“云计算”的网页，可以含有以下关键字中的任何一个或者多个：Hadoop、Hive、HDFS、HBase。检索式为：“大数据 -云计算 hadoop OR hive OR HDFS OR hbase”（百度不区分大小写）。

B.精确匹配——双引号（“”）和书名号（《》）。如果输入的检索词很长，百度在经过分析后，给出的检索结果中的检索词可能是拆分的，如果用户对这种情况不满意，可以尝试让百度不拆分检索词。给查询词加上双引号，就可以达到不拆分词的效果。

书名号是百度独有的一个特殊查询语法。在其他搜索引擎中，书名号会被忽略，而百度中文书名号是可以被查询的。加上书名号的检索词有两层特殊功能：一是书名号会出现在搜索结果中；二是被书名号括起来的内容不会被拆分。

书名号在某些情况下特别有效果，例如，查电影“手机”，如果不加书名号，很多情况下出来的是通信工具——手机，而加上书名号后，其结果就都是关于电影、小说方面的内容。

【案例6-5】在百度上搜索“USB接口”和《USB接口》，加上双引号的“USB接口”是不会被拆分成“USB”和“接口”两个词再检索的。

C.限定在网页标题中搜索——intitle。网页标题通常是对网页内容提纲挈领式的归纳。将查询内容范围限定在网页标题中，有时能获得良好的效果。使用的方式是把查询内容特别关键的部分用“intitle：关键词”引起来。

【案例6-6】查找关于“篮球解说”的内容，可以在搜索框中输入“解说intitle：篮球”，搜索的结果中网站标题一定会包含标题关键词“篮球”。

D.在特定的网址中查找资源——site。site表示搜索结果局限于某个具体网站或者网站频道（注意：site后的冒号为英文字符，而且，冒号后不能有空格，否则，“site：”将被作为一个搜索的关键词）。检索式为：“关键词site：站点域名”。其中，site：后面跟的站点域名，不要带http://。

【案例6-7】在教育网上查找与英语四级考试有关的内容，可以将检索式写成如下的形式："英语四级 site：edu.cn"，这样就只会显示在中国教育网（CERNet）上有关的英语四级的内容，不会查询到公网的结果。

E. 限定在URL链接中搜索——inurl。URL（Uniform/Universal Resource Locator）是统一资源定位符，网页URL中的某些信息常常有某种价值的含义。如果对搜索结果的URL作某种限定，可以获得良好的效果。使用方式是"inurl:"后跟需要在URL中出现的关键词。

【案例6-8】查找关于photoshop的使用技巧，可以查询"photoshop inurl：技巧"。上面查询串中的"photoshop"，是可以出现在网页的任何位置上的，而"技巧"必须出现在网页大写"URL"中。

F. 指定文档类型搜索———filetype。很多有价值的资料在互联网上并非是普通的网页，而是以Word、PowerPoint、PDF等格式存在。百度支持对Office文档（包括Word、Excel、PowerPoint）、Adobe PDF文档、RTF文档等的全文搜索。在百度中搜索这类文档很简单，在普通的查询词后面加一个"filetype:"文档类型限定即可。"filetype:"后可以跟以下文件格式：DOC、XLS、PPT、PDF、RTF、ALL。其中，ALL表示搜索所有这些文件类型。

【案例6-9】需要在百度上查找关于"教育"的文档，只需在搜索框中输入"教育 filetype:doc"，即可得到关于"教育"的Word文档。语法中的冒号中英文皆可，但检索词和filetype之间一定要加一个空格。

（二）Google（谷歌）

网址：http://www.google.com.hk

1996年，斯坦福大学计算机科学系学生Sergry Brin和Larry Page开展了一项称作BackRub（返回触摸法）的研究计划。由于采用了分析返回链接（Back Links），即哪个网页链接到某特定文献上的方法，因而，他们的实验性的搜索引擎被称为BackRub。到1998年，Larry和Sergry创建了自己的公司，即Google，并于1999年搬进了硅谷。Google拥有100多种语言界面和35种语言搜索结果，目前被公认为全球规模最大和最具影响力的搜索引擎。2006年4月，Google宣布其中文名称为“谷歌”，这是Google第一次在非英语国家起名字。

1.Google检索方法

Google检索方式也有基本检索和高级检索两种。

（1）基本检索

Google的网站设计简洁，基本检索方式简单明了，用户可以根据需要选择“所有网页”“中文网页”“中文简体网页”中的一项，然后在搜索框中输入关键词，单击“Google搜索”或按回车键，符合要求的检索结果便会被查询出来，并按相关度进行排序，如图6-5所示。

图6-5　谷歌基本检索页面

（2）高级检索

Google的高级检索可以使搜索更加精确并能获得更多有用的结果。它可以通过各种条件限制（例如语言、地区、文件格式、日期、字词位置、网站、使用权限、搜索结果、搜索特定网页等），满足用户的特殊需要，从而提高检索的查准率。单击主界面检索框右侧的“高级”，进入高级检索界面，在检索框或下拉菜单中直接输入或选择限定范围即可。

2.检索语法和技巧

表6-1列出了所有的Google检索运算符。

表 6-1　Google检索运算符一览

名称	符号	说明
逻辑运算符	空格、AND	逻辑与
	OR	逻辑或(大写的英文OR)
	-	逻辑非(英文状态下的减号)
全词通配符	*	代表一个英文单词或者一个汉字
词组检索	“”	严格按照引号中内容检索
限定检索范围	intitle	intitle后的第一个检索词必须在网页标题中
	allintitle	所有的检索词都必须在网页标题中
	inurl	inurl后的第一个检索词必须在网页URL中
	allinurl	所有的检索词都必须在网页URL中
	filetype	限定检索文件类型
	site	限定在特定网站检索
	link	查询链接到特定网址的网页
其他	+	强制查询被Google忽略的常用字
	related	查询相似网页

【特别强调与说明】由于谷歌在中国经营时，不严格遵守中国法律，违背其进入中国市场时作出的书面承诺，且中国政府要求对其搜索服务进行过滤、审查时，谷歌坚持所谓的西方价值观，不配合官方要求，选择与中国政府“水平碰撞”，还要求不接受审查地运营在华业务，最终于2010年宣布退出中国内地市场搜索服务，并将搜索服务由中国内地转至香港。

（三）搜狗（Sogou）

网址：https://www.sogou.com

搜狗是搜狐公司于2004年8月3日推出的自主技术开发的全球首个第三代互动式中文搜索引擎，是一个具有独立域名的专业搜索网站。搜狗以一种人工智能的新算法，分析和理解用户可能的查询意图，给予多个主题的“搜索提示”，在用户查询和搜索引擎返回结果的人机交互过程中，引导用户更快速准确定位自己所关注的内容，帮助用户快速找到相关搜索结果，并可在用户搜索冲浪时，给予用户未曾意识到的主题提示。搜狗首页见图6-6。

图6-6 搜狗搜索引擎首页

【案例6-10】利用搜狗高级搜索功能，查找标题中包含“红楼梦”的PPT格式文件。

第一步：在“搜索关键词”栏中输入“红楼梦”，并选择“不拆分关键词”；

第二步：在“搜索词位于”栏中选择“仅在标题中”；

第三步：在“需要搜索的文件格式”栏中选择“Microsoft Powerpoint（.ppt）”；

第四步：点击“开始搜索”即可得到相关内容，如图6-7所示。

图6-7　搜狗搜索高级搜索页面

五、学术搜索引擎

学术搜索引擎是专门用于检索互联网上的学术信息的专业搜索引擎，通常包括图书、论文、期刊、文档、题录等学术资源和学术站点，对学习和科研有很大的帮助。

（一）百度学术搜索

网址：https://xueshu.baidu.com/

百度学术搜索于2014年6月初上线，是百度旗下的提供海量中英文文献检索的学术资源搜索平台，涵盖了各类学术期刊、会议论文。百度学术搜索可检索到收费和免费的学术论文，并通过时间筛选、标题、关键字、摘要、作者、出版物、文献类型、被引用次数等细化指标提高检索的精准性。

在百度搜索页面下，会针对用户搜索的学术内容，呈现出百度学术搜索提供的合适结果。用户可以选择查看学术论文的详细信息，也可以选择跳转至百度学术搜索页面查看更多相关论文。在百度学术搜索中，用户还可以选择将搜索结果按照“相关性”“被引量”“发表时间”三个维度分别排序，以满足不同的需求。

（二）Google Scholar

网址：http://scholar.google.com/

Google scholar是Google于2004年底推出的专门面向学术资源的免费搜索工具。Google scholar与许多科学和学术出版商、专业团体、预印本库、大学和其他学术组织合作，并从网络上获得学术文献。内容覆盖：同行评论文章、学位论文、图书、预印本、文摘及技术报告等学术文献。它的内容主要来自三类资源：①学术和技术领域的专业数据库；②学术出版商的网页；③学术机构（通常是大学）的局域网。Google scholar可帮助用户在整个学术领域中确定相关性最强的研究。

Google scholar滤掉了普通搜索结果中大量的垃圾信息，排列出文章的不同版本以及被其他文章引用的次数。略显不足的是，它搜索出来的结果没有按照权威度（譬如影响因子、引用次数）依次排列。

（三）Scirus

网址：http://www.elsevier.com/zh-cn

Scirus学术搜索引擎由Elsevier Science于2001年4月1日推出，是目前互联网上最全面、综合性最强的科技文献搜索引擎之一。Scirus用于搜索期刊和专利，效果极佳。Scirus覆盖的学科范围包括农业与生物学、天文学、生物科学、化学与化工、计算机科学、地球与行星科学、经济、金融与管理科学、工程、能源与技术、环境科学、语言学、法学、生命科学、材料科学、数学、医学、神经系统科学、药理学、物理学、心理学、社会与行为科学、社会学等。

（四）FindArticles

网址：http://www.findarticles.com/

FindArticles提供多种顶级刊物的上千万篇论文的检索，涵盖艺术与娱乐、汽车、商业与金融、计算机与技术、健康与健身、新闻与社会、科学教育、体育等各个方面的内容，大部分为免费全文资料，检索操作简单。

（五）CiteSeerX

网址：http://citeseerx.ist.psu.edu/

CiteSeerX是专注于计算机和信息科学方面的学术搜索引擎，主题包括智能代理、人工智能、硬件、软件工程、数据压缩、人机交互、操作系统、数据库、信息检索、网络技术、机器学习等。

（六）SciSeek

网址：https://sciseek.com/

SciSeek是一个专注于科学与自然领域的搜索工具，采取人工收集处理的方式，提供农林、工程、化学、物理和环境方面的科技期刊及其他信息。

（七）Free PDF Search

网址：http://pdf-downloads.net/

它是一个专门的PDF格式文档搜索引擎，支持多种语言。输入想找的PDF文档，单击搜索按钮即可。在搜索的结果中，单击文件名即可下载原文。

（八）Semantic Scholar

网址：https://www.semanticscholar.org/

它是一个免费学术搜索引擎。

（九）Information Bridge

网址：https://www.osti.gov/

Information Bridge是由美国能源部下属的科学与技术信息办公室（Office of Scientific and Technical Information，简称OSTI）开发维护的搜索工具，提供美国能源部1994年以来研究成果的全文文献和目录索引，涉及的学科领域包括物理、化学、材料、生物、环境科学、能源技术、工程、计算机与情报科学和可再生能源等。

第三节　开放存取资源

开放存取（Open Access，简称OA）是不同于传统学术传播的一种全新机制，其核心特征是在尊重作者著作权的前提下，利用互联网为用户免费提供学术信息和研究成果的全文服务。布达佩斯开放存取先导计划（Budapest Open Access Initiative，简称BOAI，https://www.budapestopenaccessinitiative.org/）中的定义，是指“某文献在Internet公共领域里可以被免费获取，允许任何用户阅读、下载、复制、传递、打印、检索、超级链接该文献，并为之建立索引，用作软件的输入数据或其他任何合法用途。用户在使用该文献时不受财力、法律或技术的限制，而只需在存取时保持文献的完整性，对其复制和传递的唯一限制、或者说版权的唯一作用是使作者有权控制其作品的完整性及作品被准确接受和引用。”

OA起源于1963年，自20世纪90年代以来，商业出版者日益垄断期刊市场，大幅度提高期刊价格，从而导致了所谓的“学术交流危机”。同时，版权产业集团为了自身利益在版权法的修订过程中使数字版权日益扩张，学术交流受到越来越多的限制，科研成果交流受到严重阻碍。OA是国际科技界、学术界、出版界和图书情报界为打破商业出版者对科学研究信息的垄断和暴力经营而采用的推动科研成果通过互联网免费、自由地利用的运动，以此促进科学信息的广泛传播，促进学术信息的交流与出版，提升科学研究的公共利用程度，保障科学信息的长期保存，提高科学研究的效率。

一、开放存取的特征与类型

OA必备的要素：一是免费的版权和著作权。作者和版权所有者授权所有用户对作品的免费和长期访问的权限，用户在保护作品完整性、表达适当的致谢并注明出处后，可不受限制地使用。二是长期的数字化保存。作品的完整版本以一种标准的数字格式存储，以确保作品通过互联网的开放存取、自由传播、统一检索和长期存档。

（一）开放存取的特征

与基于订阅的传统出版模式不同，OA出版是一种学术信息共享的自由理念和出版机制，是一种新的学术信息交流的方法。作者提交作品不期望得到直接的金钱回报，而是为了使公众可以在公共网络上利用这些作品。在这种出版模式下，学术成果可以无障碍地进行传播，任何研究人员可以在任何地点和任何时间，不受经济状况的影响，平等地获取和使用科技信息和学术成果。

开放存取主要针对学术资源，通过对开放存取的定义和交流过程进行分析，考察开放存取的实际活动。开放存取具有下列基本特征：

①在信息交流内容方面，开放存取提供学术交流平台，对具体交流的信息只有质量上的控制，而没有内容和形式方面的严格限制，可以是期刊论文、会议论文、图书，也可以是专利文献、研究报告；可以是文本文件，也可以是多媒体文件。

②在存取途径方面，强调开放传播，为此要使同一文献可以以多种途径检索与阅览，交流范围覆盖整个互联网，各系统间具有良好的互操作性，以免费或收取少量费用的方式减少获取障碍。

③在对文献的使用权限方面，用户对学术文献的使用权利大大扩充，可以为教学、研究、学习等目的而公开复制、打印、利用、扩散、传递和演示。

④在交流方式与交流效率方面，重视提高信源、信宿交流的直接性和交互性，可以实现作者、用户、编辑之间一对一、一对多、多对多的交互模式，重视提高学术交流的时效性，增进文献处理自动化程度，缩短出版周期。

（二）开放存取的类型

1.OA 期刊

开放存取期刊（Open Access Journal，简称 OAJ），是基于 OA 出版模式的期刊，既可能是新创办的电子版期刊，也可能是由已有的传统期刊转变而来的。OAJ 大都采用作者付费，用户免费获取方式，论文版权由作者保留，旨在使所有用户都可以通过互联网无限制地访问期刊论文全文。在论文质量控制方面，OAJ 与传统期刊类似，采用严格的同行评审制度。OAJ 不再利用版权限制获取和使用所发布的文献，而是利用版权和其他工具来确保文献可永久公开获取。

2.OA 存储

OA 存储也称为 OA 知识库，包括基于学科的存储和基于机构的存储。

学科 OA 存储最早出现在物理、计算机、天文等自然科学领域，采取预印本的形式在网上进行专题领域的学术交流。因此，一些学术组织开始自发地收集这些可共享的学术信息，将其整理后存放于服务器中供用户免费访问和使用。发展至今，很多学科 OA 存储仍主要以预印本资源库的形式存在，对某一学科领域或多个学科领域中的所有研究者开放，提供免费的文献存取和检索服务，以供交流与学习。

机构 OA 存储的主体一般为高校图书馆、科研院所或学术组织，存储对象为组织或机构的内部成员在学术研究过程中产生的各种有价值资源，如项目研究成果（包括开题报告、中期报告、结题报告等）、调查研究报告、硕/博士学位论文、会议论文，甚至包括课程讲义、多媒体资料等。这些资料虽不一定曾正式发表出版，但它们作为学术研究活动过程中的产出，仍具有一定的学术价值。若能通过积极的存储与管理使其得到有效利用，必将对促进与推动组织内部其他学者的科研创新活动起到积极的作用。

3.OA搜索引擎

为解决OA期刊和OA存储的分散性，OA搜索引擎（OA Search Engine）也相继出现，如CORE（https://core.ac.uk/search）、BASE（Bielefeld Academic Search Engine，https://www.base-search.net）、OAIster（https://www.oclc.org/en/oaister.html）等。

二、部分国内开放存取数据库及系统

（一）Socolar简介

网址：http://www.socolar.com/

Socolar是中国教育图书进出口有限公司2006年正式上线的OA学术资源一站式服务平台，提供OA期刊和OA知识库的导航、免费文章检索和全文链接服务。目前，平台内容涵盖来自全球100多个国家，近7000家出版社的近3万多种学术期刊资源。平台资源覆盖全部学科，其中开放获取文章超过1000万篇，付费获取文章超过450万篇。Socolar主页如图6-8所示。

图6-8　Socolar主页

用户在使用Socolar时，需要先注册，注册用户可以享受平台提供的个性化定制和特别服务等增值服务。

2.Socolar检索方法

（1）简单检索

Socolar主页默认是简单检索，用户在检索框中输入关键词，点击“ ”按钮即可完成检索。

（2）高级检索

高级检索提供了多个检索输入框，用户可以方便地构造检索式，控制多个检索项和检索词。在每个检索条件中，用户可以根据需要选用标题、作者、作者单位、摘要、关键词、来源出版物、出版社名称、ISSN/ISBN、DOI这几个字段中的任意一个。还可同时通过“出版年度”缩小检索范围。Socolar高级检索页面如图6-9所示。

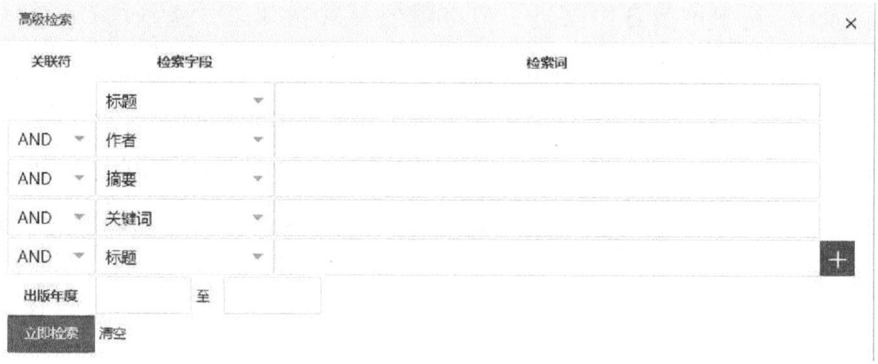

图6-9　Socolar高级检索页面

（3）期刊浏览

期刊浏览有两种方式：一种是按出版社浏览；另一种是按首字母浏览，见图6-10。

图 6-10　Socolar 期刊浏览页面

（二）国家科技期刊开放平台

网址：https://doaj.istic.ac.cn/

作为我国科技期刊集中开放获取平台，“国家科技期刊开放平台”以“公益普惠、开放共享、权威精品”为定位，以开放整合国内科技期刊为途径；充分依托中国科学技术信息研究所资源，实现了论文引文全融合，统计分析多角度展示，面向科技人员提供即时的一站式获取服务，全面促进我国科技论文的传播利用。截至2020年，平台开放期刊总量1245种，其中核心期刊915种，收录论文777万篇。

（三）中国科技论文在线

网址：http://www.paper.edu.cn/

中国科技论文在线是经教育部批准，由教育部科技发展中心主办，针对科研人员普遍反映的论文发表困难，学术交流渠道窄，不利于科研成果快速、高效地转化为现实生产力而创建的科技论文网站。

中国科技论文在线利用现代信息技术手段，打破传统出版物的概念，免去传统的评审、修改、编辑、印刷等程序，给科研人员提供一个方便、快捷的交流平台，提供及时发表成果和新观点的有效渠道，从而使新成果得到及时推广，科研创新思想得到及时交流。

根据文责自负的原则，作者所投论文遵守国家相关法律，为学术范围内的讨论，有一定学术水平，基本理论正确，且符合中国科技论文在线的基本投稿要求，一般可在7个工作日内发布。专业领域按自然科学国家标准学科分类与代码分为43类。

中国科技论文在线可为在本网站发表论文的作者提供该论文发表时间的证明，并允许作者同时向其他专业学术刊物投稿，以使科研人员新颖的学术观点、创新思想和技术成果能够尽快对外发布，并保护原创作者的知识产权。

（四）中国科学院科技论文预发布平台

网址：http://www.chinaxiv.org

中国科学院科技论文预发布平台面向全国科研人员，建设可靠、规范的自然科学领域的中国科研论文开放仓储库，接收中英文科学论文的预印本存缴和已发表科学论文的开放存档。构建中国科学院规范的支持快速交流发布的学术交流生态系统，支持中国高水平科研论文的快速预发布，有效支撑中国科学家的科研首发权。

三、部分国外开放存取数据库及系统

（一）DOAJ

1.DOAJ简介

网址：https://doaj.org/

DOAJ（Directory of Open Access Journals）是由瑞典Lund大学图书馆（Lund University Library）、学术出版与学术资源联盟（The Scholarly Publishing and Academic Resources Coalition，简称SPARC）和开放社会协会（Open Society Institute，简称OSI）联合创建整理的一份开放期刊目录。它设立于2003年5月，最初仅收录350种期刊，截至2020年，DOAJ共收录15 000多种期刊，覆盖所有学科领域，文章总量超过560万篇。该系统收录的均为学术性、研究性期刊，一般都是经过同行评审，或者有编辑做质量控制的期刊，具有免费、全文、高质量的特点，对学术研究有很高的参考价值。

2.DOAJ检索方法

（1）查找期刊

DOAJ通过以下方式来查找期刊：一是通过检索题名、关键词、主题、ISSN号、出版者、期刊语言等来查找期刊；二是通过刊名字顺或学科进行浏览（见图6–11）。

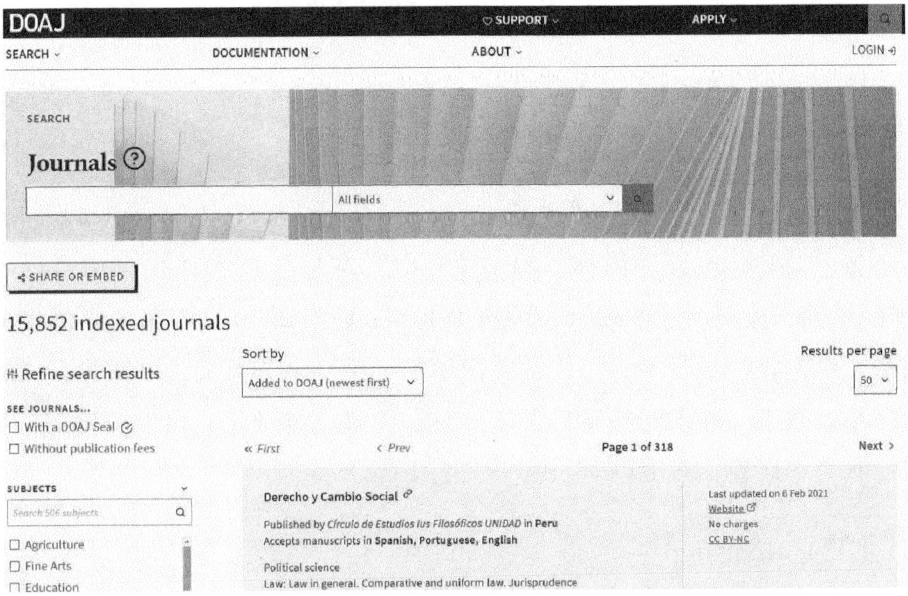

图6–11　DOAJ查找期刊页面

（2）查找论文

通过“Search Articles”可以对期刊中的论文进行检索，可检索字段有：

论文题名、摘要、关键词、作者、ORCID、DOI、语言等（见图6-12）。

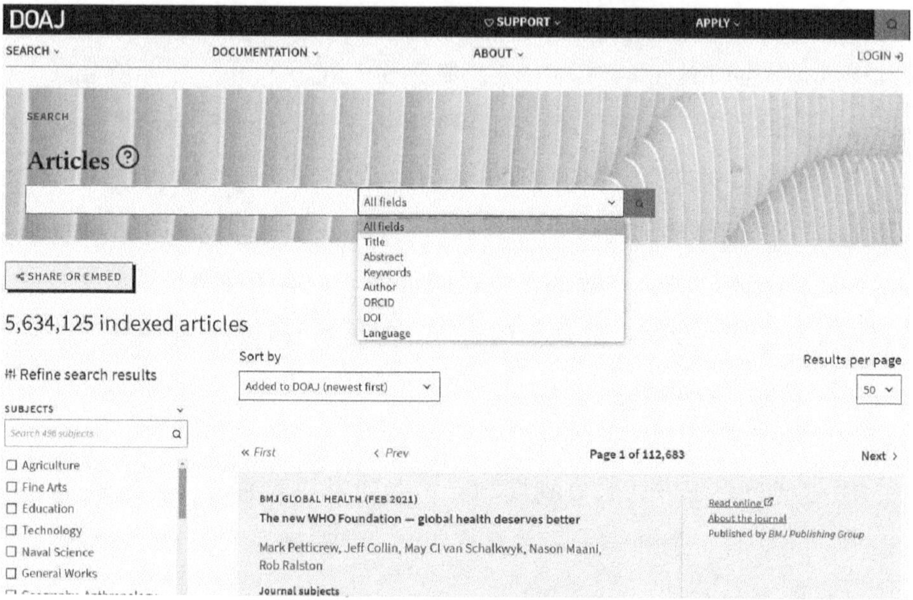

图6-12　DOAJ查找论文页面

（二）J-STAGE

网址：https://www.jstage.jst.go.jp/browse/

日本科学技术信息集成系统（Japan Science and Technology Information Aggregator，Electronic，简称J-STAGE）由日本科学技术振兴机构（Japan Science and Technology Agency，简称JST）在1999年10月创建的学术期刊网络平台，收录了日本各科技学会出版的文献（多为英文，少数为日文）。学科涉及数学、通讯与信息科学、综合、物理、自动化、化学与化工、地质、农业、地理、环境科学、电子、生物等。

（三）arXiv.org

网址：https://arxiv.org/

arXiv.org是由美国国家科学基金会（National Science Foundation，简称NSF）和美国能源部资助，在美国洛斯阿拉莫斯国家实验室（Los Alamos

National Laboratory）建立的免费电子预印本文献库。该文献库始建于1991年8月，由物理学家Paul Ginsparg发起，旨在促进科学研究成果的交流与共享。2001年后转由康奈尔大学（Cornell University）进行维护和管理。arXiv.org是互联网上最早的电子预印本库，目前在世界各地设有17个镜像站点，中国镜像站点设在中国科学院理论物理研究所。

（四）HighWire Press

网址：https://www.highwirepress.com/

HighWire Press是全球最大的提供免费全文的学术文献出版机构，于1995年由美国斯坦福大学图书馆创立。收录的学术出版物包括期刊、图书、参考工具等，涵盖生命科学、医学、物理学以及社会科学等学科领域。

第四节　开放网络课程——MOOC

大规模开放在线课程，即MOOC，中文音译为“慕课”。MOOC在开放教育资源（Open Educational Resource，简称OER）开放共享知识理念的基础上，依托网络学习社区对在线学习方式和方法进行创新，打破了传统高等教育的围墙，使优质教育资源的全球共享成为时代的必然。

2012年9月，《纽约时报》刊文将该年定义为“MOOC元年”（The Year of the MOOC）。2013年因MOOC开始大规模传入中国而被称为“中国MOOC元年”，北京大学、清华大学、复旦大学、上海交通大学等相继加入世界著名MOOC平台edX和Coursera。与此同时，我国高校也在积极打造“在线开放课程”共享平台，以期推进大规模在线教育，促进优质教学资源共建共享，提高教学质量，并服务于我国高等教育和社会，例如：清华大学的“学堂在线”、北京大学与阿里巴巴共同建设的“华文慕课”、爱课程网的“中国大学MOOC”。

一、MOOC的内涵与特征

作为一种基于互联网的教学形式，MOOC在全球发展迅速。MOOC平台吸引了越来越多的人使用，利用MOOC平台获取开放教育资源是一种非常方便的途径。

（一）MOOC的基本内涵

MOOC，是Massive Open Online Courses的缩写。Massive是“大规模”的意思，是指课程注册人数学习人数众多、学习规模巨大。与传统课程只有几十个或几百个学生不同，一门MOOC课程动辄上万人甚至更多；Open是“开放共享”的意思，是指丰富的学习资源向互联网开放，任何人只需感兴趣就可参与学习；Online即“在线”，指课程教学和学习主要通过网络进行，教师和学生、学生和学生之间的交流与互动也都是在线上完成，不受时间和空间的限制；Courses即“各门各类线上课程”，是指在某研究领域中的围绕一系列学习目标的结构化（Structured）内容。

（二）MOOC的主要特征

①以“短视频（10分钟左右）+交互式学习”为基本教学单元的知识点为组织模式和学习模式。

②重交互式练习的即时反馈。由机器自动评分的交互式练习，实现了对学习者的即时反馈，摆脱了传统在线教育模式中单向提供学习材料和灌输式学习的局限，能够鼓励和引导学生更加积极地学习与思考，从而有效地提高学习效果，更有利于人才的培养。

③基于“学习大数据”的个性化服务。原则上每个学生在整个学习过程中对全部学习对象的全部学习行为都会被自动记录下来，数以百万计的学生在线学习的相关数据将会汇集成“学习大数据”。通过系统化的数据挖掘和机器学习，在宏观和微观相结合的分析中发现、把握其中隐藏着的

规律，使教师能够随时掌握每个学生的学习状况并能及时进行反馈指导及推荐合适的学习资源，能够持续改进课程教学内容和教学环节设计，以实现“因材施教”式的个性化服务，助力学生更高效地学习。

④依托社交网络进行互动交流。MOOC更加注重依托网络社区（社交网络）进行互动交流，以提高学生的学习兴趣和动力。特别是对机器难以自动评分的较为复杂、灵活的交互式练习，依靠网络社区群体智慧的评分机制便显得尤为重要。

⑤学习时间自由。可以按照课程的正常开放学习时间进行学习，就跟平时课堂上课一样，也可以根据学生自己的时间安排灵活学习，不受时间地点的影响，只需在课程开放时间段内完成整个课程的各个环节。

⑥学生人数没有限制。由于MOOC平台一般不限制注册人数，来自世界各地的学员可以自由参与到自己偏爱的课程活动之中。

二、国外MOOC三大平台

（一）Coursera

1.Coursera简介

网址：https://www.coursera.org/

美国斯坦福大学的两名计算机科学教授安德鲁·恩格（Andrew Ng）和达芙妮·科勒（Daphne Koller）共同创办在线教育公司Coursera（意为“课程的时代”），旨在同世界顶尖大学合作，在线提供免费的网络公开课程。

2.Coursera使用方法

在Coursera主页（如图6-13），可以直接通过检索框搜索课程，也可以在左侧的“探索”选项里浏览课程分类。

图 6-13 Coursera 主页

主页下方有“获得您的学位”“探索 Coursera”“最热门证书”“热门课程”“最近启动的指导项目”“顶级评分课程”等内容。

以“java”这门课程为例，通过检索框搜索课程，结果如图 6-14 所示。

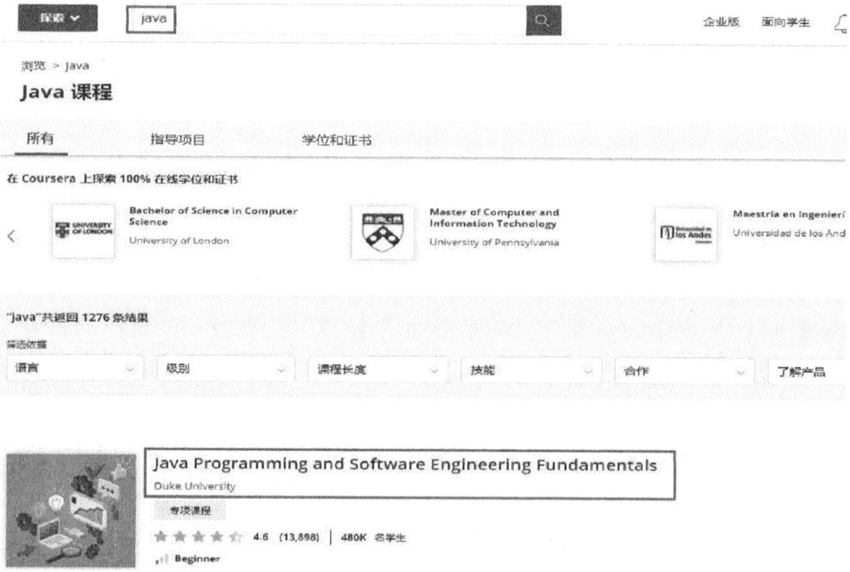

图 6-14 Coursera 检索“java”课程页面

选择搜索结果的第一门课程，点开课程名称，会有这门课程的相关介绍，如图 6-15 所示。

图 6-15　课程介绍页面

填写相关信息，即可进行学习。如果不想获得课程结业证书也可以免费学习这门课程，复制这个专项课的某一门单独课程，在搜索框里搜索，然后在注册界面选择旁听即可。

（二）edX

网址：https://www.edx.org/

edX 是美国麻省理工学院和哈佛大学于 2012 年 5 月联合发布的一个网络在线教学计划，主要目的是配合校内教学，提高教学质量和推广网络在线教育。

除了为全世界的学生提供免费课程以外，网站的另外一个属性更像是大学的一个实验基地，通过研究线上、线下混合教学的模式，提高线下传统校园的教学和学习效果。

（三）Udacity

网址：https://www.udacity.com/

Udacity是由Sebastian Thrun、David Stavens和Mike Sokolsky注资的一个私立教育组织。与其他尝试普及高等教育的课程不同，Udacity不只是提供课堂录像，Udacity的课程描述得几乎和游戏一样，教授简单介绍主题后便由学生主动解决问题，这种模式类似“翻转教室”（Flipped Classroom），有些人认为这是教育的未来。

三、部分国内MOOC平台

（一）中国大学MOOC

1.中国大学MOOC简介

网址：https://www.icourse163.org/

中国大学MOOC是由网易与高等教育出版社携手推出的在线教育平台，承接教育部国家精品开放课程任务，向大众提供中国知名高校的MOOC课程。丰富的名师名校课程：来自众多双一流高校的优质课程，更好更全的大学课程，与名师零距离；广泛认可的证书支持：当完成课程学习，达到考核标准，可以免费获取由学校发出主讲老师签署的合格/优秀证书（电子版），也可付费申请纸质版认证证书；教学体验：全新完整的在线教学模式，定期开课、简短视频、提交作业、和同学老师交流。

2.中国大学MOOC使用方法

在中国大学MOOC主页（如图6-16），可以直接通过检索框搜索感兴趣的课程，也可以浏览课程分类。

图6-16 中国大学MOOC主页

可以通过注册网易邮箱、手机号码、爱课程网账号进行登录，也可以下载中国大学MOOC App直接用默认手机号码注册登录。注册登录成功后，选择“立即参加”，即可参与课程学习（如图6-17）。一般按照课程要求在规定学习时间范围内通过视频听课、在线讨论、在线测试、期末考试等几个步骤就可以顺利拿到这门课程的学习证书了。

图6-17 课程学习与要求页面

（二）学堂在线

网址：https://www.xuetangx.com/

学堂在线是清华大学于2013年10月发起建立的慕课平台，是教育部在线教育研究中心的研究交流和成果应用平台，是国家2016年首批双创示范基地项目，是中国高等教育学会产教融合研究分会副秘书长单位，也是联合国教科文组织（UNESCO）国际工程教育中心（ICEE）的在线教育平台。

目前，学堂在线运行了来自清华大学、北京大学、复旦大学、中国科技大学，以及麻省理工学院、斯坦福大学、加州大学伯克利分校等国内外高校的超过3000门优质课程，覆盖13大学科门类。

（三）e会学——安徽省网络课程学习中心平台

网址：http://www.ehuixue.cn/

e会学是一个以用户需求与兴趣为出发点，以课程为中心，以教师为主导，以学生为主体，以服务为导向，以优质课程资源建设和信息应用系统建设为核心的网络学习共同体。它集成网络教学、师生交流互动、答疑和管理等功能，包括以安徽省内的精品、优质课程为主线，高度整合与课程相关的所有资源；以课程为中心，展开作业、考试、答疑、讨论、获得学分、评价等互动教学活动。它是安徽省内区域高等教育公开教育资源联盟，实现了优质教育资源的共建共享，构建了用户个性化的个人网络学习中心，创建了一个崭新的在线教育模式。

[实验项目]网络信息检索

一、实验目的

掌握网络信息检索的基本方法和技能，加深对网络信息检索基本原理的理解；掌握具有代表性的搜索引擎的特点及检索方法。

二、实验要求

1. 通过网络检索，查找常见的搜索引擎，列出名称与网址。

2. 自选一个感兴趣的主题，用不少于三个搜索引擎对同一主题/同一检索词（关键词）进行检索，对比检索结果，比较分析各搜索引擎的共性与区别。

三、实验结果

[实训项目]百度搜索引擎使用

一、实训目的

熟悉百度搜索引擎，学会使用百度的基本检索与高级搜索功能，掌握百度的检索语法和技巧。

二、实训要求

1. 通过百度查找关于“植入式广告在电影作品中的运用”的信息，要求运用其基本检索与高级搜索功能。

2. 以查找“中国考研网”为例，验证网页标题搜索。

3. 以查找中国考研网中有关“英语真题”的网页为例，验证指定站点内搜索。

4. 以查找关于Excel的使用技巧为例，验证搜索范围限定url链接。

5. 以查找关于“物联网”的PPT格式的文件为例，验证指定文档类型搜索。

三、实训过程

1. 通过百度查找关于“植入式广告在影视作品中的运用”的信息。

检索方法及步骤：

（1）提取关键词：植入式广告，影视，电影，电视

（2）检索表达式：（影视 | 电影 | 电视）+植入式广告

（3）打开百度主页，进行检索：

方法一：基本检索，直接在搜索框输入检索式“（影视 | 电影 | 电视）+植入式广告”进行搜索。

方法二：高级搜索，进入百度高级搜索页面，输入如下图所示内容后，单击“高级搜索”，即可得到相应的搜索结果。

2. 以查找“中国考研网”为例，验证网页标题搜索。

首先，构造检索式：intitle：中国考研网，然后直接在百度搜索框输入检索式进行搜索。

3. 以查找中国考研网中有关“英语真题”的网页为例，验证指定站点内搜索。

首先，构造检索式：英语真题 site：chinakaoyan. com，然后直接在百度搜索框输入检索式进行搜索。

4. 以查找关于Excel的使用技巧为例，验证搜索范围限定url链接。

首先，构造检索式：Excel inurl：jiqiao，然后直接在百度搜索框输入检索式进行搜索。

5. 以查找关于“物联网”的PPT格式的文件为例，验证指定文档类型搜索。

首先，构造检索式：物联网 filetype：ppt，然后直接在百度搜索框输入检索式进行搜索。

[实验项目] 搜索引擎优化

一、实验目的

了解搜索引擎优化对网络营销信息传递的作用，通过对选定网站搜索引擎进行友好性分析，深入研究网站建设的专业性对搜索引擎优化的影响。

二、实验要求

自选一个企业网站，浏览该网站并确定与其相关的2—3个核心关键词，用每个关键词分别在主要搜索引擎如百度、必应、搜狗等进行检索。了解该网站在搜索结果中的表现，如排名、网页标题和摘要信息内容等，同时记录同一关键词检索结果中与被选企业的竞争者的排名和摘要等相关情况。根据相关信息，分析被调查网站的搜索引擎友好性，提出优化建议。

三、实验结果

思考与练习

1. 简述网络信息资源的特点。

2. 什么是搜索引擎？搜索引擎有哪些类型？

3. 简述搜索引擎的基本工作原理。

4. 使用不同的搜索引擎查找同一个主题的信息，试比较查找结果的异同。

5. 什么是开放存取？有哪些特征与类别？

6. 对互联网上你所学学科的门户网站进行搜集，列出你认为最有价值的两个门户网站的网址，并说明选择它的理由。

7. 通过主流MOOC平台查找本学科课程资源，并尝试进行学习。

第七章　高校图书馆服务与大学生学习

高校图书馆是学校的文献信息资源中心，是为人才培养和科学研究服务的学术性机构，是学校信息化建设的重要组成部分，是校园文化和社会文化建设的重要基地。高校图书馆的建设和发展应与学校的建设和发展相适应，其水平是学校总体水平的重要标志。高校图书馆是每一名大学生在校学习期间的第二课堂，随着信息技术的飞速发展，传统意义上的图书馆正在受到数字图书馆、网络图书馆、文献信息数字化等的一系列冲击，高校图书馆的服务理念、服务内容与服务手段等都随之发生了前所未有的变化。

第一节　高校图书馆与图书馆服务

一、高校图书馆

高校图书馆是高校师生查阅各类文献信息的资源中心，是高校的一个重要组成部分。它根据高校教学和科研工作的需要，收集、整理和提供各种载体的文献与信息，为广大师生服务。其馆藏纸质图书一般均有一定数量要求（教育部教发［2004］2号文件，要求综合类院校生均图书达到100册，与学校教学相关的书籍应有一定标准的复本量，馆舍面积也有相应要求。一般高校的各院系都设有资料室或分馆，为本院系师生提供与本专业相关的信息服务。

高校教学工作的特点，使其在用户（主要为校内师生）需求方面具有一些共同的特性，如高校专业设置和教学内容相对稳定，导致了用户需求的相对稳定。而在教学过程中各个时段，如新生入学、专业学习、期末考试、撰写毕业论文、实习就业创业等又导致了用户需求的阶段性等。

高校图书馆之间的馆际合作与资源共享工作也比较深入，如全国高校系统于1998年成立了中国高等教育文献保障体系（CALIS），在书目数据、数字化文献信息的共建、共享等方面起到了很大的作用。

高校图书馆一般还承担用户信息素质教育工作，其内容包括新生入学如何利用图书馆的教育、对本科生和研究生开设信息素养相关课程、根据用户需要开设专题讲座等工作。

二、高校图书馆服务

高校图书馆的主要职能是教育职能和信息服务职能。图书馆应充分发挥在学校人才培养、科学研究、社会服务和文化传承创新中的作用。

高校图书馆的“馆藏资源”由印刷型馆藏（纸质图书、纸质期刊、本校学位论文、会议论文、各种研究报告、标准规范等）和数字馆藏（电子图书、电子期刊等网络付费资源与自建特色资源库）两部分组成。其中数字馆藏的建设和使用，是当前网络环境下图书馆拓展服务范围和提高服务能力的重要手段，而服务则是图书馆存在和发展的永恒主题。高校图书馆常见的服务类型与特点如表7-1所示。

表 7-1　高校图书馆的服务类型与特点

服务类型	服务方式	服务特点
书刊阅览	一般图书、期刊、报纸、工具书会存放在不同书库,需到存放地阅览	可以利用图书馆联机公共目录,先检索到索书号,根据提示找到所需书刊的具体位置
书刊外借	只有办理借阅证的会员才可借阅,并且有最多借阅量和借阅时间限制	
电子资源使用	目前主要是期刊全文、电子图书和各种文摘数据库,电子资源有信息量大、检索方便、更新快等优点	电子资源因为版权限制,一般只能在一定 IP 地址范围内或注册用户使用,使用电子资源要注意其类型和收录范围
咨询服务	在线实时咨询、电话咨询、邮件咨询、咨询台咨询	在利用图书馆资源与服务的过程中遇到问题时可以利用图书馆的咨询服务
文献传递与馆际互借	当所利用的图书馆馆藏资源不能满足需求时可使用	向其他图书馆或者文献机构申请所需论文或者图书的扫描或者复印并通过图书馆传递给用户
培训与教育	信息资源利用讲座、信息检索教学	提高用户信息素质与资源利用效率

（一）联机公共检索目录

馆藏目录是反映一个图书馆文献收藏情况的目录。联机目录（Online Catalogue）是一种以机读形式存储图书馆馆藏书目信息的电子目录，它能反映文献资料的在馆情况，提供馆藏位置等信息，能够揭示书名、期刊名、会议录名称级别。查询时，可以用文献的责任者、题名、主题、ISBN、ISSN、分类号等进行检索。

联机公共检索目录（Online Public Access Catalogue，简称 OPAC），是一种通过网络查询馆藏信息资源的联机检索系统。它是网络时代图书馆查找文献资源最重要的工具，用户可以在任何地方查询各图书馆的 OPAC 资源。

目前，OPAC 已广泛用于图书馆的书目检索。OPAC 既可满足一般用户和图书馆工作人员查询公共目录的要求，也可为分馆/各院系提供公共目录查询，还可以与其他数据库（本馆、本校、校外的）连接，保持一致的检索界面，并与系统中的相关模块（如采访、编目、期刊、流通等模块）进行集成，显示必要的文献订购、签到、加工和流通信息。

大多数的OPAC允许用户自己执行某些流通功能，如续借、预约/取消预约、申请馆际互借等。用户能浏览自己的流通记录，查看借阅的资料和了解过期、罚款、停借、违章等信息。

书目检索本质是指向图书馆馆藏与地址的信息，因此不同图书馆的书目检索内容、过程与方法基本相同。现以巢湖学院图书馆使用的汇文OPAC系统为例，介绍书目检索流程。

①访问巢湖学院图书馆主页（http://www.lib.chu.edu.cn/），在“公共查询”栏目里，单击“馆藏书目查询”，进入目录检索页面，见图7-1。

图7-1　巢湖学院图书馆汇文OPAC系统界面

②选择检索方式，并输入检索词。系统提供简单检索与多字段检索两种方法。书目检索途径一般包括题名、责任者、主题词、ISBN、分类号、出版社等途径。

③浏览检索结果并进行筛选，见图7-2。

图 7-2　检索结果界面

对于一次检索返回条目太多的情况，可进行限制性检索或再输入检索词“在结果中检索”，以缩小检索范围。

④查看详细记录。在列表界面单击某条记录的题名，就可以打开某一条记录，出现该书目详细信息页面，查看其相关信息，包括题名、责任者、出版发行项、主题、摘要、馆藏信息等。

在新的技术条件下，OPAC 系统已不仅仅局限于书目检索这一功能，在许多高校图书馆的 OPAC 系统中还实现了热门图书推荐、新书通报、读者荐购、学科参考、查找经过整合的数字化资源等多种功能。

（二）文献获取服务

大多数图书馆目前都采取藏、借、阅一体的服务方式，这也是现代图书馆的一个重要标志。揭示馆藏文献，向用户提供借阅，是高校图书馆的一项基本服务职能。不仅是过去，今后很长一段时间都将是图书馆的主要服务项目。

商业数据库资源的提供使用也可看作是文献获取服务的一个重要组成部分，图书馆与数字资源供应商之间的合作为高校用户提供了良好的资源获取平台。

同样，图书馆帮助用户完成期刊、报纸、工具书、多媒体等文献的查找获取也是文献获取服务的一部分。

（三）参考咨询

图书馆参考咨询工作是图书馆服务的核心内容之一。参考咨询工作体现了图书情报工作的专业化、智能化和知识化程度，是图书馆人文精神的集中展示，被誉为“图书馆心脏”。参考咨询工作的水平高低已成为衡量一个图书馆现代化水平的重要标志之一。

参考咨询服务的具体工作有以下几项：

①利用图书馆公共检索系统和其他检索工具帮助用户了解馆藏文献布局，方便用户查询借阅。通过对图书资料的详尽信息检索，可以使用户快速、直接地查询到自己所需的资料文献，为用户节省大量时间。

②开展定题服务。根据用户需求，定期或不定期地对某一特定主题进行跟踪检索服务，并将检索结果以书目、索引、全文等方式提供给用户。

③建立基本问题咨询解答库，提高服务效率，降低服务成本。在参考咨询过程中会遇到多个用户对同一问题的咨询，建立基本问题咨询解答库就可以统一、精确地回答用户的类似问题。

④定期在全校范围内举办讲座和用户培训。通过普遍开设文献检索与利用等与图书馆相关的课程，可以有效提高图书馆用户的信息素养。

（四）宣传与阅读推广

为了充分发挥馆藏文献的作用，扩大图书馆在高校内的影响，提高服务质量，图书馆在做好文献获取服务的同时，还经常性地开展宣传教育工作。其目的在于向用户揭示馆藏，让用户更好地利用图书馆文献资源，提高文献利用率，降低文献拒借率。宣传文献的常用方式有新书通报、书刊展览、报告会、讲座、书评征文等活动。

图书馆通过图书推荐、成立读书会、名家讲座、阅读征文、读书知识竞赛、经典朗诵等方式开展阅读推广，引导用户热爱阅读、学会阅读、并在阅读中学会思考，激发阅读热情，创造一个更广泛的阅读氛围，促进学习型社会的形成。

宣传文献和阅读推广两者是紧密结合在一起的。宣传文献能够巩固和扩大阅读推广的效果，阅读推广则又直接影响文献宣传的范围和文献的利用。

（五）科技查新

随着社会信息化的发展，海量数字资源迅猛增长，这些海量数字资源为我们带来丰富信息的同时，也给我们提出了一个挑战：如何从中准确、有效地查询和获取我们所需要的信息？这对高校图书馆的信息服务提出了新的要求。因此，依据用户的特定需求，为其提供集成化、个性化、多层次的信息服务产品是信息服务的发展趋势。

科技查新作为科技管理的一项基础工作，为科研管理部门和有关专家进行科技成果和新产品的鉴定、奖励、专利申请及科研立项的评审等提供了可靠的文献依据。因此，受到有关部门的高度重视。科技查新报告已成为有关部门进行科技成果评价和科研立项中必不可少的材料之一。目前，国内许多知名高校的图书馆已经开展了此项服务工作。

（六）文献传递与馆际互借

任何一座图书馆都无法做到仅依靠本馆馆藏就能满足用户的文献需求。任何一座图书馆的馆藏对于浩瀚的文献资源来说都是有限的。用户对于文献的需求不但特定而且多样。靠书刊采购丰富馆藏并不能解决所有问题，尤其是文献的时效性无法保障，有的还无处购买。而馆际互借与文献传递，能弥补馆藏文献之不足，有效地提高图书馆的文献保障率。

文献传递与馆际互借一般是根据合作馆之间的互借协议，通过复印、扫描、邮寄、快递、电传、传真、E-mail等方式传递本馆未收藏的用户所需文献，是一种共享文献信息资源的服务。这种服务分为返还式（即馆际互借，Interlibrary Loan）和非返还式（即文献传递，Document Delivery）两种，它可以跨系统、地区、国界传递文献。目前，国内主要的文献传递系统有CALIS馆际互借/文献传递服务网、国家科技图书文献中心（NSTL）、中国科学院国家科学数字图书馆（CSDL）、中国高校人文社会科学文献中心（CASHL）等。使用文献传递服务，需要向所在单位图书馆的文献传递部门提出申请，由相关的馆员进行处理后将需求信息发送给收藏馆，后者根据收到的请求将文献传递给需求馆。

（七）学科化服务

学科化服务是以用户为核心，主要通过图书馆的学科馆员，依托图书馆和公共信息资源，面向特定机构和用户，建立基于科研与教学、面向一线用户的一种新的服务模式和服务机制，向用户提供个性化、专业化的服务，为教学科研提供有力的信息保障与支撑。

学科化服务是新信息环境下图书馆转型的重要表现形式和创新发展的出路，也是用户信息服务的必然要求，真正体现了新时期图书馆的价值、地位和作用。

学科化服务主要是由学科馆员来完成的，学科馆员是学科文献服务专家，是受过专门训练和拥有某一学科丰富知识的图书馆员，负责图书馆某一学科专业文献的选择和评价及学科信息服务和书目文献的组织。一般来说，高校图书馆学科馆员的职责主要有：图书馆和学校相关院/系/所之间的联络人；参考咨询服务；学科信息资源服务；学科信息素质教育；馆藏学科资源建设等。

第二节　大学生利用图书馆学习

大学生最主要的任务就是学习，不仅仅需要学习专业课程知识，还应思考职业生涯规划，如考研、留学、就业、创业等，都可以在图书馆寻求帮助。

一、学习考试类信息检索与利用

当前是一个数字化、网络化的学习时代，图书馆和网络上的学习资料数量大、种类多，有的费用昂贵，有的免费。如何进行高效而有针对性的学习，选取学习资源非常重要。

（一）学习考试类信息选择的关键因素——权威性

公共考试、竞赛的权威信息一般来自官方网站。通过官方网站，可以了解考试的政策、时间、命题原则与范围、历年真题等。许多考试信息网站栏目设置雷同，对一些热点考试信息争相发布，存在明显的重复现象。因此，考生应以公布考试信息的官方网站为准。

学习方面的网络资源权威信息，一般是参考该领域的领先者提供的资源。例如：专业学习，可以参考自身所在专业排名靠前的大学，进入其专业所在院系的网站，查看对方的学习内容、培养方式、学生活动、毕业分配等；课程信息，则可以通过国家精品课程网或知名慕课，查找相关课程资源。

（二）学习考试类信息选择的主要类型与途径

1.学习考试类主办方网站或官网

【案例7-1】中国教育考试网下的英语四六级考试网站（http://cet.neea.edu.cn/）是全国大学英语四、六级考试官方网站，主办单位为教育部考试中心。

2.知名门户网站的相关专题栏目

由于知名门户网站实力雄厚，对各种学习、考试资料的收集比较齐全，整理比较规范，可信度也比较高。

【案例7-2】国内知名门户网站学习考试栏目列表

新浪教育：http://edu.sina.com.cn/（高考、考研、中小学、公务员、资格考试、外语、少儿英语、出国留学、商学院、教育博客、公开课等）。

搜狐教育：https://learning.sohu.com/（高考、家长帮、中小学、高校、留学、考试等）。

腾讯教育：https://new.qq.com/ch/edu/（高校、高考、出国、中小学、外语、考研、商学院、教师等）。

网易教育：https://edu.163.com/（留学、移民、外语、高考、校园、商学院等）。

3. 相关中介辅导与培训机构

为了吸引用户，更为了在市场竞争中站稳脚跟，考试中介与辅导机构必然会投入人力物力对考试信息、命题、模拟试题进行收集、加工与发布，并且把其中的部分内容放在网上。尤其是在考试前几天，可以搜索最新发布的模拟题，因为几乎每年都有一些考试网站公开炫耀其押中题目。

4. 相关论坛

许多考试网站为考生提供了论坛、博客、QQ群、微信群等网上互动交流空间，考生在论坛里围绕考试主题自由发帖，共同探讨复习考试方法，互相解答疑难问题。

【案例7-3】例如，大家论坛（http://club.topsage.com/）设置了几十种考试论坛，在其考研专栏内设有考研资讯、政治、英语、数学、经验心得交流等十多个子论坛。

5. 导航网站的相关栏目

QQ上网导航（http://hao.qq.com/）、hao123网址之家（https://www.hao123.com/）、265上网导航（http://www.265.com/）、9495上网导航（http://www.9495.com/）、114啦网址导航（https://www.114la.com/）等网站上都有专门的学习、考试、留学分类网站，单击该类别可查看主要网站，一般导航类网站会把点击量大和知名度高的网站排在前面。

（三）学习考试类信息的利用特点

①使用人数越多的信息资源，免费获取的可能性就越大；而使用人数

越少的信息资源，获取时付出的成本可能就越高。以考研为例，考研的公共课，无论是历年真题还是最新辅导材料、考试大纲，均可在网络上免费获取；而专业课获取就较困难，一般应到报考院校的研究生招生办询问。

②搜集网上学习考试类信息要注意阶段性。网上学习考试类信息的时效性比较强，因此要在不同时期重点搜集不同的信息。例如，搜集考研信息，考生在报考前主要是搜集各单位的招生简章、专业目录、参考教材；确定报考后专门获取考试复习资料；公布考试成绩后，达线的考生要关注复试信息及录取调剂信息。

③网上查找仅是获取学习考试类信息的渠道之一，人们获取其信息的渠道应该多样化，除了上网查找信息，还可以通过与老师交流、打电话、上门咨询、邮件咨询或找熟人打听等多种途径进行搜集。

（四）学习类资源举例——FIF外语学习资源库

FIF外语学习资源库（https://lib.fifedu.com/），见图7-3，是富媒体、多语种外语学习资源，设有口语训练营、阅享电子书、视听练兵场、在线课程库、玩转多语种、专题·赛事、考试竞技场与学习资讯模块，为广大外语学习者提供一站式在线学习体验。

图7-3　FIF外语学习资源库主页

（五）考试类资源举例——银符考试题库

银符考试题库（https://www.yfzxmn.com/），见图7-4，涵盖语言类、计算机类、法律类、公务员类、经济类、研究生类等十余个考试专辑共20万余套试卷。题库紧扣国家资格类考试大纲，考题全面综合了大量的模拟考题和历年真题，可以在线答题、在线评分，交卷后有答案解析，适合考试前进行模拟练习。

图7-4　银符考试题库主页

二、课程信息检索与利用

课程学习除了本校的课程内容，还可以关注同类课程的国家精品课程以及国外名牌大学的公开课程，学习借鉴别人的讲稿、课程要求与阅读材料、授课视频、作业与考试，使学习目标向国内外一流水平看齐。

（一）利用图书馆查找同类课程资源

要学好一门课程，我们应上课认真听讲、掌握教科书和老师课堂讲授的内容，还需要阅读相关课程参考资料，方能融会贯通。这类课程参考资料除了到书店购买，还可以通过图书馆和网络获得。

高校图书馆作为学校教学科研的服务单位，拥有丰富的文献信息资源，这些资源能够为学生提供相应课程的学习参考。除了传统的教学辅导书、习题集和同类教材，图书馆还订购了相应的数字资源，包括电子期刊、论文、电子图书、讲座视频等。纸本类型参考资料的获得比较简单，利用图书馆的书目查询系统，找到该资料的馆藏地址和索书号后，到馆借阅即可；数字类型参考资料则要通过图书馆购买的期刊论文数据库或电子图书数据库，检索并下载全文获得。

（二）查找网络上的免费课程资源

网络上有众多的免费课程资源，也称为开放课程资源。开放课程内容包括课程大纲、课程情况、教师情况、考试情况、讲义、作业、PPT 课件、教学视频、教学资料（教材、阅读材料、相关网站等）、教学进度、成绩评定标准等。这些资源能够为学生的自主学习和拓展学习提供课程资料。以下是一些开放课程资源的网址。

1. 国家精品开放课程——爱课程

网址：http://www.icourses.cn/

“爱课程”网是教育部、财政部“十二五”期间启动实施的“高等学校本科教学质量与教学改革工程”委托高等教育出版社建设的高等教育课程资源共享平台，承担国家精品开放课程的建设、应用与管理工作。自 2011 年 11 月 9 日开通以来，相继推出三项标志性成果——中国大学视频公开课、中国大学资源共享课和中国大学 MOOC。网站面向高校师生和社会大众，提供优质教育资源共享和个性化教学资源服务，具有资源浏览、搜索、重组、评价、课程包的导入导出、发布、互动参与和“教”“学”兼备等功能。

2. 网络视频学习资源

目前网络上国内外知名大学名师的教学视频不断增多，在搜索引擎的视频搜索类别下，或者在优酷、土豆等专门的视频网站，输入大学名称或者课程名称，就能搜出众多课程教学视频。也有知名门户网站提供丰富的视频课程资源，并配有中文字幕。

①网易公开课：https://open.163.com/

②新浪公开课：http://open.sina.com.cn/

3.其他一些开放课程资源

部分开放课程资源如下：

①国际开放课程联盟：https://www.oeconsortium.org/

②英国开放大学：https://www.open.edu/openlearn/

③麻省理工学院：https://ocw.mit.edu/index.htm

④日本东京大学：https://ocw.u-tokyo.ac.jp/

三、考研信息检索与利用

近年来，随着我国市场经济的发展，社会对各类高级专门人才的需求更加迫切，自1999年全国研究生扩招以来，各招生单位都逐年加大了研究生招生规模。研究生教育深受社会关注，为广大青年所热切向往，考研目前已经是高校乃至整个社会的一个热点。随着报考研究生人数的攀升，高校大学生为了能够顺利通过研究生考试，加强考研信息检索与利用尤为重要。

（一）考研信息需求的特点

考研信息是指研究生入学考试、复习、报名、笔试、面试、录取以及考试政策等方面的信息。考研信息的收集工作贯穿于考研备考各个阶段。

考研信息有其基本规律和需求。一是在选择报考方向上的信息需求，要有时效性和准确性，如招研学校、机构名称、招生人数、学习年限、考试科目、专业研究方向、导师姓名及联系方式、课程辅导资料、考研新动向等，也就是考研简介、各校招生简章、招生专业目录等信息。二是在专业上的信息需求，强调全面性、新颖性。考生在选定自己报考专业及研究方向后，需要全面了解自己所报专业的各种信息资料，掌握的复习资料信息越全面，内容越新颖，在考研复习阶段就能少走弯路，为考研取胜提供坚实的基础。另外，考研也有时间性，国家一年一度的研究生考试，形成了考研信息及其需求在时间上的特别要求，超过了时间段即失去意义，如国家相关政策、招生单位招生人数、报名时间等。以上这些都表现出考研信息具有较强的准确性、新颖性、及时性、全面性等特点。

（二）考研各个阶段需要获取的主要信息

1.选择报考单位及专业阶段获取的信息

选择报考单位及专业是考研一个重要阶段，报考阶段需要搜集招生专业目录、导师情况、拟报考招生院校与录取情况等。招生专业目录是报考及全部复习计划的依据。考生可参考拟报考院校的历年招生专业目录，以最终确定自己的报考方向。最新一年的招生专业目录一般在每年7—9月份由各招生院校公布，届时考生登录考研教育网或招生院校研究生院网站或招生院校二级院系主页上即可查阅。

拟报考招生院校历年报考与录取情况的收集也非常重要，具体包括历年报考人数、录取比例、历年国家复试分数线及院校复试基本分数线等。

另外，导师的情况，如拟报考专业有哪些导师，每个导师的研究方向、专业特长、学术观点等信息也是必须了解的。这些信息，考生可首先通过百度等搜索引擎检索到拟报考院校的网址，再进入该校的院系网站或研究生院网站查看。

要了解某单位某导师研究方向和指导过的学生，考生还可以通过数据库查找该导师及其指导过的学生发表的学术论文和著作，以进一步了解其学术研究的方向和水平，同时也能明确自己是否对这方面内容感兴趣，从而最终确定拟报考的专业方向和导师。

【案例7-4】某校学生想报考武汉大学黄如花教授的研究生，需了解该教授的研究领域、发表论文情况、曾经指导过的研究生学位论文情况等，以便做好充分准备。可用中国知网检索武汉大学黄如花发表的论文。

①方法一：使用“作者”字段检索。

第一步：选择“作者”检索字段，输入检索词“黄如花”，点击“检索”；

第二步：点击分组浏览中的“机构”，选择“武汉大学”，得到准确的检索结果，如图7-5所示。

图7-5　基本检索页面

②方法二：使用“作者发文检索”。

第一步：在“作者姓名”中输入检索词“黄如花”；

第二步：在“作者单位”中输入检索词“武汉大学”，点击检索，即可得到准确的检索结果，如图7-6所示。

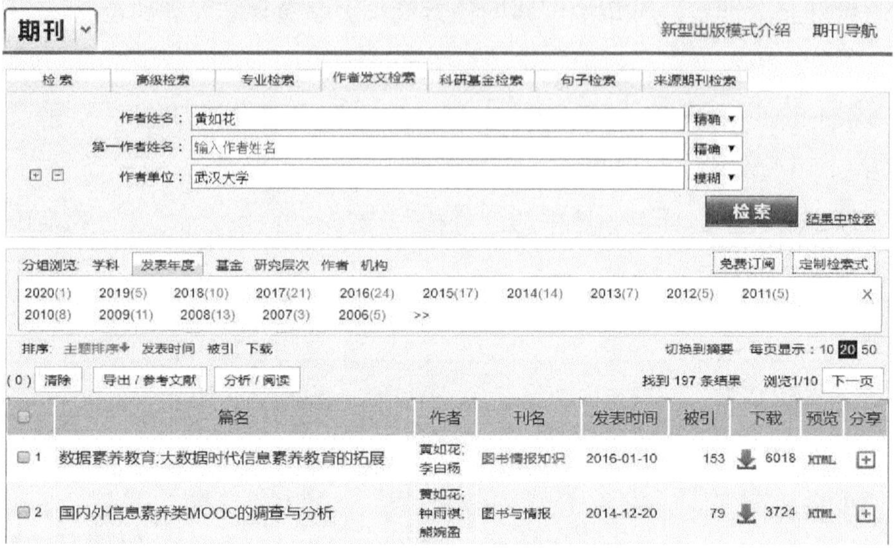

图 7–6 作者发文检索页面

③方法三：使用“专业检索”。

选择专业检索，在检索框中输入检索式：AU ='黄如花' AND AF % '武汉大学'，点击“检索”即可得到准确检索，如图 7–7 所示。

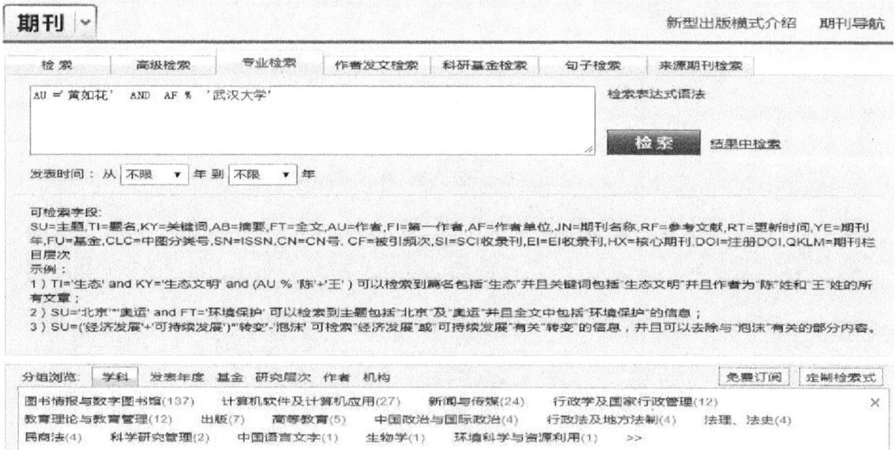

图 7–7 专业检索页面

2. 复习备考阶段获取的信息

考研目标确定以后，接下来要做的，就是根据所要报考学校的要求准备相应的复习资料。考研复习资料根据内容、用途和针对性的不同，可以分为以下几大类：全真试题、考试大纲、专业教材以及各种考研辅导书和内部资料。

全真试题包括历年考研政治、英语、数学等公共课试题和所报专业的专业试题。公共课全真试题可以到专门的考研书店购买，也可以从网上获取。专业课试题一般可先向报考学校咨询，部分学校在网上会公布历年专业课试题，也有学校还可以提供邮购服务。中国教育在线的考研频道（http://zhenti.kaoyan.eol.cn）就提供公共课和法律硕士、教育学、计算机、历史学、心理学、西医综合、中医综合等专业课试题的历年考研真题，并附有试题答案。

考试大纲是规定研究生入学考试公共科目考查知识点及考试题型等重要信息的纲领性文件，由国家教育部考试中心（http://yankao.neea.edu.cn/）每年4、5月份组织专家会议进行修订后，再由高等教育出版社公开出版发行。政治大纲每年变动较大；英语、数学大纲相对稳定。

除全国统考公共课之外，其他专业课都是由各个招生院校自主命题、阅卷。因此，专业课教材一般需要向招生院校获得。考生可参考拟报考院校的研究生院网站或院系网站公布的参考书目，然后按照书目去购买即可。在购买之前可以先检索一下学校图书馆是否收藏有这些资料，或者图书馆的数字资源里是否有其电子版。

考研辅导书是指一些考研政治、英语、数学、日语、俄语、中医、西医等全国统考科目复习指导书，品种多，数量大，每年市面上大概有上百种之多，这些辅导书给了广大考生更多的选择，需要考生自己甄别。内部资料是指比较权威的专业考研辅导机构用于配合授课辅导、课后练习、模拟冲刺训练的资料。对于这类资料，考生可以通过自己所在的辅导班获得，也可以通过参加知名辅导班的研友获得。

另外，考生可以自己以张贴广告、在论坛上留言的方式有偿求购或者相互交换某些自己需要的资料，如历年试题试卷及答案、专业课笔记等。

（三）考研信息获取途径

1.通过各高校图书馆获取考研文献信息

我国高校图书馆一般都收集各高校发布的考研信息，包括招生专业目录、往年招生情况、录取比例、考试题目、统招生所占比例等。这些资料一般都陈列在各图书馆阅览室，供广大学生查阅，这对于考生选择报考院校与专业方向十分重要。

另外，我国部分高校图书馆在网页中建立了考研信息导航栏目，我们可以通过这一栏目的链接，直接进入国内知名考研信息网站去查询考研信息。

2.通过相关网站获取考研信息

（1）中国研究生招生信息网：https://yz.chsi.com.cn

中国研究生招生信息网隶属于教育部的以考研为主题的官方网站，是教育部唯一指定的研究生入学考试网上报名及调剂网站，主要提供研究生招生简章、网上报名及调剂、专业目录查询、院校信息、在线咨询、准考证下载、复习备考资料等，网站首页如图7-8所示。

图7-8 中国研究生招生信息网首页

（2）中国教育考试网：http://www.neea.edu.cn

进入研究生考试栏目，主要提供考研动态、考研大纲、考研论坛等，网站首页如图7-9所示。

图 7-9　中国教育考试网研究生考试专栏页面

（3）通过考研论坛获取相关考研信息

首先，考研论坛中会有很多考生分享一些历年考试真题、备考资料、招生单位考试大纲和专业目录，甚至高校的专业课课程和课件等信息，这些信息对于考研人员来说都很有参考价值；其次，论坛中会有经验分享答疑版块，有一些考研成功的学生也会分享一些自己的考研复习经验，对于迷茫期的考生具有借鉴作用；最后，考生可以在考研论坛中提出复习备考中的疑问，在论坛中或许能得到帮助。常用的考研论坛如下：

①考研集训营：http://www.kyjxy.com/

②考研帮：http://www.kaoyan.com/

③院校库：https://yz.chsi.com.cn/sch/

④Free 考研考试：http://www.freekaoyan.com/

四、留学信息检索与利用

随着改革开放的深化和发展，我国留学生的规模空前，已成为世界上最大的留学生生源国。获取准确的信息是出国留学的前提，而留学信息是多方面的，包括留学国家的奖学金信息及种类、名校申请、留学政策、留学费用、留学中介、留学签证、语言考试、院校排名、院校介绍等。同时，还要了解留学相关考试内容、考试动态、考试政策的变化，留学考试主要有TOEFL托福考试、IELTS雅思考试、GRE考试、GMAT工商管理硕士入学考试等。

（一）通过各类型图书馆获取留学信息

我国大部分高校图书馆和部分省级以上公共图书馆都收藏有大量与留学相关的图书文献，可供用户借阅和查询。同时，图书馆拥有大量数据库，如中国知网、万方数据、重庆维普中也有许多关于留学的文章，均可作为有用信息。部分图书馆还建立了“留学信息知识导航”，提供相关网站的链接，可以让用户轻松获得留学相关信息。

【案例7-5】上海图书馆设立了“留学指南”阅览室，收藏有关出国留学的图书文献和情报资料，其中有纵览世界各国大学的资料，如《学术世界》介绍世界100多个国家和地区的大学以及研究所，并且每年都有更新；还有《世界著名学府丛书》《世界著名大学概要》《各国大学手册》等。

（二）通过相关网站获取留学信息

1.提供留学服务的国家官方机构网站

（1）国家留学基金委：国家留学网（https://www.csc.edu.cn/）

国家留学网根据国家法律、法规和有关方针政策，负责中国公民出国留学和外国公民来华留学的组织、资助、管理，提供出国留学管理规定、国家公费留学生奖学金等。还可以链接我国驻美国、法国、德国等国使领馆教育处组。

（2）教育部留学服务中心：中国留学网（http://www.cscse.edu.cn/）

中国留学网国内最大的留学门户网站。它提供最新、最全、最热的留学资讯，涵盖美国、加拿大、英国、澳大利亚、韩国、日本等各国留学情况，设有留学预警、讲座信息、专家答疑等。

（3）教育部教育管理信息中心：教育部教育涉外监管信息网（http://

jsj.moe.gov.cn/）

该网站是教育涉外活动监督与管理信息的专门网站。它设有政策法规、留学预警、涉外办学、国外院校、专家访谈、案例点评等栏目，公布经资格认定的自费出国留学中介机构法定代表人、办公地址等核心资质情况。

2.提供留学服务的中介机构

目前，我国留学中介机构基本都建立了网站，用户可以通过搜索引擎和其他方式得知中介机构名称，并通过登录网站的方式深入了解该中介，再通过与中介和网友的在线交流决定中介机构的取舍。但是我国留学中介机构名目繁多，良莠不齐，我们可以参考教育部教育涉外监管信息网公布的出国留学中介机构法定代表人、办公地址等核心资质的情况。

3.提供留学信息的综合网站

①新浪出国频道：https://edu.sina.com.cn/a/

②网易留学频道：http://edu.163.com/liuxue/

③腾讯出国频道：https://new.qq.com/ch2/abroad

④环球教育网：http://www.gedu.org

⑤Student.com：https://www.student.com/

4.标准化考试

①雅思：https://www.ielts.org，雅思考试官方网站。

②托福：https://www.ets.org/toefl，TOEFL官方网站，提供最新动态、考试时间、报名方式、考题练习、复习资料等相关信息。

③GRE：https://www.ets.org/gre，GRE（Graduate Record Examination），美国研究生入学考试的官方网站，提供GRE考试相关信息。

④GMAT：https://www.mba.com，GMAT考试官方网站。

五、就业信息检索与利用

随着我国大学的不断扩招，高等教育从精英化阶段转入大众化阶段，大学毕业生就业市场和就业模式都发生了根本变化。大学生就业问题日益严峻，引起了社会各界的高度关注，成为全社会关注的焦点。可以说，大学生能否就业直接关系到学生个体自我价值实现与否，而合理地解决该问题关系到高等教育的发展以及社会的和谐稳定。在当今人才竞争形势严峻的情况下，面对充满激烈竞争的就业市场，想要打破就业难的坚冰，大学生不仅要敢于竞争、善于竞争，还应当首先培养和提高自己查找就业信息的能力。

（一）获取就业信息的重要作用

就业信息是指与就业相关的政策法规，能够提供就业岗位或就业机会的所有相关信息。获取有价值的就业信息是大学生顺利就业的基础和前提，就业信息是求职的基础，是通向用人单位的桥梁，是择业决策的重要依据，更是顺利就业的可靠保证。各省级人民政府、直辖市政府等有关部门，如教育厅、人力资源和社会保障厅、财政厅、科技厅等，以国家相关部委发布的宏观就业政策文件为指导原则，根据所辖区域的实际情况，制定与本区域经济、文化发展水平相适应的就业政策法规文件。

政府为了多渠道开发就业岗位，完善相关政策措施，切实加强就业服务，千方百计促进高校毕业生就业，制定了一系列拓宽毕业生就业渠道的就业政策。如：积极支持和鼓励高校毕业生投身现代农业建设，鼓励农业企业吸纳高校毕业生就业；鼓励引导高校毕业生面向城乡基层、中西部地区以及民族地区贫困地区和艰苦边远地区就业的政策；统筹实施“选聘高校毕业生到村任职”、“三支一扶”（支教、支农、支医和扶贫）、“大学生志愿服务西部计划”、“农村义务教育阶段学校教师特设岗位计划”等基层服务项目，切实做好免费师范毕业生就业工作；积极做好征集高校毕业生入伍服义务兵役工作；鼓励中小企业吸纳高校毕业生就业的政策；鼓励科研项目单位吸纳高校毕业生就业的政策等。这些都是大学生就业时必须掌握的信息。

（二）调整就业观念与就业意愿

在目前的就业环境下，进入大学不再意味着进入“保险箱”，等待国家分配的时代已经一去不复返了。大学生要转变就业观念，积极地看待大学生就业问题。

1.树立积极、主动、灵活的就业观念

在我国现有的劳动力市场环境下，消极等待是无法得到任何结果的。要实现就业，必须积极主动地去寻找，多一分汗水，就多一分收获。因而，要树立积极主动的就业观念，为就业行为提供原动力。

随着我国社会的发展和经济体制转型，很多单位实行聘任制，聘期满后是否再聘具有很大的不确定性，因而，劳动力转岗与流动的速度加快。大学生要树立灵活的就业观念，一方面，可以避免失业带来的损失；另一方面，可以积累工作经验，使理论与实践有机结合起来，增强再就业的竞争优势。

2.及时调整就业意愿

就业预期是影响大学生就业的重要因素。就业预期是否合理取决于它与客观现实是否符合。过高的就业预期不利于就业目标的实现，而较低的就业预期一般只会影响搜寻成本，并不会影响最终就业结果。因而就业预期降低，搜寻的范围就会扩大，搜寻成本必然会增加，但较好的单位也会落在这个搜寻范围之内，不会因为就业预期较低而漏网。降低就业预期，只是扩大了职业选择空间，这意味着可以接受相对较差的单位，但并不意味着有好的单位而不去选择。当就业预期远远高于客观现实时，要能够主动、及时地调整就业预期，才能顺利地实现就业目标。

3.采取积极的就业行动

在就业体制和劳动力市场不完善的情况下，要了解更多就业政策、获得更多有效的人才需求信息、完成签约手续等，都需要付出大量的时间和精力。

信息不充分是劳动力市场不完善的重要标志。从信息发布角度，用人单位的招聘信息发布方式不同，有的在本单位网站上发布，有的在高校就业指导网站上发布，有的去人才招聘会直接发布、当场招聘。从信息传递的角度来说，没有形成全国统一的劳动力市场，就业信息传播也缺乏一个统一的场所和渠道，影响了信息传播的及时性和有效性。因此，大学生必须花费很多时间和精力去搜集就业信息。首先，要保证手机等通信工具畅通，并经常查看邮箱，及时接收可能发来的求职回复信息。其次，要主动与就业指导中心、班主任或者班干部保持联系，及时获得学校发出的相关就业信息。在此，大学生要有针对性地去某些用人单位人力资源管理部门的网站查看，拓宽就业信息的获取渠道。最后，在人才招聘会上投递简历时，要注意用人单位的相关信息，尤其是联系方式，以保证能够与用人单位取得联系。

（三）获取就业信息的主要渠道

1.通过学校就业相关部门获取信息

学校的就业指导中心作为毕业生就业指导及推荐部门，他们既与毕业生就业工作所涉及的各级主管部门之间保持着密切联系，同时也是用人单位选录毕业生所依赖的一个主要窗口。

2.通过社会实践实习获取信息

在求职择业的过程中，一个很大的障碍是供求双方缺乏了解。而毕业生在校期间所从事的社会实践和就业实习等活动，是毕业生了解用人单位，并让用人单位了解自己的最好途径。

3.通过人才市场和洽谈会获取信息

各地方、各行业及各高校每年都要举办各种“人才交流会”，毕业生可通过“双选会”“专场招聘会”等在较短时间内获得大量的就业信息，并可与用人单位直接洽谈，确定工作单位。

4.通过新闻媒介获取信息

报刊、广播、电视媒体等以其信誉度较高、普及面广、易于大众接受等特点，成为各类企事业单位介绍单位情况和发布人才需求信息的重要工具。

5.通过互联网获取信息

对处于信息时代的毕业生而言，借助互联网查阅和交流信息，已经成为毕业生求职择业的重要途径。目前基于互联网的毕业生就业服务和人才招聘市场逐步走向成熟，包括企业和学校在内的各级各类毕业生就业或人才招聘服务机构，都已在网上建立了自己的网站，向社会提供就业指导和就业信息服务，很多企业单位已经实现了网上招聘。

网络获取招聘信息的主要渠道有：浏览专业招聘网站；浏览校园就业信息网；浏览企事业单位网站；浏览主管部门网站；浏览大型综合网站或行业网站。

（四）获取就业信息的主要网站

互联网一直被认为是海量信息平台，信息容量大，而且更新快捷，使用方便。对于就业信息来说，关注招聘网站发布招聘信息是大学生就业应聘的有效方式。互联网上大量的招聘信息可以分为以下几类。

1.国家有关部门主办的就业网站

（1）中国人力资源市场网（http://chrm.mohrss.gov.cn/）

人力资源和社会保障部主办的全国人力资源市场公益性服务平台，面向社会提供人事人才政策咨询和人才服务。

（2）中国国家人才网（http://www.newjobs.com.cn/）

由人力资源和社会保障部全国人才流动中心主办，设有高校毕业生就业服务平台和高校毕业生精准招聘平台。

（3）中国就业网（http://chinajob.mohrss.gov.cn/）

人力资源和社会保障部大型就业培训门户网站，向社会各界提供劳动力市场政策咨询和就业服务信息，提供中央和地方就业政策、职业培训以及技能人才评价，还为各类人员就业（包括大学生）提供服务。

（4）中国公共招聘网（http://job.mohrss.gov.cn/）

发布招聘岗位与招聘会等信息，均由县级以上人民政府举办的公共就业和人才服务机构提供。

（5）中国人事考试网（http://www.cpta.com.cn/）

由人力资源和社会保障部人事考试中心主办，介绍各类专业技术人员资格考试信息等，为就业做好前期准备。

2.各省、市、自治区主办的就业网站

我国各个省、市、自治区的教育与人力资源等部门也都分别建立了自己的就业网站，可以通过进入国家有关部门的就业网站进行链接；也可通过百度等搜索引擎进行查找。这类网站命名通常是某某（城市名）招聘网、某某（城市名）人才网等，聚集大量特定地区或城市的招聘信息，补全全国性招聘平台空白。以安徽省为例，就有安徽人才网、安徽省人事考试网等。

（1）安徽人才网（https://www.ahrcw.com/）

由安徽省人社厅、安徽省人才服务中心主办的大型人力资源专业网站，集互联网人才中介服务、现场招聘会信息发布、猎头、代理招聘、高校毕业生就业服务、人事代理、人才培训、人事政策法规发布等多项功能于一身，立足合肥，覆盖安徽，辐射全国。安徽人才网信息发布面广、知名度高、可信度强，是安徽最具影响力的专业人力资源网站，首页见图7-10。

图7-10　安徽人才网首页

（2）安徽省人事考试网（http://www.apta.gov.cn/及 http://www.apta.net.cn/）

安徽省人事考试院的官方网站，提供安徽省人事考试方面的最新资讯。安徽省人事考试院主要承担全国及全省专业技术人员考试、国家及省、乡镇公务员招考考试、事业单位进人考试及其他一些社会化考试，首页见图 7-11。

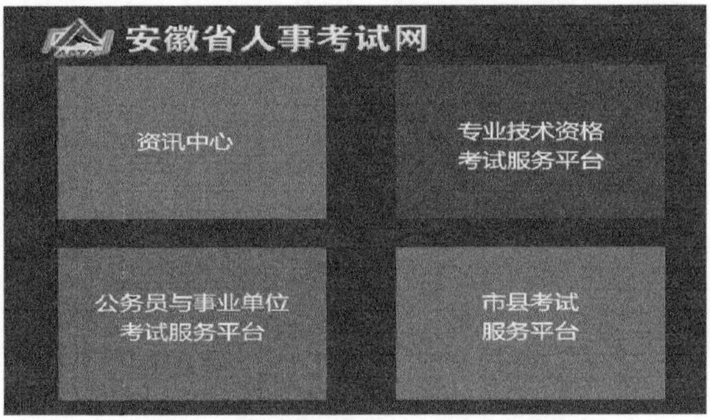

图 7-11　安徽省人事考试网首页

3. 专门的人才招聘网

人才招聘网站有全国各地、各行各业、不同要求的人才需求信息，可以帮助求职者开阔视野、调整就业思路，从中找到契合自己专业、兴趣和能力等方面的相关就业信息。招聘网站主要有智联招聘、前程无忧、BOSS 直聘、58 赶集等。

这类招聘网站招聘流量大，行业齐全，关注度高，与很多企业的校园招聘有密切的合作关系，并且开设了专门的校园招聘版块，是具有广泛影响力的人力资源服务供应商，并提供简历模板、求职攻略及论坛等优质服务。

应届毕业生专属类线上招聘网站主要有应届生求职网（http://www.yingjiesheng.com）、海投网（https://www.haitou.cc/）等。应届生求职网里面有很多的优质招聘岗位，比较贴合应届生的求职需求，是一个应届生求职必备平台。海投网定位于高校毕业生，主要面对应届毕业生，推送内容比较精准，页面简洁，查找信息方便。校园招聘版块可以查询到很多大企业的宣讲会及校园招聘资源，是应届生比较好的选择之一。

4.企业官网、各大高校就业网

一些知名企业会有自己专业的招聘网站，例如腾讯、百度等，腾讯招聘网首页见图7-12。在企业官网里面，可以很容易地找到人才招聘一栏，这里甚至有企业的校招计划及站点。

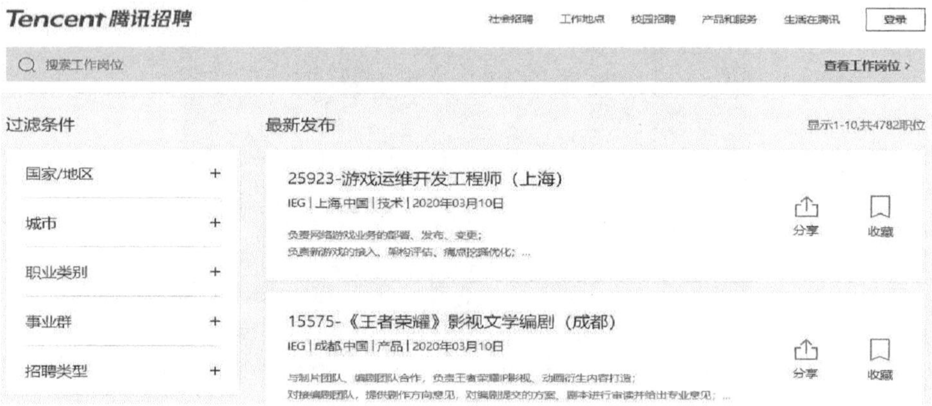

图7-12　腾讯招聘网首页

高校就业信息网分为宣讲会和非宣讲会的招聘企业，建议主要查看召开宣讲会的企业，参加他们的专场宣讲会。其一，对公司产生一定了解；其二，举行宣讲会的企业可靠性较高。

除了这些线上招聘渠道外，大学生还应当积极关注线下渠道，比如校招、当地人才市场等。

六、创业信息检索与利用

大学生创业是一类以在校大学生和毕业大学生的特殊群体为创业主体的创业行为与过程。大学生自主创业，不仅对于大学生自身发展和成长具有重大意义，而且对于社会发展和国家繁荣也具有重大的现实意义和深远的历史意义。在市场竞争日益激烈的当今社会，自主创业作为一种新的就业渠道，正在成为许多大学生实现自己人生价值的重要选择之一。

（一）大学生创业的机遇与挑战

大学生选择创业实践是一条机遇与挑战并存的道路。一方面，国家对大学生自主创业给予了高度的关注与支持，为大学生实现自主创业提供了难得的历史机遇，包括法律环境进一步规范、经济和社会环境得到优化、创新创业的扶持政策不断完善、创业的空间更加广阔。另一方面，在多种不确定因素交织并存的经济发展中，大学生所面临的创业环境也存在诸多挑战，包括外部环境需要更加完善、大学生的自身素质与能力有待提高、大学生创业也需要满足创业的条件。

（二）创业信息获取途径

1. 通过高校图书馆获取创业数字资源信息

我国高校图书馆会针对大学生的需求进行数字资源建设。许多高校图书馆购置了创业类的数字资源。如森途学院——创业数字图书馆（http://cyxy.sentuxueyuan.com/），见图 7-13，用户既可以从中获取包括创业资讯、创业视频、创业案例、创业计划书、创业政策法规等创业资源，也可进行创业测评、创业项目可行性分析等创业实践操作。

图 7-13　森途学院——创业数字图书馆主页

2. 通过学校创新创业网站获取有关信息与资源

大学生的创业实践是学习创业知识的最好途径。间接的创业实践学习主要可借助学校举办的某些课程的角色性、情境性模拟来完成。巢湖学院的创新创业网（https://www.chu.edu.cn/cxcy/），见图 7-14，提供创业政策、创业教育、教学资源、创业实训、创业实践、创业案例等内容。

图 7-14　巢湖学院创新创业网主页

3. 创业论坛

论坛也是创业者可以获取信息的一个渠道。论坛上面会有对应的分类专题，一些志同道合的创业者可以在网上进行交流，里面不乏已经创业的或者是有创业意向的人，可以通过交流找到自己的合作伙伴等。此外，论坛也会有一些创业者发布自己关于创业过程中的经验教训，经验值得借鉴，教训引以为戒。

4. 关注时事新闻

新闻时事常常跟市场挂钩，一个政策的出台往往会影响市场的发展方向，比如国家提倡环保，那么在未来环保的相关项目会是一个重要的市场，是创业的方向之一。时事政策引导着商业的发展，及时发现相关信息，就意味着更早地掌握商机。创业者不仅可以根据这些信息来决定自己创业的方向，还可以据此找到一些资金方面的扶持。

思考与练习

1. 高校图书馆的服务内容有哪些？

2. 通过本校图书馆的OPAC系统检索一本专业图书，写明检索步骤，并进行借阅。

3. 熟练掌握FIF外语学习资源库、银符考试题库、森途学院——职业能力与创业学习资源总库等相关数字资源的使用方法。

第八章　学术论文与毕业论文(设计)写作与信息检索

学生在创作学术论文与毕业论文（设计）的过程中，应当通过对大量的文献与情报资料的检索，来收集较为丰富、全面的论文材料，以便进行正确选题和论文撰写时做到分析有理有据，并使成果及时发表。可以说，从设计选题、文献综述、论文写作到研究成果的整个过程，均离不开信息检索。

第一节　学术论文与毕业论文(设计)基本知识

一、学术论文与毕业论文（设计）概念

学术论文，也称科学论文、科研论文、研究论文。学术论文是某一学术课题在实验性、理论性或预测性上具有新的科学研究成果或创新见解和知识的科学记录，或是某种已知原理应用于实际取得新进展的科学总结，用以在学术会议上宣读、交流、讨论或在学术刊物上发表，或用作其他用途的书面文件。学术论文应提供新的科技信息，其内容应有所发现、有所发明、有所创造、有所前进而不是重复、模仿、抄袭前人的工作。

毕业论文（设计）是学生大学毕业前必须完成的独立作业，是最后一

次重要的学习过程和锻炼机会，是高校教学计划中最重要的实践性教学环节，是大学生综合运用所学的基本理论与专业知识，并加以融会贯通和学习致用的具体体现。毕业论文（设计）体现出一个大学生的学识水平、思维能力、创新能力、科学方法的使用以及文字表达能力等总体素质，是在教师指导下，根据所学专业的要求独立撰写的习作性的学术论文，它不是一般性的学习总结。

学术论文与毕业论文的共同点见表8-1。

表8-1　学术论文与毕业论文的共同点

特性	特点与要求
创新性	科技论文的灵魂
理论性	论文的基调要求站在应有的理论高度，对论点、结论等进行理论概括
科学性	数据、实验过程、事例等真实、准确、可靠
逻辑性	脉络清晰、结构严谨、推理合理、演算正确、前后呼应、自成系统
规范性	格式、符号、名词术语、图表、计量单位等符合规范

二者的不同点是：学术论文一般在学术刊物上发表或在学术会议上交流，强调有效性，即论文应得到同行认可、专家肯定，能对现有文献作出贡献。毕业论文一般不公开出版，仅向校方提供，具有详尽性，即必须论据充分、分析透彻，有详尽的内容，做到实验要有完整的过程，制图要有详细的图纸，实践要有详细的记录等。

二、论文的基本格式

为便于学术论文信息的收集、存储、处理、加工、检索、利用、交流和传播，1988年1月1日起实施的国家标准GB/T 7713—1987《科学技术报告、学位论文和学术论文的编写格式》对学术论文的编排格式作了规定，指明学术论文由前置部分（见图8-1）和主体部分（见图8-2）两大部分构成。

前置部分

- 封面*
- 封二*
- 题名页*
- 变异本*
- 题名（中外文）
- 序或前言*
- 摘要（中外文）
- 关键词（中外文）
- 目次页*
- 插图和附表清单*
- 符号、标志、缩略词、首字母缩写、计量单位、名词、术语等的注释表*

图 8-1　前置部分

主体部分

1. 引言
2. 正文
3. 结论
4. 致谢*
5. 参考文献

图 8-2　主体部分

说明：学术论文如作为期刊、书或其他出版物的一部分，无须带“*”项目。

为了使学位论文的组成要素及结构等方面尽可能与国际标准保持一致，达到资源共享和国际交流的目的，2007 年 5 月 1 日实施的国家标准 GB/T 7713—2006《学位论文编写规则》部分代替了 GB/T 7713—1987《科学技术报告、学位论文和学术论文的编写格式》。有了科技论文的编写格式这一国家标准，对于一篇科技论文应先写什么，后写什么，各部分要写什么内容，以及表达中有什么要求，编排上应符合哪些规定等就有章可循了。

三、论文的撰写要求

无论是学术论文还是毕业论文，其论文格式均应符合规范要求。构成论文的主要框架：题名、摘要、关键词、引言、正文、结论与参考文献等，它们的撰写也有一定的要求。

（一）论文前置部分

1.题名

题名又称为标题、题目、篇名，是以最恰当、最简明的词语反映论文中最重要的特定内容的逻辑组合，是论文的必要组成部分。题名所用每一词语必须考虑到有助于选定关键词和编制题录、索引等二次文献并提供检索的特定实用信息。题名应该避免使用不常见的缩略词、首字母缩写字、字符、代号和公式等，中文题名一般不宜超过20个字，英文题名一般不宜超过10个实词且应于中文题名相对应。此外，题名还要避免使用笼统、空洞、模棱两可、夸张、华而不实的字词。许多作者习惯于用“研究”“观察”“体会”“探讨”等词语，其实除特殊情况外，一般这些都是不必要的。

2.著者署名

著者是指在论文主题内容的构思、具体研究工作的执行及撰稿执笔等方面作出主要贡献的人员，能够对论文的主要内容负责答辩的人员，是论文的法定主权人和责任者。

通常将署名置于题名下方，在作者名下注明工作单位、单位所在地、邮政编码。

3.摘要

摘要又称为文摘、概要、内容提要，是论文内容不加注释和评论的简短陈述，也是论文基本内容的缩影。摘要应具有独立性和自含性，即不阅读报告、论文的全文，通过摘要就能获得必要的信息，供读者确定有无必要阅读全文，一般应说明研究工作的目的、实验方法、结果和最终结论等，重点是结果和结论。为便于国际交流，摘要还应有外文摘要。中文摘要一般为200～300字；外文摘要不宜超过250个实词。科技报告、学位论文的摘要可以用另页置于题名页之后，专题研究论文的摘要一般置于题名和作者之后、正文之前。

4. 关键词

关键词是为文献标引工作而从报告、论文的题名、摘要、正文中选取出来用以表示全文主题内容信息款目的单词或术语。每篇报告、论文选取3～8个词作为关键词，以显著的字符另起一行，排在摘要的左下方。为方便国际交流，应标注与中文对应的英文关键词，且中英文关键词的数量应是一致的。

5. 中图分类号

中文学术论文应按照《中国图书馆分类法》对论文标引分类号，一篇论文一般提供一个分类号，涉及多学科的可给出几个分类号，主分类号排在第一位，中图分类号排在关键词之后。

6. 文献标识码

文献标识码表明了文章的性质，排在中图分类号之后。《中国学术期刊（光盘版）检索与评价数据规范》规定了以下5种文献标识码，见表8-2。

表8-2　文献标识码类型

文献标识码	文献类型
A	理论与应用研究学术论文(包括综述报告)
B	实用性技术成果报告(科技)、理论学习与社会实践总结(社科)
C	业务指导与技术管理性文章(包括领导讲话、特约评论等)
D	一般动态性信息(通讯、报道、会议活动、专访等)
E	文件、资料(包括历史资料、统计资料、机构、人物、书刊、知识介绍等)

另外，不属于上述各类型的文章以及文摘、零讯、补白、广告、启事等不加文献标识码。

7. 基金项目

论文如系国家基金项目或部、省级以上课题，应在论文文题页脚注中注明。基金项目名称及编号应按国家有关部门规定的正式名称填写，如图8-3所示。多项基金项目应依次列出，其间以分号隔开。

《图书馆论坛》2020 年

*本文系国家社会科学基金重大项目“中国图书馆学教育百年史及其文化影响研究”（项目编号：17ZDA295）研究成果。

图8-3 论文基金项目格式

（二）论文主体部分

1. 引言

引言简要说明研究工作的目的、范围、相关领域的前人工作和知识空白、理论基础和分析、研究设想、研究方法和实验设计、预期结果和意义等。引言应言简意赅，不能与摘要雷同，不要成为摘要的注释。比较短的论文可以只用小段文字起引言的作用。

2. 正文

正文是论文的核心部分，占主要篇幅，可以包括调查对象、实验和观测方法、仪器设备、材料原料、实验和观测结果、计算方法和编程原理、数据资料、经过加工整理的图表、形成的论点和导出的结论等。

由于研究工作涉及的学科、选题、研究方法、工作进程、结果表达方式等有很大的差异，因此正文内容没有统一的规定的，但必须实事求是，客观真切，准确完备，合乎逻辑，层次分明，简练可读。

3. 结论

结论（或讨论）是整篇文章的最后总结，但它不是论文的必要组成部分。结论是最终的、总体的结论，不是正文中各段小结的简单重复。结论应该准确、完整、明确、精炼。

如果不可能导出应有的结论，也可以没有结论而只进行必要的讨论，并可以在结论或讨论中提出建议、研究设想、仪器设备改进意见、尚待解决的问题等。

4. 致谢

致谢一般单独成段，放在论文的最后面，但它不是论文的必要组成部分。必要时可在文末以简短的语言对研究工作或论文写作给予资助、帮助、指导等的组织或个人致以谢意。

5. 参考文献

参考文献是现代学术论文的重要组成部分，文后列出参考文献的目的主要有：①体现科学文化的继承性和发展历史；②尊重和保护他人的著作权；③便于编辑和审稿人准确评价论著的学术、技术水平；④与读者共享信息资源。

引文必须是研究者阅读过，且对自己研究的观点、材料、论据、统计数据等有启发和帮助的文献，不能引而不用（伪引），更不能用而不引。

被列入的参考文献应该只限于那些著者亲自阅读过和论文中引用过而且正式发表的出版物或其他有关档案资料。私人通信或者内部讲义及未发表的著作一般不宜作为参考文献著录，但可以用脚注或文内注的方式说明引用依据。

对于论文文中参考文献的引用以及文后参考文献的著录格式，2015 年 5 月 15 日，中国国家标准化管理委员会发布了 GB/T 7714-2015《信息与文献 参考文献著录规则》，规定了各个学科、各种类型出版物的文后参考文献的著录项目、著录顺序、著录用的符号、各个著录项目的著录方法以及参考文献在正文中的标注法。

参考文献类型和标识代码见表 8-3。

表 8-3 参考文献类型和标识代码

参考文献类型	文献类型标识代码
普通图书	M
会议录	C
汇编	G

续　表

参考文献类型	文献类型标识代码
报纸	N
期刊	J
学位论文	D
报告	R
标准	S
专利	P
数据库	DB
计算机程序	CP
电子公告	EB
档案	A
舆图	CM
数据集	DS
其他	Z

电子资源载体和标识代码见表8-4。

表8-4　电子资源载体和标识代码

电子资源的载体类型	载体类型标识代码
磁带(magnetic tape)	MT
磁盘(disk)	DK
光盘(CD-ROM)	CD
联机网络(online)	OL

【案例8-1】常见的参考文献著录格式与示例

常见的参考文献著录格式如表8-5所示。

表8-5 常见的参考文献著录格式

参考文献类型	著录格式
期刊	期刊作者.题名[J].刊名,出版年,卷(期):起止页码.
专著	专著作者.书名[M].版本(第一版不著录).出版地:出版者,出版年:引文页码.
论文集	论文集作者.题名[C].出版地:出版者,出版年:起止页码.
学位论文	学位论文作者.题名[D].保存地点:保存单位,年份.
专利文献	专利所有者.专利题名:专利号[P].公告日期或公开日期.
标准文献	标准制定者.标准题名:标准号[S].出版地:出版者,出版年:引文页码.
报纸	报纸作者.题名[N].报纸名,年-月-日(版次).
报告	报告作者.题名[R].保存地点:保存单位,年份.
电子资源	电子资源作者.题名[电子资源及载体类型标识].出版地:出版者,出版年:引文页码(更新或修改日期)[引用日期].获取和访问路径.

常见的参考文献著录示例如下:

(1)期刊论文

[1]王芳,夏晓慧,宋家梅.基于文本分析的高校图书馆服务创新研究[J].图书馆学研究,2019(21):2-9.

[2]CAPLAN P.Cataloging internet resources[J].The public access computer systems review,1993,4(2):61-66.

[3]陈建军.从数字地球到智慧地球[J/OL].国图资源导刊,2010,7(10):93[2013-03-20].http://d.g.wanfangdata.com.cn/Periodical_hunandz201010038.aspx. DOI:10.3969/j.issn.1672-5603.2010.10.038.

(2)专著

[1]蒋挺大.亮聚糖[M].北京:化学工业出版社,2001:127.

[2]CRAWFPRD W,GORMAN M.Future libraries:dreams,madness, & reality[M].Chicago:American Library Association,1995.

[3]赵学功.当代美国外交[M/OL].北京:社会科学文献出版社,2001

[2014-06-11].http://www.cadal.zju.edu.cn/book/trySinglePage/33023884/1.

(3) 论文集

[1]牛志明,斯温兰德,雷光春.综合湿地管理国际研讨会论文集[C].北京:海洋出版社,2012.

[2]BABU B V, NAGAR A K, DEEP K, et al.Proceedings of the Second International Conference on Soft Computing for Problem Solving, December 28-30, 2012[C].New Delhi: Springer, 2014.

[3]贾东琴,柯平.面向数字素养的高校图书馆数字服务体系研究[C]//中国图书馆学会.中国图书馆学会年会论文集:2011卷.北京:国家图书馆出版社,2011:45-52.

(4) 学位论文

[1]骆文婷.基于微信的高校公共艺术“非遗”课程设计研究[D].南京:南京邮电大学,2019.

[2]Chrisstoffels L A J.Carrier-facilitated transport as a mechanistic tool in supramolecular chemistry[D].The Netherland: Twente University, 1988.

(5) 专利文献

[1]谭军.一种用于美术教育的便于携带的画具箱:CN210234532U[P].2020-04-03.

(6) 标准文献

[1]全国信息与文献标准化技术委员会.信息与文献 参考文献著录规则:GB/T 7714—2015[S].北京:中国标准出版社,2015.

(7) 报纸

[1]刘延东.深入推进创新创业教育改革 培养大众创业万众创新生力军[N].中国教育报,2015-10-26(1).

(8) 报告

[1]World Health Organization. Factors regulating the immune response: report of WHO Scientific Group[R].Geneva: WHO, 1970.

[2]中华人民共和国国务院新闻办公室.新时代的中国与世界[R/OL].

(2019-09-27)[2020-02-12]. http://www. gov. cn/zhengce/2019-09/27/content_5433889.htm.

(9) 电子资源(不包括电子专著、电子连续出版物、电子学位论文、电子专利)

[1]萧钰.出版业信息化迈入快车道[EB/OL].(2001-12-19)[2002-04-15].http://www.creader.com/news/20011219/200112190019.html.

[2]HOPKINSON A.UNIMARC and metadata:Dublin Core[EB/OL].(2009-04-22)[2013-03-27].http://archive.ifla.org/IV/ifla64/138-161e.htm.

第二节 论文写作过程与各阶段检索重点

一、论文的写作过程

撰写学术论文是一种行为过程，这一过程包括科学研究和执笔撰写两大阶段。论文的写作绝不仅是一个“写”字，其前期要做长时间的大量研究工作，研究是论文的写作基础。在论文的写作过程中，自始至终要把重点放在研究上，即要在研究上下功夫。研究阶段的主要工作是收集和积累大量材料，进行深入的分析，探索事物内在本质，抓住规律，解决各种问题。有了好的研究成果，谋篇构思后，执笔行文才能做到水到渠成。通常来说，论文写作过程参见图8-4。

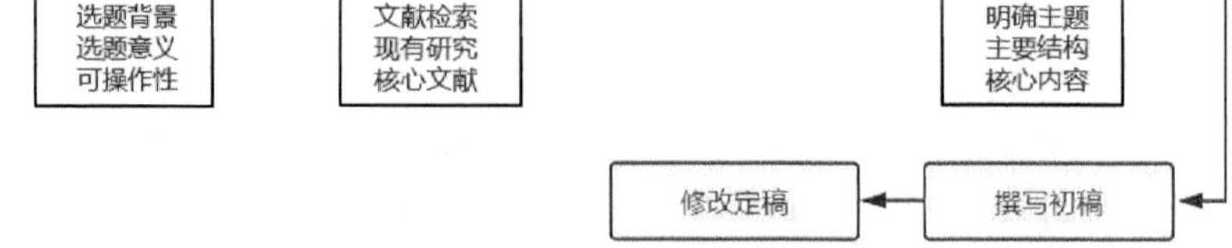

图8-4 论文写作流程

(一) 选题

论文选题是指论文要论述的范围或研究方向，通常是研究过程中选定的研究课题。不管是社会科学还是自然科学，可供研究的课题数不胜数，但并不是任何选题都具有研究价值，可以形成论文。选题既受到作者本人学术水平、研究能力的限制，又受到研究条件的制约。因此，选择既能反映自己科学水平和创新能力又能符合客观条件的课题，不是一件容易的事情。所以，人们经常说“好的选题意味着成功的一半”。那么在选题时，应该注意什么呢?

①要选择有科学价值的论题。科学价值体现在两个方面：一是实用价值，即能解决人们社会活动中的一些实际问题，对人们的社会实践活动具有指导意义；二是理论价值，即科学本身发展的意义，也就是说科学研究的选题应该直接或间接有利于我国的社会化建设，推动我国科学事业的发展，有利于人类的进步。

②选择适合自己特点的论题。论文写作一定要从自己的实际出发，考虑个人特点。个人特点主要指两个方面：一是自己的业务知识和学科特点；二是结合自己的兴趣和爱好。

③选题要具有可行性。可行就是要选条件成熟，难易适当的论题。影响课题现实可行的因素有主客观两方面的条件：客观条件，如资料、信息、图书不足，实验手段、仪器设备缺乏等；主观条件，如学识有限，学科知识储备不足，对某一专题研究时间较短，尚无深刻而独到的见解等。

(二) 信息的收集、整理、分析

确定论文的选题后，便要开始进行资料的收集工作。学术研究必须建立在对前人研究成果的继承和最新科学技术的吸收上，在每一项学术研究中，必须通过收集到的资料，了解课题已有的成果及目前的状况，只有这样才能避免重复他人研究的课题，把学术研究放到一个新的起点上，在继承他人已有研究成果的基础上发展创新。所以说，收集资料是撰写论文的基础。

信息的收集应当从两个方面着手：一是亲自进行调查研究，把观察到的现象与测量到的数据详细记录下来；二是通过信息检索获取与研究课题相关的各种资料。

资料的整理分析就是将所获取的资料经过阅读、鉴别、评估、筛选和分类、汇编、分析、撰写读书报告和资料综述，使原来分散的、个别的、局部的、无系统的资料，变成能说明事物的发展过程或整体，显示其变化的轨迹或状态，论证其道理或者指出其规律的系统资料。最后根据研究的目的或文章的主题决定取舍，并考虑资料在文中如何引用最为恰当。

（三）确定主题

主题是作者在论文中提出的基本观点或中心论点。在一篇学术论文中只能有一个主题，并要求不论其长短，该主题必须贯穿始终，也就是所有内容必须围绕主题来撰写。

论文的选题一般只规定了论文研究的一个大致方向，论文的具体主题则需要根据选题占有信息并进行整理分析后形成。提炼主题时要善于从大量的现象或材料中揭示事物的本质，善于抓住主要矛盾，同时还要注意抓住事物的特点，发现事物发展的规律，逐步形成自己的观点。

（四）编写提纲

提纲是论文的骨架，从写作程序上讲，编写提纲是作者动笔行文前的必要准备。用简洁明了的语言安排出论文的篇章结构，把文章的逻辑关系视觉化，就是编写提纲。一个好的提纲能够帮助作者理清思路，把握论文的逻辑结构，将观点和材料组织成先后有序、连贯周密的论文轮廓。

提纲可以分为简单提纲（又称“标题提纲”）和详细提纲（又称“句子提纲”）。简单提纲即根据写作格式的要求，用标题的形式非常概括地写出各部分的内容。这种提纲简明扼要，一目了然，也节省时间。详细提纲是根据基本格式的要求，用一个或几个能表达完整意思的句子把各部分内容写出来。这种方法具体、明确，不易遗失内容。提纲的选择要根据作者的需要来编制。如果考虑周到，调查详细，用简单提纲即可完成论文写作；但如果考虑粗疏，调查不周，则必须用详细提纲。对于初次写作的人，或者写作内容较为复杂的论文，一般采用详细提纲。

（五）撰写初稿

撰写初稿就是按照写作提纲，围绕论文主题把自己的研究成果和逐步形成的思想、观点表达出来。一般学术论文写作的思路是：提出问题、分析（解决）问题、得出结果和结论。

引言部分写作的重点是提出问题，让读者明白作者是“如何提出问题”或“为什么要提出这个问题”，提出这个问题的“必要性和重要性”。正文部分写作的重点是“如何解决（分析）问题”，其展开一定的广度与深度，以达到使读者明了“作者从不同的角度已经把产生问题的原因分析透彻”“解决问题的方法符合科学理论”“而且得到了使人可以相信的结果”为度。结论部分写作的重点是作者对自己的研究成果作出结论。

初稿不是定型的论文，只算是论文雏形，所以内容要尽可能丰富、充分，即便有自相矛盾、重复的地方也不要紧。

（六）修改定稿

写出初稿，最多只能算是完成了一半的写作任务。从内容到形式，学术论文需要修改的地方很多，可以从推敲标题、调整结构、订正论点、控制篇幅、更动材料、锤炼语言、论文格式等几个方面着手。俗话说“好文章是改出来的”，修改是提高论文质量的重要环节。

一般来说，论文修改的方法有自改法、他改法和综合法3种。自改法，是指作者自己修改，可以趁热打铁，尽快修改，也可以放置一段时间后再进行修改，还可以反复诵读，诵读比一般的阅读更能发现不足。他改法，是指论文初稿写好后，可以请导师、学长或者同学帮忙修改。导师和同学由于不熟悉该课题，会有不同的发现和不同的观点，可使论文更客观全面。综合法即是将自改法和他改法结合起来。一篇论文只有通过不断的反复修改，才可精益求精。

论文定稿应满足以下要求：观点正确，富有新意；论证方法合理，论据材料充分，论述层次清晰；语言具有说服力，语法运用准确。学术论文一般都有字数规定，不是篇幅越长越好，在完成论文总体框架的修改后，需要对论文做进一步的提炼、精简，对初稿内容进行适当压缩、合理取舍。同时，也要规范论文格式、引证注释及参考文献的著录，力求使论文达到科学性、规范性、可读性的统一。

论文写作是一个不断学习和积累的过程，通过实践、总结、再实践、再总结，就能逐步提高论文写作水平。

二、论文写作各阶段检索重点

如前所述，论文的写作流程主要有：论文选题、收集材料、确定主题、编写提纲、撰写初稿、修改定稿。论文写作也可以大致分为三个阶段：前期主要是为论文写作做准备，包括论文选题和搜集与整理资料；中期主要是制订写作计划，包括确定主题和编写提纲；后期主要是动笔成文。

（一）论文写作前期检索重点

确定研究课题的途径，可借助相应的工具书了解概念，与导师、同学讨论，还可利用一些检索工具和系统，查询近年来国内外本专业领域的期刊与博硕士论文及国家、省部级、校级的科研项目，如国家自然科学基金项目，国家社会科学基金项目，省科技厅、省教育厅、相关部委等项目。通过对这些论文和项目的检索分析，获得各种思想，迸发出灵感，发现自己感兴趣的题目。

初步选择课题后，就需要对课题的背景进行研究，包括所属学科、现状、存在问题、希望研究解决的问题等；然后从希望解决的问题陈述中列出术语，主要包括涉及研究对象与方法的关键词，利用文献检索查找相关中外文献综述与参考文献。通过上述检索，结合实际，考虑自身能做什么，怎么做，建立一个研究框架。

（二）论文写作中期检索重点

课题研究过程中，信息检索的侧重点在于解决实验或设计中的实际问题。解决这类问题更多地依赖于工具书、手册、专著、技术报告、各种研究论文、专利和标准等。除了查询相关数据库，还可以利用网络上的信息资源。

制定写作计划，仅靠冥思苦想是不行的，仍然离不开信息检索。这一阶段的信息检索重点如下：

①通过完整检索，找出与自己研究最相关的期刊论文、学位论文、专利、成果等。他人的评述文章和论文综述，可从中归纳出主要研究人物、研究机构，进而为课题论文综述的写作奠定基础。

②查看检索到的同类论文并重点研究同类硕博士论文的目录结构，从中获得启发，不仅可以了解该论文的内容安排和技术路线，也为课题论文的写作提供了思路。

③建立定期跟踪信息日标，利用各数据库和检索平台提供的个性化服务功能进行资源订制，以便在论文写作过程中能及时补充最新资源。

（三）论文写作后期检索重点

论文撰写与修改阶段资料查询要求翔实、深入，获取文献以全文型为主。所选材料必须是最具特征、最有代表性、最能揭示研究对象本质、集中表现论文主题的材料。

作为课题的总结和对研究前景的预测展望，同时也为了进一步对课题研究水平进行正确的评估，需要对国内外文献再次进行全面追踪检索，以便了解选题后国内外技术变化情况，为课题总结或进一步完善研究提供帮助。另外，通过检索对课题水平进行确认，如果该项研究确实具有独到之处，并具备了新颖性和创造性，应及时将研究成果转化为知识产权或市场化，使其产生更大的经济效益和社会效益。

总之，文献检索活动贯穿于论文的全过程，掌握文献检索能力，实际上也是在不断增长和强化科研能力的过程。论文写作各阶段检索重点对比如表8-6所示。

表8-6　论文写作各阶段检索重点对比

对比项	前期	中期	后期
目的	课题立项论文选题	资料跟踪	成果评价
关注问题	在此领域研究的有哪些国家？ 国际上有什么重大研究项目？ 哪些机构和个人有什么成果？ 竞争对手与合作伙伴情况	有没有出现新的研究资料？ 竞争对手与合作伙伴的进展	本项研究的影响力如何？ 与同类工作相比，新颖性如何？ 成果的应用前景
检索要点	以最新最前沿的报道为主，利用分析工具，掌握相关领域的基本情况，为选题和立项做调研	通过对相关研究机构及个人的跟踪，掌握最新科研思想及技术	引文检索通过成果对比检验研究的新颖性和先进性。 专利与标准，成果转化
检索的主要信息资源与举例	文摘型数据库（如SCI、EI、INSPEC）	全文数据库、学术会议、专业网站、机构知识库、个人网页（如SDOS、CNKI）	引文数据库与全文数据库（如SCI、CNKI）、专利、标准
关注重点	了解数据库的内容和特点，选择与自己研究方向相关度最高的数据库作为经常访问的对象	订制、跟踪相关数据库，发现、收藏相关学会、协会网站、专门数据库等资源	利用已有信息资源，对自己的研究成果形成比较客观的评价与转化

【案例8-2】学位论文开题和写作示例——电力计算机系统的若干关键技术及其网上应用

（1）开题报告

本题目主要探讨有关计算机技术、网络技术在电力领域的运用问题和电力计算机系统的网上应用及其若干关键技术，包括实时性、容错性、RAID系统、安全性、可靠性、可用性、完整性等。选题具有现实意义，对于电力领域的计算机化、网络化有一定的参考价值。通过初步查询有关电子期刊与学位论文数据库（详细的数据库清单和检索结果略），确定该选题是恰当、新颖、不重复、具有学术价值和现实意义。

（2）课题分析

该选题既涉及计算机、网络技术的理论研究，如安全性等关键技术的研究；也涉及具体应用，如电力系统的网上应用，是一个理论与实践兼顾的题目。

（3）检索策略

学科：计算机科学。由于涉及电力方面的内容，也需要查询一些综合性或电力学科的数据库。

查询的年代范围：1990年以来。电力计算机系统及其网上应用，是依托于计算机和网络技术的发展而发展起来的，所以该选题的资料查询范围可定在20世纪90年代之后。

语种：主要为中文和英文。

检索式：该选题的主要关键词包括：电力计算机系统（Power Computer System）、安全性（Security）、计算机图形接口（CGI）、客户端/服务器（Client/Server）、网络（Network）等。检索式列举如下：

（电力系统计算机 OR 电力计算机系统）AND（安全性 OR CGI OR Client/Server OR C/S）

电力网络 AND （安全性 OR CGI OR Client/Server OR C/S）

（电力系统 OR 计算机网络）AND（安全性 OR CGI OR Client/Server OR C/S）

（电力 OR 计算机系统）AND（安全性 OR CGI OR Client/Server OR C/S）

（4）参考资源和检索工具

需要查询全文数据库、学位论文数据库、电子期刊、文摘/索引数据库等；还应利用图书馆目录查询专著以及查询网上资料等。（详细的数据库清单与网上资料和专著的检索工具略）

（5）检索结果

略

通过对检索结果进行分析，发现文献深度不够，因该选题重点在于探讨构造电力计算机系统的一些关键技术，并且通过介绍国内外已实现的电力计算机系统的原型系统为其网上应用提供理论参考。因此在资料查询过程中，必须充分考虑到各项关键技术的应用及一些原型系统的发展，对检索策略做如下调整：

将安全性、C/S、容错性、数据保护、数据加密等作为主要关键词再进行检索，得到了一批新的检索结果；

考虑到网上应用等的系统实现，又利用搜索引擎等工具查询了网上资料，得到了一些电力计算机系统运行的实例。

调整检索策略后的检索结果略。

（6）获取原文

在检索结果中，有的可直接在数据库中下载电子版全文；没有电子版全文的文献可手工查询印刷型期刊或通过文献传递等方式获取。

第三节　学术规范、学术不端与合理使用

一、学术规范

所谓学术规范，是指学术共同体内形成的进行学术活动的基本伦理道德规范，或者根据学术发展规律制定的有关学术活动的基本准则。它要求

学术研究人员在学术活动过程中，尊重知识产权和学术伦理，严禁抄袭剽窃，充分理解、尊重前人及今人已有之相关学术成果，并通过引证、注释等形式加以明确说明，从而在有序的学术对话、学术积累中加以创新。

学术规范主要包括学术法律规范、学术道德规范、学术写作规范、学术评价规范等。和大学生相关度最高的是前3个规范，其中写作规范在论文的格式和撰写中已有详细交代，此处主要讨论学术法律规范和学术道德规范。

（一）学术法律规范

学术法律规范是指学术活动必须遵循的法律法规。学术活动除受《中华人民共和国宪法》《中华人民共和国保守国家秘密法》《中华人民共和国专利法》等法律法规约束外，还应遵循与之关系最密切的《中华人民共和国著作权法》。

按照《中华人民共和国著作权法》等有关法律文件的规定，在学术活动中应特别注意做到以下5点。

1. 合作创作作品的版权由合作作者共同享有

合作作者中的每一个人都无权单独行使合作作品的版权。合作作品的署名应按照对科学研究成果所作贡献大小排列，但另有学科署名惯例或作者另有约定的除外。

2. 未参加创作的不可在他人作品上署名

艺术作品和学术成果的创作是艰苦的智力活动，需要创作者付出创造性劳动。如果没有参加创作，或只是参加了一些创作活动的准备、组织及咨询服务性工作，不能认为是参加了作品的创作，因而不能在作品上署名。

3. 不允许剽窃、抄袭他人作品

应坚决杜绝以稍微改变形式或内容，将他人作品的部分或全部据为己有，并以新作品的形式加以发表的剽窃行为，以及直接将他人作品的大部分或部分内容，以相同的形式，窃为己有的抄袭行为。

4.禁止在法定期限内一稿多投

《中华人民共和国著作权法》明确规定，自作者稿件发出之日起15日内未收到报社通知决定刊登的，或者自作者稿件发出之日起30日内未收到期刊社通知决定刊登的，作者可将同一作品投向其他报刊社。同时又明确规定双方另有约定的除外。目前，我国学术性期刊一般把通知作者的时间规定为3个月，应在规定的时间内避免一稿多投，以保证报刊社在采用稿件时享有先于其他报刊登载的权利。

5.可以合理使用他人作品的有关内容

学术研究、学术写作离不开对他人成果的借鉴和利用，都不同程度地存在引用他人已发表（出版）作品文字的现象，即对他人作品著作权的合理使用。合理使用他人作品的有关内容必须符合以下条件：①引用的目的仅限于介绍评论某一作品或说明某一问题；②所引用的部分不能构成引用人作品的主要部分或者实质部分；③不得损害被引用作品著作权人的权益。符合这3个条件时，可以不经过著作权人同意，不向其支付报酬，但必须在自己作品中指明被引用作品的作者姓名、作品名称及版权事项。

（二）学术道德规范

学术道德规范是指在科学研究过程中，学术研究人员应当遵循的基本规范和准则，包括严谨治学、诚实守信、不弄虚作假、不剽窃、不侵犯他人知识产权等诸多要素。

学术道德规范是学术规范的核心部分，是对学术工作者从思想修养和职业道德方面提出的应该遵守的基本规范与准则，具体内容包括：

①在学术活动中，必须尊重知识产权，充分尊重他人已经获得的研究成果；引用他人成果时如实注明出处；所引用的部分不能构成引用人作品的主要部分或者实质部分；从他人作品转引第三人成果时，如实注明转引出处。

②合作研究成果在发表前要经过所有署名人审阅，并签署确认书。所有署名人对研究成果负责，合作研究的主持人对研究成果整体负责。

③在对自己或他人的作品进行介绍、评价时，应遵循客观、公正、准确的原则，在充分掌握国内外材料、数据基础上作出全面分析、评价和论证。

④尊重研究对象，包括人类和非人类研究对象。在涉及人体的研究中，必须保护受试人合法权益和个人隐私并保障其知情同意权。

⑤在课题申报、项目设计、数据资料的采集与分析、公布科研成果、确认科研工作参与人员的贡献等方面，遵守诚实客观原则。搜集、发表数据要确保有效性和准确性，保证实验记录和数据的完整、真实和安全，以备考查。公开研究成果、统计数据等，必须实事求是、完整准确。对已发表研究成果中出现的错误和失误，应以适当的方式予以公开和承认。

⑥诚实严谨地与他人合作。耐心诚恳地对待学术批评和质疑。

⑦对研究成果作出实质性贡献的有关人员拥有著作权。仅对研究项目进行过一般性管理或辅助工作者，不享有著作权。合作完成成果，应按照对研究成果的贡献大小的顺序署名（有署名惯例或约定的除外）。署名人应对本人作出贡献的部分负责，发表前应由本人审阅并确认。

⑧不得利用科研活动谋取不正当的利益。正确对待科研活动中存在的直接、间接或潜在的利益关系。

二、学术不端与学术侵权

学术不端是指在科学研究和学术活动中，为骗取学术共同体和社会承认而出现的违背学术规则、学术规范的不良学术行为。

美国国家科学院（NAS）将学术不端行为限定为申报、开展或报告研究项目中的伪造、篡改、剽窃行为。即不端行为主要被限定在伪造（Fabrication）、篡改（Falsification）、剽窃（Plagiarism）三者中。该定义通常被缩略为FFP。

我国教育部于2016年6月颁布的《高等学校预防与处理学术不端行为办法》（教育部令第40号），列举的学术不端行为包括：①剽窃、抄袭、侵占他人学术成果；②篡改他人研究成果；③伪造科研数据、资料、文献、注释，或者捏造事实、编造虚假研究成果；④未参加研究或创作而在研究成果、学术论文上署名，未经他人许可而不当使用他人署名，虚构合作者共同署名，或者多人共同完成研究而在成果中未注明他人工作、贡献；⑤在申报课题、成果、奖励和职务评审评定、申请学位等过程中提供虚假学术信息；⑥买卖论文、由他人代写或者为他人代写论文；⑦其他根据高等学校或者有关学术组织、相关科研管理机构制定的规则，属于学术不端的行为。

（一）常见的学术不端行为

1.抄袭与剽窃

人们最常提到的学术不端行为就是抄袭、剽窃。根据《现代汉语词典》解释，抄袭是指窃取别人所作文字以为己作；不顾客观情况，照搬或沿用别人的思想、方法、经验等。剽窃是抄袭行为的一种，窃取他人的文字，或者文学艺术以及科研、设计等学术方面的成果。抄袭、剽窃是指论文的基本内容不是来源于自己的研究，而是盗用他人的研究成果。具体表现为：未经著作人同意，公开抄袭著作人的论点结论、观点、论据论证实验和观察结果分析、表格数据、图形图像、概念等内容；照搬他人全文或大部分段落；对他人的论文只进行文字上的调整或更改；把他人的论文翻译成另一文种以自己的名义发表。抄袭与剽窃危害是极其严重的，但是此种行为比较直观，很易发现，若是采取积极手段是能够得到有效治理的。

抄袭行为与引用不当行为都不以故意为主观构成要件。判断抄袭或引用不适当，一定要以确实使用别人作品为前提，著作权保护的是独创作品，而非首创作品。类似作品如果是作者完全独立创作的，能证明两部作品相同部分纯属巧合，则不能认为是抄袭。

在学术研究中，我们还要正确区分抄袭与合理使用的界限。合理使用是作者利用他人作品时法律上的依据，一般由各国著作权法自行规定其范围。我国2001年修订的《中华人民共和国著作权法》及随后出台的《中华人民共和国著作权法实施条例》都没有给定“数量上的界定标准”。目前，出版界在抄袭行为界定上通行的数量标准是：待判断作品中与原作品文字重合度不超过待判断作品文字总量的一定数量（大约10%～30%）。再结合“抄袭”概念中“基本内容”这一关键词，实践中需要谨记“重复率不等于抄袭率”。

2. 篡改

篡改是指研究人员在取得研究结果或试验数据后，发现与自己的期望值不符，为达到自己的原始预期，任意地取舍，或随意修改原始的结果或数据。这是一种不严谨、不负责任的学术态度，是对科学的不尊重，其危害也是极其深远的。篡改行为较之抄袭，不易被发现，更依赖于学者严谨的治学态度和严格成果审核程序来抵制其发生。

3. 伪造数据与注释

伪造也是学术不端行为中的重要表现形式，指不以实际观察或实验中取得的真实数据为依据，伪造虚假的观察或者实验结果，其推理过程和研究方法是明显不合理的，伪造的手段也多种多样，如伪造论据、伪造试验样品，等等。伪造行为的实质是一种欺骗行为，编造新研究成果中的材料、方法、数据等，是无法通过重复实验或观察再次取得的。伪造与篡改行为有重合之处，但又不完全相同。

伪造注释指引用他人研究成果不加以标注，或将未阅读和引用的文献列在参考文献中。此种学术不端行为通过采取严格的审核机制是很容易发现并加以治理的。

4. 参考文献使用中的不端行为

参考文献是在学术研究过程中对某一著作或论文的整体的参考或借鉴，是学术研究和论文撰写的基础资料。目前在参考文献著录中存在的问题主要有以下几种。

（1）引而不注

参考、借鉴甚至直接引用了他人的研究成果，却不写出参考文献。其主观意图是为了掩盖“无创新性、低水平劳动”，或是为了遮掩自己研究的不足，故意隐匿他人在这方面有关的正确观点。

（2）注而不引

在文后参考文献著录正文中根本没有引用的“参考文献”，其目的无非是为了伪造“论文研究深入”的假象，以迷惑编辑和审稿专家。

（3）过度他引

引用过多而不当，全文似乎是他人观点的拼接或转述。

（4）不正当自引

指自引的文献与论文内容无关，也是一种“制假”行为。其目的无疑是为了烘托自己的个人学术成就，制造个人已有研究成果、社会影响力较好的假象。

5. 一稿多投与重复发表

一稿多投表现为同一作者将自己同一篇文章同时发给两家或两家以上的学术刊物，文章同时发表或者先后发表，还有将自己的一个学术成果分为多篇论文加以发表。一稿多投与重复发表其影响相当恶劣，不仅浪费了刊物编辑审阅文章的时间和精力，浪费了刊物版面，还有可能造成刊物之间的纠纷。

6. 不正当署名

由于功利化倾向的驱使，存在学术论文作者署名中的挂名现象。有的是几位作者相互挂名发表文章，有的是在研究成果中将上级领导挂名，有的是为了文章顺利发表，在未经他人同意的前提下署上知名学者的名字，还有的是有偿购买论文并发表。我国著作权法规定署名权是作者经智力活动创作后，在所形成的作品上署名的权利。著作权是一种人身权利，只有真正的作者才享有，以上不正当的署名现象是为法律所禁止的。这也是有违学术规范的学术不端行为。

7. 其他学术不端行为

如捏造、泄密、打击报复、滥用学术信誉、学术履历造假，通过钱权交易物色他人代为书写论文等。

(二) 学术不端行为检测系统

计算机技术和网络数据库的快速发展，使信息获取变得十分便捷，这也给学术论文写作中的大量学术不端行为提供了一定的隐蔽性，如改换标题、变更作者署名、在内容上作出部分调整和修改等，这就意味着对学术不端行为的查证工作量巨大和复杂。学术不端文献检测系统的研制成功在很大程度上减少了对学术不端行为控制的工作难度，提高了科技期刊对作者学术不端行为界定的效率和准确度，并作为第三方的独立学术审查机构得到科研管理部门和科研工作者的认同。

近年来，国内各高校为提高学位论文质量，已陆续应用学位论文学术不端行为检测系统，并制定相应的检测要求和处理办法，以论文的文字总重合率作为依据，将检测结果大致分为检测通过、修改后重新检测、检测不通过等情况，并提出相应的处理办法。个别高校还以文献综述或理论综述部分、重要结果或重要结论部分的文字重合率作为依据。

现在流行的学术不端行为检测系统主要是三大中文期刊数据库提供商开发的系统，即中国知网CNKI学术不端文献检测系统、万方论文相似性检测系统、维普论文检测系统。各种检测系统主要在文献对比的范围、识别算法、效率上有差别，此外各系统的计费方式也有差异。虽然各个检测系统的检测结果不一定完全一致，但对论文的修改都会有所帮助。

三、网络环境下信息的合理使用

合理使用是知识产权方面的一个概念，它是指允许人们无需征求版权所有者的同意，就可以自由使用受版权保护的部分内容。合理使用在美国1976年《著作权法》中被法典化。现在“合理使用”这个概念在许多国家的著作权法中都存在。建立合理使用制度的初衷是为了解决后续的作者创作新作品如何利用先前作者的作品的问题。

在网络环境中，智力作品的物质表达与传播状况导致更深层次的问题。在网络上，作品以数字化形式传输、下载，复制作品非常容易，并且成本更加低廉。与此同时，网络空间中作者和社会公众（网络用户）之间的关系似乎处于一种对抗状态：作者需要将其作品的著作权延伸到网络空间，以使自己的作品权益在信息社会新的传媒方式下得到保障；而社会公众也有权利享受信息技术带来的利用人类知识和信息的方便，因而需要在网络空间利用作品。网络环境既需要保护作者和其他著作权人的权益，也需要保障社会公众能够广泛地接近网络世界中的作品。解决这种对抗状态的制度设计的办法仍然是建立网络空间的合理使用原则。关于网络空间合理使用制度的构建，各国都在积极地探索中。

（一）我国网络环境中合理使用判断标准

我国著作权法对于合理使用采取列举式的立法体例，即将符合合理使用的情形逐一进行列举，并没有明确给出合理使用的判断标准。而对于传统著作权的限制方式是否同样适用于信息网络环境，我国2020年修订的《中华人民共和国著作权法》仍未作出明确规定。

结合2005年颁布的《互联网著作权行政保护办法》和2006年颁布、2013年修订的《信息网络传播权保护条例》，我国网络环境中合理使用判断标准，可建立以下三个基本要素：

①使用的目的及其性质。使用目的必须正当，不能借合理使用之名行剽窃之实。在网络领域，合理使用须以善良之目的、公益之性质为判断标准，而不以是否盈利为基本判断标准。

②作品的性质。由于与公共利益的关系密切程度不一样，对不同的作品合理使用可有不同的要求，如政府公共信息网上的公共事务信息可由用户自由下载，其合理使用的要求较低。

③使用的程度。以下情形属侵权行为：大量引用原作应视为侵权，一般来说，在作品中少量使用原作片段被视为合理使用；不得照搬原作的精华部分，一般来说，作品的精华部分更能体现文章的独创性特点，对精华部分的保护应优先于其他部分；对经济价值的影响，不管使用者是否取得

了实质性的利益，只要给权利人造成了实质性的“市场损害”，就不属于合理使用。

（二）我国网络电子期刊、网络数据库合理使用的一般性规则

在我国，授权用户出于个人的研究和学习目的，可以对大型网络产品（如电子期刊、数据库）进行以下合理使用：

①对网络数据库进行检索；

②阅读检索结果（文摘索引记录或全文文章，下同）；

③打印检索结果；

④下载检索结果存储在自己个人计算机上；

⑤将检索结果传送到自己的电子邮箱里；

⑥承担使用单位正常教学任务的授权用户，可以将作为教学参考资料的少量检索结果，下载并组织到供本单位教学使用的课程参考资料包中，置于内部网络中进行阅读。

以下行为超出了合理使用范围，是侵权网络数据库商知识产权的行为，应严格禁止：

①对文摘索引数据库中某一时间段、某一学科领域或某一类型的数据记录进行批量下载；

②对全文数据库中某种期刊（或会议录），或它们中的一期或者多期的全部文章进行下载；

③利用批量下载工具对网络数据库进行自动检索和下载；

④存储于个人计算机上的用于个人研究或学习的资料以公共方式提供给非授权用户使用；

⑤把课程参考资料包中的用于特定课程教学的资料以公共方式提供给非授权用户使用；

⑥设置代理服务器为非授权用户提供服务；

⑦在使用用户名和口令的情况下，有意将自己的用户名和口令在相关人员中散布或通过公共途径发布；

⑧直接利用网络数据库对非授权单位提供系统的服务；

⑨直接利用网络数据库进行商业服务或支持商业服务；

⑩直接利用网络数据库内容汇编生成二次产品，提供公共或商业服务。

思考与练习

1. 了解大学生进行论文写作的意义及其选题方法。

2. 学术论文包括哪几部分？撰写学术论文有哪些具体要求？

3. 在学术活动中应怎样遵守学术规范，避免学术不端？

4. 论文参考文献应如何著录？

5. 结合所学专业，自拟感兴趣的课题题目，利用各种可能的网络资源，完成课题资料的收集，提交相应的检索报告，并尝试撰写相应课题的文献综述论文。

附录A 《中国图书馆分类法》简表

分类号	类名
A	马克思主义、列宁主义、毛泽东思想、邓小平理论
A1	马克思、恩格斯著作
A2	列宁著作
A3	斯大林著作
A4	毛泽东著作
A49	邓小平著作
A5	马克思、恩格斯、列宁、斯大林、毛泽东、邓小平著作汇编
A7	马克思、恩格斯、列宁、斯大林、毛泽东、邓小平生平和传记
A8	马克思主义、列宁主义、毛泽东思想、邓小平理论的学习和研究
B	哲学、宗教
B0	哲学理论
B1	世界哲学
B2	中国哲学
B3	亚洲哲学
B4	非洲哲学
B5	欧洲哲学
B6	大洋洲哲学
B7	美洲哲学

续 表

分类号	类名
B80	思维科学
B81	逻辑学(论理学)
B82	伦理学(道德哲学)
B83	美学
B84	心理学
B9	宗教
C	社会科学总论
C0	社会科学理论与方法论
C1	社会科学概况、现状、进展
C2	社会科学机构、团体、会议
C3	社会科学研究方法
C4	社会科学教育与普及
C5	社会科学丛书、文集、连续性出版物
C6	社会科学参考工具书
[C7]	社会科学文献检索工具书
C79	非书资料、视听资料
C8	统计学
C91	社会学
C92	人口学
C93	管理学
[C94]	系统科学
C95	民族学、文化人类学
C96	人才学
C97	劳动科学
D	政治、法律

续 表

分类号	类名
D0	政治学、政治理论
D1	国际共产主义运动
D2	中国共产党
D33/37	各国共产党
D4	工人、农民、青年、妇女运动与组织
D5	世界政治
D6	中国政治
D73/77	各国政治
D8	外交、国际关系
D9	法律
DF	法律
E	军事
E0	军事理论
E1	世界军事
E2	中国军事
E3/7	各国军事
E8	战略学、战役学、战术学
E9	军事技术
E99	军事地形学、军事地理学
F	经济
F0	经济学
F1	世界各国经济概况、经济史、经济地理
F2	经济管理
F3	农业经济
F4	工业经济

续 表

分类号	类名
F49	信息产业经济
F5	交通运输经济
F59	旅游经济
F6	邮电通信经济
F7	贸易经济
F8	财政、金融
G	文化、科学、教育、体育
G0	文化理论
G1	世界各国文化与文化事业
G2	信息与知识传播
G3	科学、科学研究
G4	教育
G8	体育
H	语言、文字
H0	语言学
H1	汉语
H2	中国少数民族语言
H3	常用外国语
H4	汉藏语系
H5	阿尔泰语系(突厥-蒙古-通古斯语系)
H61	南亚语系(澳斯特罗-亚细亚语系)
H62	南印语系(达罗毗荼语系、德拉维达语系)
H63	南岛语系(马来亚-玻里尼西亚语系)
H64	东北亚诸语言
H65	高加索语系(伊比利亚-高加索语系)

续 表

分类号	类名
H66	乌拉尔语系(芬兰-乌戈尔语系)
H67	闪-含语系(阿非罗-亚细亚语系)
H7	印欧语系
H81	非洲诸语言
H83	美洲诸语言
H84	大洋洲诸语言
H9	国际辅助语
I	文学
I0	文学理论
I1	世界文学
I2	中国文学
I3/7	各国文学
J	艺术
J0	艺术理论
J1	世界各国艺术概况
J19	专题艺术与现代边缘艺术
J2	绘画
J29	书法、篆刻
J3	雕塑
J4	摄影艺术
J5	工艺美术
[J59]	建筑艺术
J6	音乐
J7	舞蹈
J8	戏剧、曲艺、杂技艺术

续 表

分类号	类名
J9	电影、电视艺术
K	历史、地理
K0	史学理论
K1	世界史
K2	中国史
K3	亚洲史
K4	非洲史
K5	欧洲史
K6	大洋洲史
K7	美洲史
K81	传记
K85	文物考古
K89	风俗习惯
K9	地理
N	自然科学总论
N0	自然科学理论与方法论
N1	自然科学概况、现状、进展
N2	自然科学机构、团体、会议
N3	自然科学研究方法
N4	自然科学教育与普及
N5	自然科学丛书、文集、连续性出版物
N6	自然科学参考工具书
[N7]	自然科学文献检索工具书
N79	非书资料、视听资料
N8	自然科学调查、考察

续 表

分类号	类名
N91	自然研究、自然历史
N93	非线性科学
N94	系统科学
[N99]	情报学、情报工作
O	数理科学和化学
O1	数学
O3	力学
O4	物理学
O6	化学
O7	晶体学
P	天文学、地球科学
P1	天文学
P2	测绘学
P3	地球物理学
P4	大气科学(气象学)
P5	地质学
P7	海洋学
P9	自然地理学
Q	生物科学
Q1	普通生物学
Q2	细胞生物学
Q3	遗传学
Q4	生理学
Q5	生物化学
Q6	生物物理学

续 表

分类号	类名
Q7	分子生物学
Q81	生物工程学(生物技术)
[Q89]	环境生物学
Q91	古生物学
Q93	微生物学
Q94	植物学
Q95	动物学
Q96	昆虫学
Q98	人类学
R	医药、卫生
R1	预防医学、卫生学
R2	中国医学
R3	基础医学
R4	临床医学
R5	内科学
R6	外科学
R71	妇产科学
R72	儿科学
R73	肿瘤学
R74	神经病学与精神病学
R75	皮肤病学与性病学
R76	耳鼻咽喉科学
R77	眼科学
R78	口腔科学
R79	外国民族医学

续 表

分类号	类名
R8	特种医学
R9	药学
S	农业科学
S1	农业基础科学
S2	农业工程
S3	农学(农艺学)
S4	植物保护
S5	农作物
S6	园艺
S7	林业
S8	畜牧、动物医学、狩猎、蚕、蜂
S9	水产、渔业
T	工业技术
TB	一般工业技术
TD	矿业工程
TE	石油、天然气工业
TF	冶金工业
TG	金属学与金属工艺
TH	机械、仪表工业
TJ	武器工业
TK	能源与动力工程
TL	原子能技术
TM	电工技术
TN	电子技术、通信技术
TP	自动化技术、计算机技术

续 表

分类号	类名
TQ	化学工业
TS	轻工业、手工业、生活服务业
TU	建筑科学
TV	水利工程
U	交通运输
U1	综合运输
U2	铁路运输
U4	公路运输
U6	水路运输
[U8]	航空运输
V	航空、航天
V1	航空、航天技术的研究与探索
V2	航空
V4	航天(宇宙航行)
[V7]	航空、航天医学
X	环境科学、安全科学
X1	环境科学基础理论
X2	社会与环境
X3	环境保护管理
X4	灾害及其防治
X5	环境污染及其防治
X7	行业污染、废物处理与综合利用
X8	环境质量评价与环境监测
X9	安全科学
Z	综合性图书

续 表

分类号	类名
Z1	丛书
Z2	百科全书、类书
Z3	辞典
Z4	论文集、全集、选集、杂著
Z5	年鉴、年刊
Z6	期刊、连续性出版物
Z8	图书报刊目录、文摘、索引

注：方括号“[]”内为交替类目，该类书可入其他类。如[C7] 社会科学文献检索工具书，社会科学文献情报研究或目录索引研究的著作宜入G257.33，文献目录宜入Z88，文献索引宜入Z89；[C94]系统科学宜入N94。

附录B　巢湖学院图书馆文献传递与校外访问系统使用方法

一、文献传递

1. 读秀知识库

读秀知识库是由海量全文数据及资料基本信息组成的超大型数据库，为用户提供深入到图书章节和内容的全文检索，部分文献的原文试读，以及高效查找、获取各种类型学术文献资料的一站式检索，周到的参考咨询服务，是一个学术搜索引擎及文献资料服务平台。

数据库网址：http://www.duxiu.com/

文献传递功能介绍（以图书《管理信息系统》为例）：

步骤一——访问读秀知识库主页；

步骤二——在检索框中输入“管理信息系统”，选择“图书”类型，进行检索；

步骤三——检索结果中排列第一位的是作者为吴庆州的图书，点击进入图书详情页面，如下图所示；

步骤四——单击“图书馆文献传递”，进入文献传递页面；

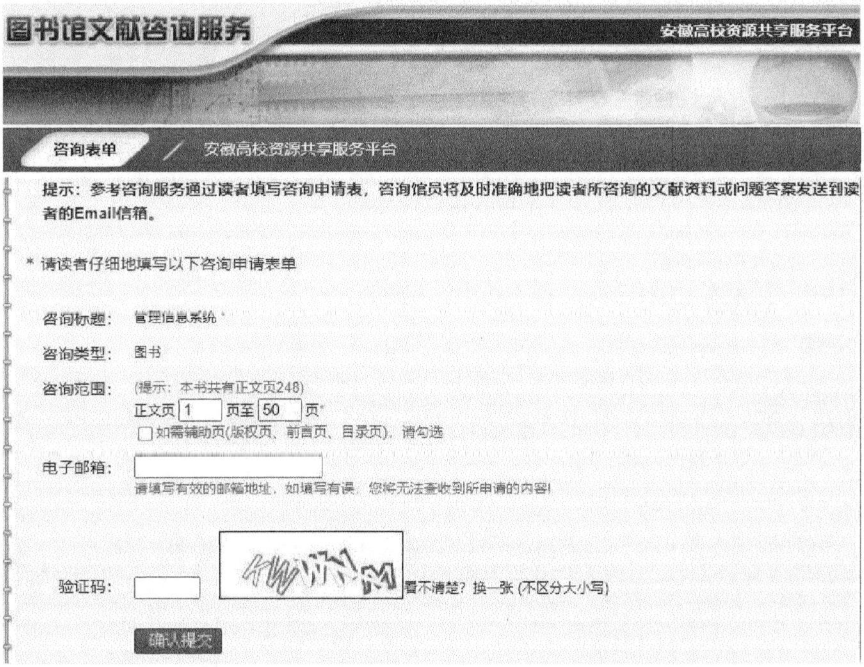

选择需要传递的图书正文页码，填写有效的电子邮箱，输入验证码，然后确认提交，系统会将所需文献发送到邮箱。

需要注意：通过该方式所获得的文献仅供个人用于学习研究，每本图书单次传递不超过50页，所有的传递内容有效期为20天。

2.智立方·知识资源服务平台

文献传递功能可参见本书第三章第三节相关介绍。

3.NextLib 文献资源库

Nextlib 文献资源库是基于元数据和通过使用馆和原文传递馆签署文献传递协议，通过通用的实时检索和元数据检索相结合的技术，实现使用馆用户在查询到所需文献后，如果是本馆已购买数据库的资源可直接点击下载全文；如果非本馆资源则通过智能原文传递系统向分布有服务器的原文传递馆自动提交申请，以更高的效率从原文所在馆获取原文的下一代文献共享型数据库。

数据库网址：http://ku.nextlib.cn/

文献传递功能介绍（以检索“smart manufacturing”期刊论文为例）：

步骤一——访问 NextLib 文献资源库；

步骤二——在查找文献检索框中输入“smart manufacturing”，选择“篇名”检索字段，检索范围限定在 Elsevier SDOS 全文期刊数据库，点击“搜索”按钮，检索结果如下图所示；

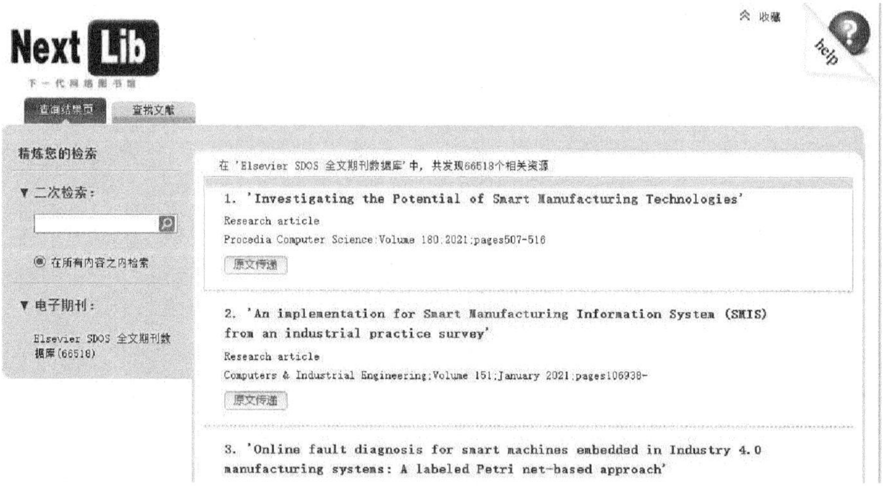

步骤三——选择一篇期刊论文，单击“原文传递”，系统会直接在浏览器中显示全文页面；

Available online at www.sciencedirect.com

ScienceDirect

Procedia Computer Science 180 (2021) 507–516

Procedia Computer Science

www.elsevier.com/locate/procedia

International Conference on Industry 4.0 and Smart Manufacturing

Investigating the Potential of Smart Manufacturing Technologies

Jan Zenisek[a,b,*], Norbert Wild[a], Josef Wolfartsberger[a]

[a]Center of Excellence for Smart Production, University of Applied Sciences Upper Austria, Campus Hagenberg, Wels, Steyr (Austria)
[b]Institute for Formal Models and Verification, Johannes Kepler University Linz (Austria)

Abstract

Over the past years, the topic of smart manufacturing has been in the focus of researchers and manufacturing experts. Smart manufacturing describes the technology-driven ability to solve existing and future problems in a collaborative manufacturing infrastructure, which responds in real-time to meet changing demands. However, many companies are still unsure what smart manufacturing entails and which potential (and challenges) it holds. To get an insight into the issues addressed, a technology laboratory for the development of innovative technologies and concepts for intelligent production along the product life cycle was established at University of Applied Sciences Upper Austria. This paper offers an insight into the challenges and lessons learned from a 6-year research project where a subset of smart manufacturing technologies have been collaboratively investigated, including Mixed Reality, Additive Manufacturing and Predictive Maintenance. With our work, we want to support companies in better assessing the potential of smart manufacturing.

© 2021 The Authors. Published by Elsevier B.V.
This is an open access article under the CC BY-NC-ND license (https://creativecommons.org/licenses/by-nc-nd/4.0)
Peer-review under responsibility of the scientific committee of the International Conference on Industry 4.0 and Smart Manufacturing

Keywords: smart manufacturing; augmented reality; additive manufacturing; predictive maintenance

1. Smart Manufacturing

Smart manufacturing (SM) describes fully-integrated, collaborative manufacturing systems that respond in real-

用户可以在线浏览、下载保存或直接打印相关文献。

二、数字资源校外访问

途径一：通过学校 WebVPN 访问

用户可以登录巢湖学院校园网主页“智慧巢院”，在校外访问图书馆订购的部分数字资源。

步骤一——登录“智慧巢院”

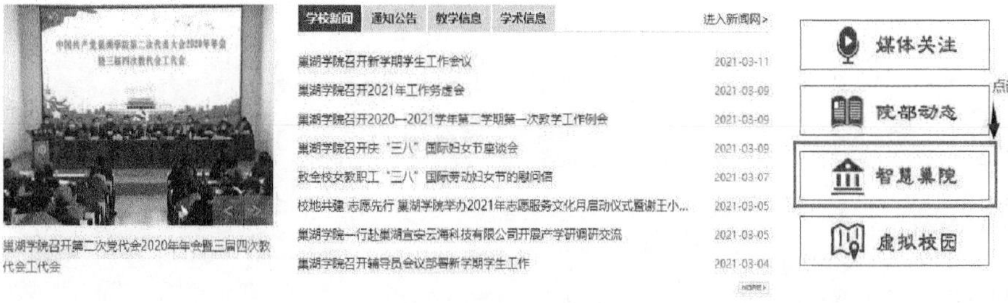

在账号登录页面输入用户名与密码。

步骤二——访问数字资源

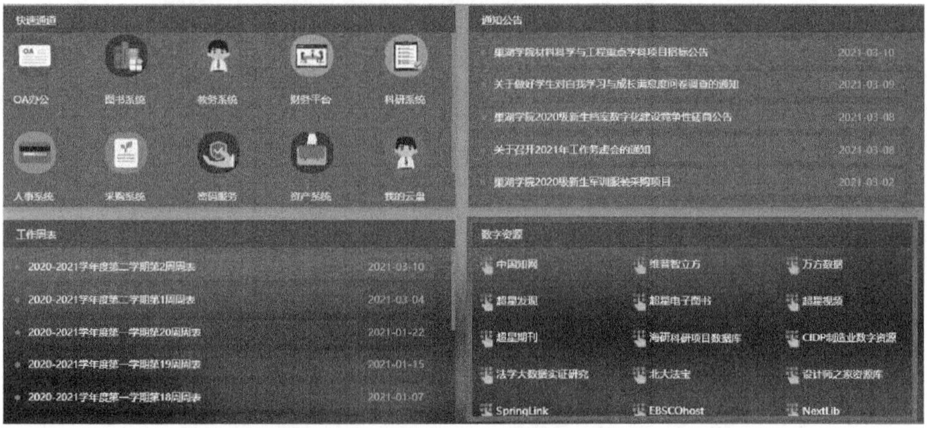

途径二：通过图书馆易瑞授权访问系统使用

用户可以登录巢湖学院图书馆主页“校外访问”（http://www.lib.chu.edu.cn)，在校外访问图书馆订购的部分数字资源。

步骤一——登录易瑞授权访问系统（网址：http://222.195.118.65）

在用户登录页面输入登录账号与密码。

步骤二——访问数字资源

途径三：通过CARSI学术文献资源校外统一认证访问

目前巢湖学院图书馆支持并开通CARSI服务的数字资源有4个，分别是SpringerLink（SLCC）、EBSCO（ASC+BSC）、万方数据和维普中文期刊服务平台。

数字资源名称	CARSI访问网址
SpringerLink(SLCC)	https://link.springer.com/
EBSCO(ASC+BSC)	http://search.ebscohost.com/
万方数据	https://fsso.wanfangdata.com.cn
维普中文期刊服务平台	http://qikan.cqvip.com/

附录C 巢湖学院本科毕业论文(设计)格式规范(参考)

一、字体

1.中文题目与摘要

题目：小二号黑体，加粗，居中，段前、段后1.5行。

摘要：三号宋体，不加粗，居中。

摘要正文：四号宋体，首行空两个字，1.5倍行距，若内容过多，可适当减少行距，以美观为主，限一页。

关键词：四号宋体，首行空两字，标题加粗，具体关键词不加粗，使用分号隔开。

2.英文题目与摘要

题目：小二号Times New Roman字体，居中，加粗，段前、段后1.5行。

摘要：三号Times New Roman字体，不加粗，居中。

摘要正文：小四号Times New Roman字体，1.5倍行距，首行空两个字符，按照英文规范格式书写，若内容过多，可适当减少行距，以美观为主，限一页。

关键词：四号Times New Roman字体，左空两个字符，标题加粗，英文关键词不加粗，使用分号隔开。

（备注：行距可根据具体篇幅做适当调整，限一页，以美观为主。）

3. 标题与正文

以1.、1.1、1.1.1、1.1.1.1格式为例

一级标题用三号字，黑体，顶格，加粗。

二级标题用四号字，黑体，顶格，加粗。

三级标题用小四号字，黑体，顶格，加粗。

四级标题格式同三级标题，可使用（1）形式。

正文使用小四号字，宋体、行距22磅，段落首行空两个字。

正文中的图表：图、表均需编排序号；图、表题目及说明使用五号字，宋体。

参考文献：中文小四号宋体；英文用小四号Times New Roman

二、排版格式

毕业论文（设计）的word文档纸张大小按照A4页面标准，除封面、诚信承诺书、综合评定意见表和封底外，每页均应带有页眉、页号，文档要求纵向排版，A4纸篇幅，固定22磅行距。

页边距的要求为：

上（T）：2.5 cm

下（B）：2.5 cm

左（L）：2.9 cm

右（R）：2.9 cm

装订线（T）：0.5 cm

装订线位置（T）：左；其余设置采取系统默认设置。

三、论文（设计）编排结构（装订成册）

第一页：封面（封面颜色每个学院应相对统一）

第二页：诚信承诺书及版权授权说明

第三页：中文摘要（后附中文关键字）

第四页：英文摘要（后附英文关键字）

第五页：目录（标明各章节所在的页码）

后续页：依次为论文正文、注释和参考文献、附录（如程序、文档、数据、图纸）、致谢、学习期间发表的学术论文目录等。

封底：同封面纸质，无任何内容。

四、论文版式要求（分页设计）

（注：以下论文版式中的字体字号，因开本限制不一定与带箭头方框中的字体字号要求一致，以方框中的要求为准）

巢湖學院

本科毕业论文（设计）

题　　目 基于UML的电厂信息管理系统建模研究

学　　院 计算机与信息工程学院

专　　业 计算机科学与技术

学生姓名 张某某

学　　号 08000000

指导教师 李某某　职称 讲师

论文字数 8000

论文字数指正文字数

完成日期：2020年5月20日

下划线必须与模板长度一致并对齐，内容居中。日期填写论文答辩通过时间

巢湖学院本科毕业论文(设计)诚信承诺书

本人郑重声明：所呈交的本科毕业论文(设计)，是本人在导师的指导下，独立进行研究工作所取得的成果。除文中已经注明引用的内容外，本论文不含任何其他个人或集体已经发表或撰写过的作品成果。对本文的研究做出重要贡献的个人和集体，均已在文中以明确方式标明。本人完全意识到本声明的法律结果由本人承担。

本人签名：__________ 日期：__________

签名及日期均为手签，不得打印。填写答辩通过至正式提交学院前的日期

巢湖学院本科毕业论文(设计)使用授权说明

本人完全了解巢湖学院有关收集、保留和使用毕业论文 (设计)的规定，即：本科生在校期间进行毕业论文(设计)工作的知识产权单位属巢湖学院。学校根据需要，有权保留并向国家有关部门或机构送交论文的复印件和电子版，允许毕业论文 (设计)被查阅和借阅；学校可以将毕业论文(设计)的全部或部分内容编入有关数据库进行检索，可以采用影印、缩印或扫描等复制手段保存、汇编，并且本人电子文档和纸质论文的内容相一致。

保密的毕业论文(设计)在解密后遵守此规定。

本人签名：__________ 日期：__________

导师签名：__________ 日期：__________

签名及日期均为手签，不得打印。日期填写同上

基于 UML 的电厂信息管理系统建模研究

小二号黑体加粗，居中，段前、段后 1.5 行

三号宋体，不加粗，居中

摘　要

电厂作为国民经济发展的基础支柱产业之一，其生产效率直接影响着人民生活质量水平的提高，而企业的生产效率一般以数字形式体现在企业的各种生产报表中，电厂信息管理系统是快速、精确形成各种生产报表、及时给领导提供决策依据的有效手段之一。

结合企业生产综合指标的统计要求，在对生产环境数据的分布、采集特点、数据统计的复杂关系等各方面进行综合分析的基础上，采用目前国际上流行的标准建模语言 UML 作为标准，对该系统的功能需求作了详细的分析，阐述了 UML 建模的基本步骤、UML 与关系数据库的映射关系，建立了相应的用例图、类图、状态图、协作图、组件图、展开图等模型图，使系统的开发有一个合理的模型基础，满足系统的易维护性和扩充性。……

本文从网络应用的角度对系统进行建模分析，把目前应用和后继发展进行兼顾考虑，随着企业的发展，该课题还存在大量的后续研究工作。

300 字左右（四号宋体字，限一页），1.5 倍行距。首行空两字。若内容过多可适当缩小行距或字号，限定在一页范围内，以保证美观为主

关键词：指标；UML；关系数据库；图

四号宋体,加粗，首行空两字

3—5 个，中间用“；”号分开（四号宋体，不加粗）

Research of Management Information System of Power Plant Based on UML

小二号 Times New Roman 字，居中，加粗。标题两行间距 30pt（磅），段前、段后 1.5 行

三号 Times New Roman 字，居中，不加粗

Abstract

Power plant is one of the most important industries of the national economic development, and its productivity takes direct effect on the people's living standard. The output forms of the enterprise play a great role in its productivity. The most effective means to manage the information of the enterprise is to use computer, which can help managers to finish the production report forms quickly and exactly, and can benefit to the leader for decision-making.

This paper analyzes the data characteristics of the enterprise, including data distribution, data-collecting mode, and the complex data-calculating relations based on the statistical requirements. It analyzes the functional requirements of the system in detail with UML, and describes the basic steps of UML modeling and the mapping relationship between the UML and the relation database. In addition, we construct use case diagram, class diagram, state diagram, collaboration diagram, component diagram, deployment diagram and other model diagrams. It is becoming more maintainable and extensible to manage the system based on these reasonable modeling foundations….

We analyze the system modeling from the view of network application, considering the current application and future evolution. However, there is still a lot of research work to be done with the development of enterprise.

小四号字，Times New Roman，1.5 倍行距（如果内容较多可适当减小行距，限定在一页范围内，以美观为主，限一页）。具体书写参照英文写作规范

Key Words: criteria, UML, relation database, diagram

四号 Times New Roman 字

3—5 个（四号 Times New Roman 字体。不加粗）英文状态下的逗号，且后有一空格

目录为自动生成的(要求只生成3级的目录)。修改正文后，点击右键，选择更新域，即可更新目录。然后对更新后的目录全选后，设置四号字，宋体/Times New Roman。如果行距不合适，还可调整行距（占满一页为宜）

目　录

三号，黑体，加粗，居中

1.标题使用小四号宋体，不加粗，根据论文（设计）内容自动生成，也可自行编写，以美观为标准，限一页，可适当调整行距以保证美观

2.理工类专业须采取上述标题形式，文科类专业也可按一、（一）、1、形式编排，学院可根据专业特点自行决定，每个学院应做到相对统一

从正文开始，单页页眉标注“巢湖学院 2020 届本科毕业论文（设计）”

引言或绪论等（内容略）

一级标题，黑体三号字，顶格，段前 1.5 行，段后间距 32pt（30～36pt(磅)以利于控制正文合适的换页位置）

1. 提出问题

注意：所有章标题都包含章号和章名称两部分，并且章号和章名称之间用空格隔开

生产效率是企业追求的一个综合指标，它代表着企业的生命力，而作为一个发电企业，日发电综合指标和月发电综合指标是体现企业效益的标准。……在系统设计方案上，我们不仅要满足基本数据处理的需求，而且要面向企业的可扩展化、规范化、集成化的高指标要求，为此，在结合企业实际生产环节的各种数据基础上，结合计算机技术的最新发展来规划和实现系统的体系化分析和设计。

正文：宋体小四号，固定行间距 22pt（磅），首行缩进 2 个字,后边的所有正文都相同

1.1 二级标题

二级标题，黑体四号，左对齐，段前 1 行，段后 22pt（磅）［18～24pt（磅）以利于控制正文合适的换页位置］，所有节标题都包含节号和节名称两部分，并且节号和节名称之间用空格隔开

一个电厂的生产环境，需要多种设备的配合运行，也需要各种原材料的充分供给，更需要高层管理人员的生产指导，其最终目的在于追求生产效益的最大化[1]。……。

引用文献标号：要设置成上标

1.1.1 三级标题

三级标题，黑体小四号，左对齐，段前 0.5 行,段后 13pt［12～15pt（磅）以利于控制正文合适的换页位置］第三级和第四级标题均空两格书写序数，后空一格书写标题

OOA/OOD 即 Coad/Yourdon 方法：它是最早的面向对象的分析和设计方法之一。该方法简单、易学，适合于面向对象技术的初学者使用。

1.1.1.1 四级标题

四级标题，黑体小四号，左对齐，段前 0.5 行,段后 8pt［6～9pt（磅）以利于控制正文合适的换页位置］

UML 中的视图包括：用例视图（Use-case view）、逻辑视图（Logical view）、组件视图（Component view）、并发视图（Concurrency view）、展开视图（Deployment view）等五种，能够使用其他的视图还有静态-动态视图、逻辑-物理视图、工作流程视图等。

(1) 用例图：

(2) 静态图：

内容中编号用（1）、（2）等表示，下一级用①、②等表示。注意“（1）”在英文状态下输入的字体为 Times New Roman

① 类图：

② 对象图：图中的术语、符号、单位等应同文字表述所用一致；图序及图名置于图的下方，居中排写。需要的话，可在图名之下加附图说明。

基于 UML 的电厂信息管理系统建模研究

从正文开始，双页页眉标注“论文题目”

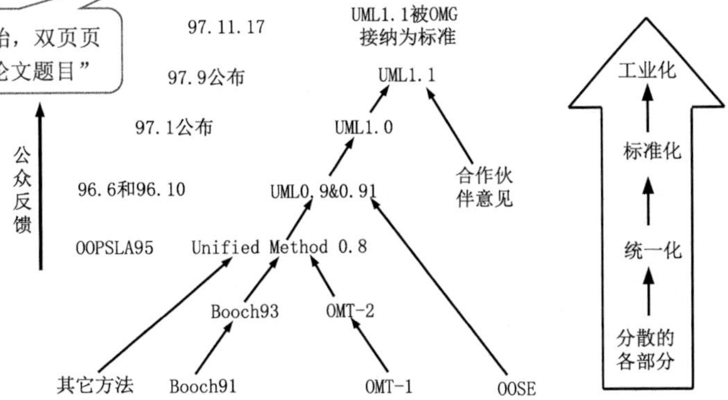

图 1-1 UML 的发展历程

图序（图号）及图名置于图的下方，居中排写。五号宋体，英文和数字为 Times New Roman，段后 0.5 行，图片居中

1.2 二级标题

1.2.1 三级标题

公式：公式应居中书写，公式的编号用括号括起写在右边行末，其间不加虚线。图、表、公式等与正文之间要有一行的间距。文中的图、表、附注、公式的序号一律采用阿拉伯数字分章编号。如：图 2-5，表 3-2，公式(5-1)等。若图或表中有附注，采用英文小写字母顺序编号，附注写在图或表的下方。

小四号字，Times New Roman，右对齐

居中

$$y = \sin(\omega t + \varphi_0) \tag{1-1}$$

表：表格应随文给出，先见文后见表；表中参数应标明量和单位的符号；表序及表名置于表的上方，居中排写；一张表格应为一个整体，表格一页排不下允许下页接写，表题可省略，表头应重复写，并在右上方写“续表××”。表格不加左右边线。

表号与标题：五号黑体，居中 Times New Roman

表 1-1 数据列表

	单位（m）		

表与文字之间距离为 0.5 行，设置表名段前 0.5 行

五号宋体 Times New Roman

UML 代表了面向对象方法的软件开发技术的发展方向，具有巨大的市场前景，也具有重大的经济价值和国防价值。

表与文字之间距离为 0.5 行——段前 0.5 行

1.2.2 三级标题

UML 不仅可以为软件系统创建模型，还可以描述其它非计算机软件的系统，或是商业机构或过程。

1.2.3 三级标题

“参考文献”四字居中放置，使用三号黑体字。段前 1.5 行，段后 32pt（磅）设置

参考文献

[1]刘胜超，高伟，张燕平.UML 在工业锅炉控制系统设计中的应用[J].华中科技大学学报,2002,30(4):93-95.

[2]蒋慧等.UML 设计核心技术[M].北京:北京希望电子出版社,2001:55.

[3]王红燕等.UML 建模在常住人口管理信息系统开发中的应用[J].计算机工程与应用,2002,(19):238-241.

[4]刘胜超等.UML 在工业锅炉控制系统设计中的应用[J].华中科技大学学报,2002,30(4):93-95.

……

格式严格按照后边的参考文献书写格式说明书写。使用小四号，左对齐，行距 22pt（磅）。根据在文中出现的次序按序编号。参考文献须有 10 篇以上且与研究内容紧密相关

具体标注按中华人民共和国国家标准（GB/T7714—2015）《信息与文献参考文献著录规则》执行。